부흥의 여정

온 땅을 두루 덮은 성령의 역사

부흥의 여정

김우현

규장

CONTENTS
차례

길을 떠나다

여행의 시작점 8 / 남들이 가지 않는 땅 14 / 가시밭의 백합화 20

준엄한 명령 26 / 동일한 영적 신경센터 31 / 부흥의 진원지에서 36

베들레헴 코드 45 / 진정한 부흥의 풍경 50 / 하나님의 나비효과 57

부흥은 나귀 새끼를 타고 66 / 하나님의 열심 72

황무지를 지나

좁고 협착한 하늘 길 78 / 성령 부재의 황무지 87

1859년, 하나님의 공습 92 / 부흥의 수원지를 찾아서 100

물러의 길 109 / 겸손의 텃밭에서 120 / 하늘의 초대장 128

급하고 강한 바람처럼

토레이 코드 136 / 그분과의 대면 146 / 하늘바람의 전파 152

부흥의 영의 강타 177

흔적을 찾아서

토마스를 만나다 184 / 종탑의 근거를 찾아서 190 / 본향을 향한 그리움 196
평양 대부흥의 씨앗 203 / 토마스의 흔적을 찾아 평양으로 208
측량 못할 섭리들 214 / 말할 수 없는 탄식으로 222
또 다른 부흥의 뿌리 229 / 선하신 하나님이 이루실 것이다 237 / 상한 심령 245
어린 양의 코드 252 / 피의 흔적을 찾아서 257

불 속으로 들어가다

평양 대부흥의 도화선 264 / 성령의 통로 273
천지를 진동하는 회개 281

맺음말
참고도서

길을 떠나다

여행의 시작점 / 남들이 가지 않는 땅 / 가시밭의 백합화 / 준엄한 명령 / 동일한 영적 신경센터
부흥의 진원지에서 / 베들레헴 코드 / 진정한 부흥의 풍경 / 하나님의 나비효과
부흥은 나귀 새끼를 타고 / 하나님의 열심

_____ 여행의 시작점

드디어 웨일즈Wales를 알리는 표지가 보이기 시작했다.
끝 간 데 없이 펼쳐진 밀밭 사이를 달리며
막 꽃을 피우는 힘처럼 여러 생각들이 분출한다.
"주님, 제가 어느새 여기에 영국 땅에 와 있습니다.
막연히 꿈꾸기만 하던 부흥의 현장에…."
참 신기한 일이다.
몇 개월 전까지만 해도 '웨일즈'란 이름은 나와 상관이 없었다.
그런데 부흥에 대한 다큐멘터리를 만들겠다고 이 땅을 찾아온 것이다.
그동안 수많은 낯선 땅을 찾아 촬영을 떠났었다.
사막의 육로로 온종일 달려가 막 여명으로 붉어지는
그 아침에 만났던 이라크의 티그리스 강.
바울이 주님을 처음 만났던
시리아의 다마스커스다메섹 근처의 군사지대 카우캅.
영혼 가득 번지던 그 설렘과 흥분 이후 이런 떨림은 오랜만이었다.
"그때 그 일이 아니었다면 '웨일즈'는 여전히 멀고 막연한 풍경이었을 테다."
그림책 넘기듯 무심했던 이 지명이 그 날 이후
불쑥 내 중심에 자리를 잡은 것이다.

차창 밖에 봄기운이 완연히 흐르고 죽은 듯 보이던 산등성이가
여릿한 연두 빛으로 번지고 있었다.
"여전히 겨울의 빈 들에 서 있는 이 기분은 무언가?"
집을 나설 때부터 이유를 알 수 없는 막막함이 따르는 기분이었다.
하도 묘한 느낌이어서 슬쩍 뒤를 돌아보기까지 하였다.
"주님, 이것은 이 느낌은 무엇인가요?"
막연히 주님을 불러보았다.
그때 아침빛이 차창 너머로 선연히 부서져 들어왔다.
그 빛은 이제 막 움트는 연두 빛 숲을 더욱 영롱하게 빛나게 했다.
순간 아주 견디기 힘든 어떤 기운이 더욱 나를 옥죄어 왔다.
어디론가 달려가서 답답한 가슴을 풀어헤쳐버리고 싶은 갈망,
마침 내려야 할 정류장이어서 산노루처럼 급히 뛰어 내렸다.
남부순환로 가에 우면산牛眠山이 이름처럼 크게 드러누워 있었다.
작업실에서 편집을 하다가 가끔 산책하던 오솔길이 생각났다.
몸이 마음보다 더 급히 숲속으로 향하고 있었다.
"긴 겨울을 잘 견뎌내고 여전히 죽지 않고 다시 살아났구나?"
예전처럼 허리 숙여 발 밑 꽃다지며 질경이를 격려할 여유조차 없었다.
오래 참은 숨처럼 말 못할 갑갑증….
나는 허둥대듯 인적이 미치지 않는 골짜기로 급히 올라갔다.
"성령님, 죄송합니다. 용서해주세요."
그때 그 말이 터져 나오고 말았다.
체증 같은 답답함을 풀고 싶어 숲속에 겨우 몸을 숨긴 채
기도하려고 했는데 생각지도 않았던 이 말이 깊은 한숨처럼
툭 터져 나온 것이다.
"성령님, 알지 못했습니다. 용서해주세요."

제가 성령님을 알지 못했고 무시했습니다."
내가 말해놓고도 감출 수 없는 황당함….
평소에 성령을 부른 적이 거의 없었기 때문이다.
그런 내가 뜬금없이 성령을 부르며 이유도 모르는 죄송함을
토로吐露하는 것이다.
조금 우습지만 나는 평소 하나님도 성령도 그다지 찾지 않았다.
나의 관심은 오직 '그리스도'였다.
그것도 '익명匿名의' 그리스도,
그 감추이고 작은 '그리스도의 풍경'에 매혹되었다.

> 그는 마른 땅에서 나온 줄기 같아서 고운 모양도 없고 풍채도 없은즉
> 우리의 보기에 흠모할 만한 아름다운 것이 없도다 이사야서 53:2

이 말씀이 미치도록 좋았다.
마른 땅에서 나온 줄기, 흠모할 만한 아름다운 것이 없는 그리스도의 풍경….
서른 넘어 처음 비디오를 미션Mission으로 받은 후
이런 풍경을 찍는 사람이 되고 싶었다.
그 당시엔 다큐멘터리를 한다는 생각도 없었다.
누구에게도 배운 적 없지만 내 남루한 카메라에
그리스도가 담겼으면 하는 희망뿐이었다.
그러나 서른 넘은 늦깎이가 영상을 배울 곳은 없었다.
타르코프스키러시아 정교회의 신학적 바탕으로 영화를 만든 감독나
키에슬로프스키폴란드의 신학·철학적인 바탕으로 만든
'십계' 연작은 내게 '팔복'에 대한 영감을 주었다 같은 감독들에게 빚을 지기도 했다.
특히 십계명을 계명별로 10개의 연작으로 만든 〈십계〉Decalogue는

뛰어난 작품이었지만 너무 난해하고 추상적이었다.
"주님이 천국을 '겨자씨'나 '밭에 감추인 보화' 등 일상의 풍경 속에
담아내셨듯이 나도《팔복》을 그 정신을 품고 살아가는
평범한 삶의 여정들로 그려내고 싶다."
그 소박하고 순수한 일상의 풍경에 하나님나라를 담아내신
주님의 경지를 동경한 것이다.
결국 나의 영화교수는 주님이었고, 교재는 성경이었다.

> 예수께서 베다니 문둥이 시몬의 집에서 식사하실 때에 마가복음 14:3

이 한 줄 문장이 내 영화의 교본이었다.
그 당시 문둥이라면 천형天刑으로 저주받은 자들이다.
혹여 외진 길에서라도 누군가를 만나면
"나는 부정하다 부정하다"라고 외치며
옷을 찢고 머리를 풀며 윗입술을 가리고 피해야만 했다 레 13:45,46.
그런 '희망 없음'의 극한 풍경 속으로 찾아가 식사를 나누시는 하나님.
복음서를 읽을 때마다 그 하나님의 풍경들만 눈에 들어왔다.
"나를 가르쳐주세요. 나에게 그것을 담을 능력을 주세요."
오래 황폐하고 마모된 풍경들을 찾아다니며
나는 그 간구를 길 위에 흩뿌렸다.
그때 주님은 말씀을 통해 내 작업의 준거準據 틀을 잡아주셨다.

> 여기 네 형제 중에 지극히 작은 자 하나에게 한 것이
> 곧 내게 한 것이니라 마태복음 25:40

이 말씀이 이렇게 내 영혼을 흔들며 울려왔다.
"세상의 '지극히 작은 자 하나'를 카메라에 담으면
나그리스도의 풍경을 찍는 것과 같다."
그것은 혁명이었다.
거리나 뒷골목으로 나서자 온통 내 영상의 주인공들뿐이었다.
그전에는 보이지도 않던 그 풍경들이 다가오기 시작했다.
그 하나의 말씀을 붙든 채 10년 넘게 '지극히 작은 자'를 찾아다녔다.
뒷골목의 남루한 풍경들, 지하도의 노숙자들, 미치광이 같은 행색으로
맨발로 다니며 전도하는 노인최춘선이라는 이 노인과의 만남은 후에
내 작업의 지평을 바꾸는 《팔복》 연작의 출발점이 되었다.
그런 풍경들을 찾아 떠돌았던 것이다.
내 '삶의 자리'는 온통 그리스도뿐이었다.
좀 우습지만 하나님조차 그다지 자주 부른 적이 없다.
더군다나 성령은 좀 낯설기조차 하였다.
그런 내가 갑자기 성령을 부르며 용서를 구하는 것이다.

"성령님, 용서해주세요.
성령님을 제가 알지 못했습니다.
그 사랑, 그 역사를 알지 못한 무지無知를 용서해주세요."
나는 다시 내가 의도하지 않은 용서를 고백하고 있었다.
순간 내 안에서 의도하지 않은 어떤 말들이 터져 나왔다.
"이 처참하고 황폐했던 시절에 이 땅을 찾아오셔서
하늘의 사랑으로 치유하신 그 역사를 제가 몰랐습니다."
거의 울먹이며 나는 그런 고백을 토하고 있었다.
내 안에 다른 어떤 존재가 그 말들을 털어놓는 것이란 생각이 들었다.

"왜 이런 일이 벌어진 것일까?"
나는 호흡을 가다듬고 곰곰이 생각해봤다.
그때 어떤 이미지가 영화처럼 떠올랐다.
그제야 왜 이런 고백이 내 안에서 터져 나왔으며 그 원인 모를
갈증의 이유가 뭔지 알게 되었다. 한순간에 그것을 깨닫게 되었다.
"그래, 그것이군요. 거기에서 온 것이군요."
그것은 갑작스럽고 뜬금없는 것이 아니었다.
그동안 진행해온 어떤 다큐멘터리 작업에서 기인한 것이었다.

남들이 가지 않는 땅

그것은 내가 꼭 만들고 싶었던 작품은 아니었다.
침례교에서 '목회자 영적 대각성 대회'를 위한 영상을 의뢰해왔다.
약간은 우유부단하게 승낙하고는 충남 공주, 강경 등
침례교의 발상지를 돌며 촬영했다.

1890년에 조선 기독교의 장로교와 감리교가 서로 선교 영역을 놓고 갈등하자
협정에 따라 선교 지역을 분할하게 되었는데
펜윅M. C. Fenwick은 본래 남들이 가지 않는 곳을 지향하던 목적대로 그 터전을 간도,
시베리아, 몽고 지역으로 설정하고
그 지역 조선 동포들에게 복음을 전했다.

촬영을 위해 정리한 메모

'본래 남들이 가지 않는 곳을 지향하던 목적대로…'
아무도 꺾지 않는 꽃을 만난 듯 이 말이 내 가슴을 뭉클 흔들었다.
그때 처음 '펜윅'이라는 이름을 알았다.
그런 사람이 이 땅을 찾아왔는지도 몰랐던 것이다.
모두 크고 개명開明한 지역을 자신들의 선교지로 삼으려 했을 터이다.
그러나 펜윅은 '본래 지향하던 목적대로'

남들이 가지 않는 땅을 향해 갔다.
나는 점점 이 작업에 매력을 느끼기 시작했다.
"100여 년 전 조선 땅을 찾아온 것만 해도 쉬운 일이 아니다.
무엇이 그로 하여금 남들이 가지 않는 곳을 지향하게 했을까?"
캐나다 출신으로 어린 시절 아버지를 여읜 펜윅은
아무런 정규교육도 받지 못했다.
열여덟에 집을 떠나 농장에서 일하던 그는
나이아가라 지역의 부흥사경회에서 주님의 부르심을 입는다.
그리고 당시 지상에서 가장 작고 비참한 나라 중 하나인 조선을
1889년 12월, 스물여섯의 나이에 홀로 찾아왔다.
다른 이들처럼 선교부의 후원을 받지 않은 자비량 독립 선교사로···.
후에 펜윅은 미국의 '엘라 씽 선교회'의 지원을 받아 사역한다.

사업가 씽 집사에게는 엘라 씽E. Thing이라는 외동딸이 있었는데
그녀는 일찍이 주님을 영접했으나 오래 살지 못하고 주님 곁으로 갔다.
그녀는 죽기 전에 아버지에게 자신이 상속할 유산을
생전에 소원하던 주님의 복음 사역을 위하여 사용해달라고 부탁했다.

_{존스H. Jones 〈Historical Note on the Reigning Dynast〉}

가슴이 저려왔다.
엘라 씽이란 한 소녀의 죽음으로 만들어진 선교부의 지원으로
몇 명의 이름 모를 선교사들이 또 조선을 찾아왔다.
그 가운데는 20대 처녀 선교사들도 있었다.
이들은 고심 끝에 지병석이란 사람을 전도하게 되었는데
그는 서울에서 강경을 왕래하며 포목 장사를 하는 상인이었다.

그로 인해 강경 땅에 복음의 역사가 시작된 것이다.
지병석과 펜윅이 사역했던 교회,
그들이 배를 타고 다닌 금강을 따라 촬영했다.
6·25 당시 이 강경교회를 끝까지 지키다가 순교한 이종덕 목사의
흔적을 따라 금강 연변沿邊 갈대밭을 촬영하며 이런 고백을 했다.
"주님, 제가 이토록 주님의 역사에 무관심했습니다.
앞으로 믿음의 발자취들을 더욱 공부하겠습니다."
이종덕 목사는 황막荒漠한 간도와 시베리아를 드나들며
전도했던 뜨거운 영혼이었다.
추운 겨울, 그 땅을 향해 가다가 얼어 죽은 이들도 많았다는 기록을 읽고
나는 마음을 어쩌지 못했다.
'언젠가는 이들의 발자취를 따라 촬영하고 싶습니다.
남들이 가지 않는 길을 걸어간 그 순례의 여정을…'
돌아오는 길에 나는 속으로 주께 그런 작은 맹세를 드렸다.

"그렇지 않아도 보고 싶었는데 만나자."
촬영을 마치고 오는 길에 천안을 지나다가 문득 천안대학교에서
실용음악을 가르치는 하덕규 교수가 생각났다.
안부전화를 한 것인데 뜻밖에 할 얘기가 있다는 것이다.
"〈부흥사 열전列傳〉을 한번 만들어보면 어때?"
그는 만나자마자 그런 엉뚱한 제안을 했다.
"갑자기 무슨 〈부흥사 열전〉이에요?"
순수를 노래하던 '시인과 촌장'의 하덕규와 부흥사는
왠지 어울리지 않는 조합 같았다.
"얼마 전 외국에 집회를 갔다가 원로 부흥사 분들을 만났는데,

우리 세대들이 맛보기 힘든 아주 독특한 매력과 깊이가 있더라고.
그 분들이 일구어 온 귀한 성령의 역사를 사장시켜선 안 되겠구나,
다큐멘터리로 만들면 참 좋겠다는 생각이 들었지."
조금은 엉뚱할 수 있는 이 분위기가 특이한 느낌으로 다가왔다.
우연히 침례교 역사를 담게 된 것이며 그 과정에서 받은 새로운 느낌들,
그리고 갑작스런 〈부흥사 열전〉까지.
"며칠 동안 작업하면서 숨은 교회사에 관심이 생겼는데
형님이 그런 제안을 하니까 관심이 더 생기네요."
관심을 가지고 생각해보겠노라 말하고 서울로 올라왔다.
솔직히 그 당시에 나는 몇 년간 정신없이 해오던 방송 일을 그만두고
새로운 작업들을 고민하고 있었다.
'주께서 정말 이런 작업들을 하고 싶으신 것일까?'
밤이 깊었고 몹시 고단했지만 쉽게 잠이 오지 않았다.
무심코 책장에서 책들을 살피는데 갑자기 눈에 들어오는 것이 있었다.
민경배 교수의 《한국기독교회사》를
오래 전에 사서 읽었던 기억이 아스라이 떠올랐다.
"혹시 펜윅에 대한 정보를 더 얻을지도 모른다."
무심히 낡고 빛바랜 페이지를 뒤지던 나는 갑자기 전율하며 놀라고 말았다
"이럴 수가! 내가 이런 생각들을 했었구나.
교회사에 대한 관심이 그전부터 이렇게 컸었구나."
하드커버에 매우 두꺼운 교회사 전문서적이었다.
그런데도 넘기는 페이지마다 붉은 색 밑줄이 그어져 있고 빈 여백에는
그것을 영상으로 만들기 위한 구성의 흔적들이 가득했던 것이다.
"그전에 내게 한국교회사를 다큐멘터리로 만들려는 꿈이 있었지.
그동안 왜 그 꿈을 잊고 지냈을까?"

하긴 몇 년간 방송에서 수십 편의 작업에만 매달려 왔으니 그럴 만도 했다.
국경을 향해 달리는 밤 기차처럼 아득한 기억들이 다가왔다.
어느 날 밤, 영국 BBC에서 제작한 〈인민의 세기 People's Century〉란
연작 다큐멘터리를 보았다.
나는 감전된 듯 그 다큐멘터리에서 어떤 영감을 얻었다.
〈인민의 세기〉는 20세기의 격동기를 그 주역들이 아닌
그 시대를 살아간 이름 없는 소시민들의 관점으로 재해석한 작품이다.
"하나님나라도 드러난 유명한 인물들을 통해서만이 아니라
무명無名의 작은 존재들의 관점에서 재해석한다면
매우 새로운 관점을 얻을 것이다."
묵은 습전지에 튀는 스파크처럼 그것은 나를 강하게 자극했다.

> 무명無名한 자 같으나 유명有名한 자요 고린도후서 6:9

바울의 이 선언을 주제로 연구와 구상을 하던 기억이 떠올랐다.
솔직히 교회사에 대한 관심보다는 아무도 모르는 격절隔絶의 풍경 속에서
혼자 떠돌던 열망을 투사投射하려는 몸짓이었는지도 모른다.
책장을 둘러보니 교회사에 대한 자료들이 의외로 많았다.
'이런 자료들을 열심히 모으고 있었구나.'
귀츨라프, 토마스, 백홍준, 서상륜….
당시로서는 처음 만나는 이 낯선 이름들에 꽤 관심을 기울인 흔적이 보였다.
그중 격정적인 필체에 붉은 밑줄이 그어진
어느 대목에 시선이 붙들렸다.

"중국에서 입교入教한 이름 없는 사람들…."
서상륜의 〈권서행로勸書行路〉…
로스가 최초로 번역된 한글성경을 가지고 다니면서 만주며 서울, 그 어디나
원근遠近을 가리지 않고 생명을 내놓고 하나님의 복음을 전하기 위해 다닌
이름 모를 이 신앙의 선배들에 대해 알아보리라.
그들에 대한 작품을 만들고 싶다.

책 여백에 직접 쓴 메모를 보는데 은사시나무처럼 몸이 떨려왔다.
"주께서 오래 전에 이런 관심과 열정을 심어놓으셨구나.
그런데 잊고 지내던 이것을 다시 일으키시는 까닭은 무얼까?"
그냥 우연일 수도 있다. 그러나 가을 하오 익어가는 과일처럼
어떤 열망의 빛깔이 내 영혼을 물들이고 있었다.
펜윅 또한 서상륜에 의해 세워진 최초의 교회
황해도 소래교회에 가서 그들과 교제하였음을 그때 알았다.
그 소래 땅에 초가집을 짓고 밭을 일구고 꽃씨를 심었다는
기록을 만나고 마음이 우우 흔들렸다.
"어떤 천국의 지경과 영토를 소망하며 그 밭을 일구었을까?"
내 영혼의 혈관血管 속에 주님의 열망이 꿈틀대는 것을 감지했다.
참으로 오랜만에 다시 만져지는 전율이었다.

가시밭의 백합화

"요즘 한국교회가 1907년 평양 대부흥 100주년인 2007년에
다시 부흥이 일어나길 간절히 기대하지만 교회사를 연구해보면
50년을 주기週期로 부흥이 일어난 것을 알 수 있습니다."
P목사님은 펜윅에 대한 인터뷰 도중에 뜻밖의 말을 했다.
"50년을 주기로 부흥이 일어났다고요?"
나는 놀라서 물었다.
"역사적인 근거가 있는 것인가요?"
"네, 영국이나 독일, 미국의 교회사를 연구해보면 50년을 주기로
하나님의 큰 역사가 일어났던 패턴pattern이 분명히 있습니다."
갑자기 이상한 기분이 들었다.
솔직히 그때까지만 해도 평양 대부흥은 물론 '부흥'이라는
말 자체가 내 관심 밖이었다. 오히려 그 말은 내게 부정적인 이미지였다.
그런데 P목사님의 그 말에는 본능적인 궁금증이 생겼다.
'그게 사실이라면 매우 흥미로운 다큐멘터리 소재다!'
순간 관심도 없던 부흥이라는 코드code에 집착하기 시작했다.
"그 원리를 적용하면 1907년의 평양 부흥의 50년 후인
1950년대 후반에도 부흥이 일어나야 하는데요?"
"물론 6·25 이후 50년대 후반부터 큰 성령의 역사가 일어났습니다.

그리고 1960년대부터 수많은 부흥사들이 등장했고
한국교회가 급성장하는 시기가 된 것이지요."
또다시 묘한 기분이 엄습했다.
어제 하덕규 교수가 내게 제안한 〈부흥사 열전〉이 떠올랐기 때문이다.
'주께서 정말 〈부흥사 열전〉을 만들라고 이러시는 것일까?'
그때까지도 이런 일들이 연속적으로 일어나는 까닭을 눈치 채지 못했다.
다만 종교개혁사를 전공한 권위 있는 학자가 말한
그 부흥의 주기에 온통 마음이 끌릴 뿐이었다.
"부흥이 50년을 주기로 일어나다니…."
무언가 감感이 오면 즉시 움직이는 체질인지라
인터뷰를 마치고 곧장 서점으로 달려갔다.
한국 초기 선교사들의 행적과 '평양 대부흥'에 관한 책은 많았지만
50년대 후반에 큰 부흥이 일어났다는 자료는 없었다.
서울신대 박명수 교수의 《한국교회 부흥운동 연구》라는 책에서 만난
이성봉 목사님의 부흥 사역은 감동을 주었다.
그는 6·25 이후에 황폐한 이 민족과 교회를 살리기 위해
'임마누엘'이라는 부흥 특공대를 만들어
주로 외진 시골이나 작은 교회들을 찾아가 부흥회를 인도했다.
부흥사로서 가장 절정에 오른 그때에….

나는 왜 이렇게 해야만 하는가? 시골의 외진 땅이 성지聖地임을
믿음으로 그렇다. 주님은 약한 자와 가난한 자의 친구 되시고, 또한 나뿐 아니라
주님의 종들도 그렇게 되기를 원하고 계시기 때문이다. 환영하는 헬라로 가지 아니하고
십자가가 기다리는 예루살렘에서 하나의 밀알같이 땅에 떨어져 썩어
많은 열매를 맺은 주님의 자취를 조금이라도 밟아보려는 심정에서 된 것이다.

살든지 죽든지 괴로우나 즐거우나 이 몸에서 그리스도만이 존귀 영광 받으소서.

이성봉 〈임마누엘 특공대 전황약보 1954년〉

"남들이 가지 않는 외진 땅을 성지聖地요,
하늘이 주신 기업이라 여길 수 있음이 진정한 부흥이 아닌가!"
다큐멘터리 소재로서 무언가 색다르고
특이한 자료를 찾아온 나 자신이 부끄러웠다.
전후戰後의 그 처참한 시대를 '가시밭의 백합화'처럼 살다 가신
이 목사님의 사역은 진정 그리스도를 닮은 것이었다.
오랜만에 만나는 자기 비움의 고백에 영혼 깊은 쉼이 느껴졌다.

부흥은 한국 전쟁이 끝난 1953년부터 1958년까지 5년 동안 일어났다.
전쟁 후의 슬픔과 고통과 극심한 가난이 한국인들로 하여금 살아 계신 하나님을 찾아
교회로 나오도록 하는 요인이 되었으며, 각 교단마다 새로운 선교사들이
속속 한국에 들어옴으로써 부흥운동의 불 위에 기름을 붓게 되었다.
그 후에 박정희 정권이 유신헌법으로 통치하던 1973년부터 1978년까지 부흥이 일어났다.

돌아오는 길에 P목사님에게 얻은 자료를 무심히 읽었다.
1970년대 중반에 다시 이 땅에 부흥이 있었다는 대목이 눈에 들어왔다.
'그때는 내가 막 교회를 다니기 시작한 시절이다.'
어린 시절 암으로 돌아가신 아버지 부재不在의 시절에
아버지의 빈자리를 하나님 아버지가 찾아오셔서 대신 채워주셨다.
돌아보니 1970년대는 전국이 날마다 부흥회를 한 것 같은 인상이었다.
나 또한 중학교 때부터 방과 후면 열심히 부흥회를 찾아다녔다.
성령이나 은혜가 무엇인지도 잘 몰랐지만, 뜨겁게 찬송하고

눈물로 기도하는 것으로 그 외로운 시절을 이길 수 있었던 것 같다.
"하나님이 어렵던 70년대의 한국교회뿐만이 아니라
작은 외로움과 어둠을 품고 있던 나에게도 찾아와주셨구나."
50년을 주기로 반복한다는 소재는 포기했지만
생경했던 '부흥'이란 단어가 내게 친근하게 느껴지기 시작했다.

그런데 뜻밖의 상황에서 또다시 50~60년대의 부흥에 대하여 듣게 되었다.
진행하던 영상 작업을 위해 천안에 갔을 때 J목사님이 말했다.
"정말 그 당시 성령역사는 대단했지요.
제가 사역하던 시골에서도 성령의 역사가 놀랍게 일어났으니까요."
다른 때 같으면 무심히 넘어갈 수도 있을 그 말이 나를 자극했다.
"그때가 언제인가요?"
"60년대 초쯤 되지, 아마…."
갑자기 포기했던 부흥의 코드가 되살아났다.
'주께서 50~60년대 부흥에 대한 답을 주시는 것일까?'
이번에도 침례교 역사에 대한 것보다 부흥에 대한 인터뷰를
더 본격적으로 하고 있었다. 목사님과 사모님은 그 당시 사진까지
꺼내 보여주시며 자세히 말씀해주셨다.
두 노인의 얼굴에 홍조紅潮가 느껴졌다.
"그때가 가장 신나고 즐거웠던 시절이었나 봐요?"
"그럼요. 참 좋았지요. 정말 좋았지요."
'가장 고생스러웠던 시절이 가장 좋았던 시절이라니….
성령을 만나면 그렇게 되는 것인가?' 나는 속으로 그런 생각을 했다.
"병으로 고통당하는 이들이 너무 많을 때라
아픈 사람들을 치유하는 능력을 달라고 구했어요.

어느 집에 전도하러 갔더니 그 분이 어디가 아픈지 느껴지는 거예요.
그것을 말했더니 너무 놀라더라고요.
예수님을 믿으면 병을 고칠 수 있다고 했어요.
같이 기도하는데 그 병이 제게 옮아오는 거예요."
백발의 사모님이 약간 흥분한 어조로 간증을 털어놓았다.
"너무 힘들었지만 그렇게 해서라도 영혼을 구할 수 있다는 마음에
아픈 것도 참고 기도했습니다.
그렇게 놀라운 성령의 역사들이 그 당시엔 너무나 많았고….
주변에서도 그런 역사들이 엄청나게 일어났지요."
나는 무척 놀랐다. 능력의 나타남보다 그 영혼의 치유를 위하여
상대의 병이 자신에게 옮아오는데도
아픔을 받아들일 수 있었던 믿음이 놀라웠던 것이다.
"성령께서 그렇게 하기를 원하셨던 것이지요.
물론 그 병은 얼마 후에 사라졌지만 그렇게 다른 영혼의
아픔과 상처를 보듬어야 진정한 치유가 가능함을 보여주신 것이지요."
갑자기 목이 메고 가슴이 저려왔다.
"그 당시는 6·25 이후에 너무 힘겨운 시절이잖아요.
정말 겪어보지 않은 세대들은 이해할 수 없는 처참한 암흑기이지요.
그때는 성령께서 찾아오신 게 얼마나 큰 위로가 되었는지 몰라요."
이 말이 영혼을 후두두 흔들며 메아리쳐 갔다.
6·25 이후 그 상상 못할 가혹한 고난과 처참함 속에서
겨우 살아난 이 민족과 교회….
저 시골 구석까지 찾아가 치유하시고 위로하셨다는 성령님이
그렇게 갑자기 느껴지기 시작했던 것이다.
그 어디에도 이런 증언이나 기록된 자료는 없었다.

그러나 그분은 분명히 찾아오셨고 일하셨다.
촬영을 하는 동안 자꾸만 눈물이 고여서 몰래 훔쳐야 했다.
돌아오는 길에도 마치 영화의 장면처럼
그 성령님의 역사가 머릿속에 그려졌다.

준엄한 명령

"성령님 죄송합니다. 죄송합니다.
그 역사, 그 사랑을 알지 못한 죄, 부끄러움을 용서해주세요."
이런 예기치 않은 고백의 배경은 바로 그것이었다.
그 영상 작업을 마치고 탈진한 나는 지난 과정들을 모두 잊었다.
그리고 며칠 후 버스를 타고 가다가 원인 모를 기운에 사로잡혀
이런 고백을 토해내고 만 것이다.
그것은 부끄러움을 넘어 영혼을 옥죄는 통증痛症이었다.
"내게 왜 이런 마음을 주시는 건가요?"
여전한 답답함이 억누르고 있었지만 그 근원이 어디인지 이제 알았다.
'희망 없음'의 그 흑암 속에서 신음하던 영혼들과 함께하신 성령님.
그분의 역사와 사랑을 알지 못한 어떤 '무지無知'가
나를 그토록 아프게 한 것이다.
'내가 그것을 알 수도 없었잖은가?'
그런 생각도 해보았다.
그래도 여전한 통증을 어찌지 못하고 우두커니 숲속에 서 있었다.
문득 지나간 시절의 한 장면이
북북서진北北西進 하는 기러기처럼 유유히 날아왔다.

20대의 남루한 영혼 하나가 겨울의 빈 밭 한 모퉁이에 앉아 있었다.
먼 데서 아득한 찬송가의 차임벨이 울리는 주일 오전이다.
부흥회를 좇아다니며 주님만을 위해 살기로 다짐하던 열광주의자가
20대 중반에 교회에도 나가지 못하는 누추한 영혼으로 전락한 것이다.
"주님의 복음을 사수死守하며 살겠습니다."
"아골 골짝 빈 들에라도 복음 들고 가겠습니다."
날마다 그 시퍼런 고백으로 살았다.
그러나 닥쳐온 현실은 절망의 골짜기였다.
나를 교회에 인도한 누나가 상상 못할 영적인 시련을 당하기 시작했고
그로 인해 처참히 가정이 무너지기 시작했다.
내가 쌓아온 복음의 진리와 능력은
그 흑암의 세력 앞에 너무나 무기력한 것이었다.
필설로 다할 수 없는 다양하고 집요한 사탄의 공격에
나는 참혹히 무너지고 말았다.
남은 건 지독한 무기력과 패배주의 그리고 주님조차 부르기 힘든
거대한 절망의 심연에 침잠沈潛하는 것이었다.
나의 우상은 자기 정죄였다. 그 체념의 농도濃度가 너무 깊어
주님은 물론 하나님의 역사에조차 절망하게 된 것이다.
그렇게 스스로 버려진 자가 되어 교회에 나가지 못하고
겨울 빈 밭에 우두커니 앉아 있던 그 허무하고 남루한 청춘의 풍경이
갑자기 어제인 양 선명하게 느껴진 것이다.
"왜 이 모습을 보여주시는 건가요?"
사막처럼 타 들어가던 입을 겨우 열어 주께 물었다.
그러자 이어서 20대 후반 어둔 골방에 웅크리고 있는 내가 보였다.
서른을 앞둔 성탄 전야前夜에 나는 주님이 너무나 그리웠다.

예수 그 이름. 그토록 사랑했고 위해 살고 싶었던
그 이름을 부르고 싶었으나 용기가 나지 않았다.
"그래도 불러보고 싶다!"
나는 용기를 내어 어머니가 담가놓은 과실주를 몇 잔 마셨다.
술기운을 빌려서라도 주님을 불러보고 싶었던 것이다.
지금은 '주酒기도문'이라고 농담으로 돌아볼 수 있지만
그때는 너무나 애절했다.
"예수여!"
나는 그렇게 외쳤다.
"당신이 나를 사랑한다고 성경에 쓰지 않았소!
만일 그것이 진실이라면 그 사랑을 증명해보시오!"
나는 술에 취해 주께 따졌다.
비록 시퍼런 객기지만 너무나 오랜만에 주님 앞에서 투정을 부리다가
어둔 골방에 기대어 울던 그 모습.
"날 사랑하심 날 사랑하심 날 사랑하심 성경에 써 있네…"
그 성탄 전야에 이 찬송만 수없이 부르다가 잠이 든 기억이 났다.
그런데 놀라운 것은 다음날 그 주정 같은 기도가 응답되었다는 것이다.
고등학교 동창을 우연히 버스에서 만나 억지로 이끌려서 가게 되었던 곳,
그곳이 내가 다녔던 그 교회였다.
그런 아이러니 속에서 주님이 나를 부르시는 것을 강하게 깨달았다.

사람은 외모를 보거니와 나 여호와는 중심을 보느니라 사무엘상 16:7

나조차 헤아리지 못하는 영혼의 깊은 절망을 헤아리시는
그 사랑의 하나님을 그렇게 다시 만났다.

나는 어린 양처럼 고요히 그 부르심에 순종했다.
살고 싶었다. 다시 주님을 미치도록 부르고 싶었다.
그렇게 다시 죽어가던 신앙의 불꽃을 지피기 시작한 것이다.
20대의 마지막 벼랑 끝에서….
"그랬군요. 그때 성령께서 나를 다시 불러주셨군요.
그 주정 같은 기도를 들으시고 제 영혼의 깊은 탄식을 들으시고
저를 구해주시고 인도해주셨군요."
그때 나를 부르신 이가 성령님이시라는 걸 그제야 깨달았다.

> 우리가 마땅히 빌 바를 알지 못하나 오직 성령이 말할 수 없는 탄식으로
> 우리를 위하여 친히 간구하시느니라 로마서 8:26

절망의 심연에 갇혀 기도할 기력氣力이나 용기조차 없을 때였다.
"아무도 돌아보지 않는 황폐한 내 영혼을 위해
그렇게 간구하시고 일으켜주셨군요."
왜 내게 그런 시절들이 있었는지 이유를 알지 못해 꼭꼭 묻어두었던,
그 황량한 중세의 겨울 같은, 발 시리던 기억들이 묵화墨畵처럼 번져왔다.
다시 눈물이 솟구쳤다. 아니 거대한 폭포 같은 통곡이 터져 나왔다.
그것은 내가 우는 것이 아니었다.
내 안에 또 다른 누군가가 우는 그런 울음이었다.
나는 그 울음을 제어하지 않고 그냥 방치해둔 채 한참을 서 있었다.
그리고 그 끝은 산처럼 짓누르는
흑암에서 빠져나온 듯한 큰 후련함이었다.
한참 후에야 아이 같은 절실함으로 기도가 터져 나왔다.
"성령께서 절망의 시절들과 상처투성이 격동기에

아프고 힘거운 백성들을 감싸시고 용기와 희망을 주셨듯이
그렇게 버려졌던 누추한 제게도 찾아와주셨군요.
그런데도 저는 그 성령님을 몰랐습니다.
그것이, 그 알지 못함이 나를 이렇게 아프고 답답하고 힘들게 합니다.
무엇을 보여주시려고, 무엇을 말씀하시려고
이런 마음과 눈물을 주시는 겁니까?"
그때 내 안에서 아주 세미하면서도 강력한 어떤 느낌이 솟구쳤다.
나는 어떤 영적인 느낌이나 음성 같은 것에
그다지 의미를 두지 않는 스타일이다.
그러나 그것은 그보다 더 확연하게 만져지는 준엄한 명령 같은 것이었다.
"네가 알지 못했던 그 성령의 역사와 그 하나님나라에 대한 탐구와
부흥에 대한 다큐멘터리를 만들어라."
정말이지 너무나도 뜻밖이었다.
성령과 하나님나라에 대한 작업을 하게 하시려고
이런 과정으로 인도하신 것인가?
부흥에 대해 아무런 관심도 없고 성령의 역사를 외면하고 살아온 나에게….
그러나 나는 망설이지 않았다.
다시 나를 부르고 계심을 확실히 알 수 있었다.
"막막함이 느껴지지만 주께서 이 길을 인도하신 것이라 믿습니다.
아직은 당황스럽고 무엇을 해야 할지 모르지만 가보겠습니다."
그렇게 홀로 서서 노을에 실어 보내는 낯선 빛처럼 짙은 다짐을 했던 것이다.
그때가 2004년 5월의 어느 봄날이다.

동일한 영적 신경센터

그렇게 나는 이 머나먼 웨일즈 땅에 왔다.
뒤늦게 또 전혀 생각지도 않았던 부흥에 대한 탐구를 가장 많이 접한 것이 1904년 웨일즈 부흥이다.
이반 로버츠라는 20대 청년을 통해 타오른 부흥….
웨일즈 성령역사에 대한 글들은 건조하던 내 영혼을 자극했다.
"지금까지 이런 하늘의 역사들을 모르고 살았구나!"
글을 읽을 때마다 웨일즈에 가고 싶어 몸과 마음이 들썩거렸다.
그곳은 부흥의 진원지震源地요, 발화점이었다.
'내가 어떻게 이렇게 빨리 이곳에 오게 되었을까?
가까운 나라도 아닌 머나먼 영국의 이 땅에….'
창 밖으로 웨일즈의 마을을 보고 있는 것이 현실이 아닌 듯했다.

갑작스레 성령으로 인해 불에 덴 듯 뜨겁던 그 날.
영혼을 산에 남겨두고 온 것처럼 탈진하여 작업실로 돌아왔다.
같이 작업하던 후배들은 나의 이런 사정을 눈치채지 못했다.
부흥은 물론 성령의 역사에 대해 그때까지 어느 누구에게도
말한 적이 없었기에 더욱 그랬다.
"이것이 주께서 주신 것이라면 제게 표징表徵을 보여주세요."

하나님의 명령으로 오래 안주하던 고향을
갑자기 떠나야 했던 아브라함의 심정이었다.
그러나 내가 도달해야 할 '언약의 땅'은 멀고 전혀 감이 느껴지지 않았다.
속으로 지혜를 구한 다음 습관처럼 컴퓨터를 켰다.
그리고 인터넷 검색창에 무심코 '평양 대부흥 1907'이라고 적었다.
막막함 가운데 그 말이 가장 먼저 떠오른 것뿐이다.
검색창이 열리며 엄청난 정보들이 쏟아져 나왔다.
'부흥에 대한 자료와 관심들이 이렇게 많구나.'
평양 대부흥에 대한 자료도 많았지만 부흥이 다시 오기를
갈망하는 사람들이 뜻밖에 많다고 느껴졌다.
"이토록 부흥을 열망하는데 나만 모르고 있었다니…."
나는 쏟아진 정보들을 하나하나 읽어 나갔다.
마치 글을 처음 배우는 아이처럼.
그중 소름이 돋듯 나를 전율케 만드는 어떤 자료를 만났다.
20세기 초엽 한국만이 아니라
전 세계에 부흥이 동시적으로 일어났다는 내용이었다.

웨일즈에서 시작된 하나님의 은혜와 능력의 놀라운 역사는
이미 영국과 호주에서도 나타났고, 미국의 여러 곳에서 나타났다.
이것은 마치 동일한 영적인 신경센터를 가지고 있는 듯하다. 이 신경조직을 따라
한쪽에서 나타난 하늘의 놀라운 능력은 인류 전체에 흥분과 반응을 일으키고 있다.
한국의 대각성이 영국과 미국의 대각성과 동시대에 일어나는 것이
하나님의 뜻이 아니겠는가?

저다인 J. L. Gerdine 〈National Revivals 1905〉

"이런 건 처음 듣는 얘기인데."
1904년 영국 '웨일즈'를 비롯해 1905년 인도의 '카시'라는 지방과
그리고 1906년에는 미국의 로스엔젤레스 '아주사'라는 거리에서
부흥이 일어났다는 것이다.
그리고 드디어 1907년에 저 평양에서도 부흥이 폭발한 것이다.
거기서 그치지 않고 1908년엔 '만주'에 이르기까지 타오른 불길이
옆으로 이어 번지듯 그렇게 20세기 초 전 세계에 동시에
대부흥의 불길이 타오른 것이다.
"아니, 이런 놀라운 사실을 왜 지금껏 모르고 있었지?"
나는 너무나 놀랐고 충격에 휩싸였다.
특히 '동일한 영적인 신경센터'라는 말이 자극적으로 나를 흔들었다.
"20세기 초에 이 지구 곳곳에서 동시에 대부흥이 일어나다니.
그것도 서로 다른 지역에서 이런 성령의 역사가 있었구나!"
다들 알고 있는 정보인지 모르지만 이건 보통 일이 아니었다.
"이런 놀라운 하늘의 사건이 왜 보편적으로 알려지지 않은 것일까?
나만 놀라고 있는 것인가?"
방송에서 다큐멘터리를 만들어 온 감독으로서
나는 이것이 대단한 '문제적 소재'임을 직감했다.
동일한 영적 신경센터,
다시 그 말을 생각하는데 문득 말씀 한 구절이 떠올랐다.

> 그의 안에서 건물마다 서로 연결하여 주 안에서 성전이 되어가고
> 너희도 성령 안에서 하나님의 거하실 처소가 되기 위하여
> 예수 안에서 함께 지어져 가느니라 에베소서 2:21,22

"함께 지어져 간다"는 것은 '살아 있다'는 증거다.
성령 안에서 살아 있는 그 하나님나라.
그것을 회복하려는 강력한 역사가 부흥이다.
개인만이 아니라 각 교회들과 그것을 넘어 각 나라, 민족과 열방이
성령 안에서 함께 지어져 간다.
20세기 초 전환기에 이 지구상 곳곳에서 당신의 지체들을 통하여
하나님나라를 동시에 이루어 가시는 성령의 움직임.
즉시 그 현장으로 달려가 그 움직임을 만지고 싶은 충동이 일어났다.
불과 한 시간 여 전에
"부흥에 대해 다큐멘터리를 만들어라"라는 명령을 받고 왔을 뿐인데
시작부터 대단한 집중력이 발동하기 시작했다.
아니 무언가를 부어주시는 느낌이었다.
"하나님, 만일 이것이 사실이라면 21세기 초인 지금 이 시대에도
당신의 동일한 영靈을 보내시어
다시금 이 세상을 변화시키실 수도 있는 가능성이 있는 겁니다."
아무도 모르는 하늘의 비밀을 알게 된 듯
홀로 마음이 들뜬 나는 이렇게 기도했다.
"이것만으로도 연구해볼 가치가 있다. 이것을 연구하면
하나님의 전략과 성령의 역사에 대한 깨달음을 얻을 수 있을지 모른다."
주먹이 불끈 쥐어지고 불타는 확신이 나를 살렸다.
"아직도 무지하고 여전한 의구심이 있지만 가보겠습니다.
하나님나라의 길과 그 진정성, 성령님이 뜨겁게 일하신 그 현장에 가서
보고 저를 부르신 이유를 만날 때까지 가고 또 가겠습니다."
그렇게 부흥을 향한 나의 여정은 아무도 모르게 출발되었다.
부흥을 갈망하고 하나님나라를 꿈꾸는 열정에서 시작된 여행이 아니다.

성령님의 역사를 헤아리지 못했던 뼈아픈 자괴감에서
성령님의 일하심에 대해 무지했던
영혼까지 붉어지는 부끄러움이 동인動因이 되어
나의 탐험은 그렇게 시작된 것이다.

부흥의 진원지에서

드디어 모리아교회Moriah Church가 눈앞에 나타났다.
그제야 부흥의 현장에 왔다는 실감이 들었다.
긴 시간 여행으로 침잠하던 마음이 갑자기 두근거리고 흥분이 번진다.
1904년 10월의 마지막 밤, 이 교회에서 강력한 성령의 임재臨在가 있었다.
그것이 20세기 서두에 전 세계 부흥을 자극한 '웨일즈 부흥'이다.
"주님, 이제 시작입니다.
도와주셔서 순전한 성령의 역사의 본질을 만지게 해주세요.
세상을 뒤흔든 대부흥이라는 형식의 그 치장보다는
그 속에 살아 있는 하나님의 진실을 만지고 싶습니다."
나는 전투를 앞둔 병사처럼 카메라를 꺼내어 손에 꼭 쥐었다.

1904년 10월 31일 월요일 밤, 성령의 임재 속에
부흥이 임박했음을 감지한 예비 신학생 이반 로버츠는
순수한 고향의 친구들과 함께 이 모리아교회에서 기도모임을 시작했다.
"주여, 우리를 굴복시켜주옵소서.
우리를 꺾어 교회를 회복시키시고 세상을 구하옵소서."
그들의 간구는 그것이었다.
아니 이 시점의 책들을 읽어보면 성령께서 그것을 구하게 하셨다.

> 주의 영靈을 보내어 저희를 창조創造하사
> 지면地面을 새롭게 하시나이다 시편 104:30

문득 이 말씀이 떠올랐다.
"성령이 오셔서 우리를 새롭게 창조하신다는 것은
하늘 앞에 우리의 모든 것이 순종하고 굴복하여 드려진다는 것이다.
그리하여 그분의 영이 온전히 우리를 통해 일하시는 것이다."
그 깨달음이 내 영혼을 고요히 흔들었다.
"주님, 이 작업에서도 이반 로버츠처럼 저를 굴복시켜주소서.
그리하여 보여주고자 하시는 하늘의 본질 앞에 고요히 순종하는
여정이 되게 하여주소서."
그 간절한 소망이 내 안에서 풍랑처럼 일었다.
결국 부흥이란 자기를 철저히 비우고, 깨트리며 꺾는 것이다.
그렇게 비워진 몸과 영혼, 즉 성전聖殿에
진정한 주인이신 '성령이 임하시는 것'이다.
그래서 하나님나라를 꿈꾸고 향하게 하시는 것이다.
성령님은 이반 로버츠에게 그것을 요구하셨다.
하늘의 주권과 성령의 역사 앞에 철저히 굴복하는 빈 그릇,
그것이 부흥의 도구다.
그것이 지면地面을, 이 땅과 세상을 바꾸고 새롭게 한다.

"어떻게 그 어린 나이에 그런 기도를 했을까?"
이반 로버츠의 이력履歷을 알고 나서 나는 놀랐다.
그는 13살 어린 나이 때부터 갱坑 안에서 성령충만을 구해왔다고 한다.
웨일즈의 시골 글레모린에서 가난한 광부의 14형제 중 아홉째로 태어난

1904년 웨일즈 부흥의 산실인 모리아교회 전경

이반은 12살 때부터 아버지를 따라 광부와 대장장이로 힘겹게 일했다.
"내 삶을 성령으로 충만하게 하시고 이 땅 위에 부흥이 임하게 해주소서."
어떻게 그 어린 나이에 이런 성숙한 기도를 드렸을까?
그러나 영국으로 오는 비행기 안에서
촬영을 위한 자료들을 검토하는 동안 나는 놀라운 사실을 발견했다.
'웨일즈 부흥' 연구자인 토마스 필립은 이렇게 진술했다.

가난 때문에 저주와 욕설을 입에 달고 살던 아이들이
부흥을 통해 변화되어 성경과 기도에 전념했으며
예배 후에도 자기들끼리 모여 기도회를 가졌다.
특히 뱅고어라는 지역에서는 어린이들 사이에 강력한 성령의 역사가 일어났다.
아이들은 어디서나 모여 기도했으며 수많은 역사들이 일어났다.

어린이들 역시 많은 기도회를 가졌는데 아주 진지하게 가족의 구원을 위해
"그들이 구원을 받으려면 어떻게 해야 합니까?"라고 울부짖었다.
게르웬에서는 90명의 주일학교 아이들이 모인 기도회에서
이제 겨우 말을 하기 시작한 한 아이가
"오! 저를 구원해주세요. 예수님의 피로…" 하며 울며 간구했다.

《부흥-Revival지》

이반 로버츠(1871~1951)
소년 광부 시절부터 성령충만을 구한 웨일즈 부흥의 주역

웨일즈, 아일랜드, 스코틀랜드는
이미 18세기부터 부흥으로 수없이 달구어진 땅이었다.
그런 부흥의 전통 속에서 성장한 이반 로버츠가 13살에 부흥을 위해
기도했다는 것은 어쩌면 특이한 현상이 아닐 터이다.
다만 춥고 컴컴한 갱 안에서 기도하는 가난한 어린 영혼의 간구를
다 들으시는 하나님, 그 아름다운 풍경이 떠올라 감격이 되었다.
'부흥 속에는 하나님의 아름다운 사랑과 애정이 깃들어 있다'라는
은밀히 생각을 하니 마음이 편안하고 따스해졌다.
아무도 모르는 어린 이반의 간구는 10년 후 이 모리아교회에서 응답되었다.
상상하지 못할 강력한 성령의 역사로
하나님나라는 그렇게 작고 보잘것없는 겨자씨에 잉태되어 자라났던 것이다.

모리아교회 예배당 문은 굳게 잠겨 있었다.
"부흥의 흔적을 만지기 위해 먼 길을 왔는데 겉 풍경만 스케치해야 하다니…"
나는 너무나 아쉬웠다.
"이렇게 그냥 갈 수 없습니다. 하나님, 도와주세요."
간절함을 품고 촬영하는데 갑자기 한 사람이 다가와 아는 체를 했다.
"한국에서 웨일즈 부흥에 대해 알고 싶어서 왔습니다.
부흥에 대한 다큐멘터리를 만드는 중입니다."
인사를 하자 그는 반가운 표정으로 자신이 관리인이라며 명함을 건넸다.

그리피스D. Griffith라는 관리인의 출현으로 생각지 않은 촬영이 시작됐다.
"1904년 부흥이 있기 몇 년 전에 이 교회만이 아니라
주변에 있는 마을에도 큰 교회들이 많이 지어졌습니다.
그 교회들은 후에 부흥의 중요한 장소로 쓰였지요.
마치 부흥을 위해 하나님이 예비하신 것처럼 말입니다."
'부흥을 위한 하나님의 예비.'
그 말은 부흥에 대한 내 인식을 화들짝 깨어나게 했다.
"그렇다. 하나님은 당신의 역사를 갑자기 이루시는 분이 아니다.
많은 준비를 하시고 치밀한 전략으로 그것을 이루어 가실 것이다."
그것이 하나님의 때, 곧 '카이로스Kairos'이다.

사도 바울에 따르면, 예수 그리스도의 출현이라는 사건이 일어날 가능성은
어느 시대에나 늘 있는 것이 아니다. 이러한 사건이 일어나기 위해서는
거기에 대한 모든 준비가 갖추어져 있는 특별한 역사적 순간이 필요했다.
바울은 그리스도의 오심을 위한 '때'가 무르익었다는 느낌, 또한 그것을 위한
준비가 갖추어졌다는 느낌을 나타내는데 '카이로스kairos'라는 개념을 썼다.

폴 틸리히 《그리스도교 사상사》

20대의 그 황막한 방황기에 나는 다양한 책들을 읽었다.
내가 틸리히P. Tillich의 사상 전반에 동의하는 것은 아나나
그의 책 《그리스도교 사상사》는 내게 통찰력을 심어주었다.
'하나님의 예비'라는 말에서 문득 그때 관심을 키우던 '카이로스'가 떠올랐다.
이 주제로 다큐멘터리를 만들려고 많은 연구를 했던 것이다.

때kairos가 찾고 하나님나라가 가까웠으니 회개하고 복음을 믿으라 마가복음 1:15

이 장엄한 외침이 한동안 가슴에 웅웅 울리며 떠나지 않았다.
"하나님의 역사는 아무 때나 일어나는 것이 아니다.
그렇다면 분명 성령을 보내셔서 이루실 그 회복의 순간 역시
이 카이로스, 하나님의 때에도 많은 '예비'가 있었을 것이다."
나는 1904년 웨일즈 부흥에서도
그 하나님의 예비를 발견해야 한다는 생각을 했다.

1904년이 되기 훨씬 전부터, 하나님께서는 20세기에 접어들어서 그처럼
세계적인 부흥이 일어날 수 있는 길들을 미리 준비하고 계셨다.
1900년대 첫 10년간 세계에서 일어난 성령의 역사는 역사상 가장 광범위한 부흥운동이었다.
이 부흥이 시작되고 처음 두 해에만 무려 5백만 명 이상이 예수를 믿게 되었다.

웨슬리 듀웰 《세계를 뒤바꾼 부흥의 불길》

"하나님께서 20세기 초엽의 그 부흥을 위한 준비를 하셨구나.
그렇다면 오늘날 또다시 부흥이 가능하다면 역시 많은 예비가 있으리라."
그것이 무엇일까? 나는 그동안 읽은 자료들을 생각하기 시작했다.
문득 세계의 깨어 있는 신앙인들이 19세기 말에 부흥을 위하여
기도했다는 기록이 떠올랐다. 건물을 세우고 환경을 준비하는 것보다
더 중요한 것은 기도로 영적으로 무딘 토양을 갈아엎는 것이었다.
그렇다면 오늘도 하나님의 예비는 부흥을 갈망하는 '기도'이다.
이 글을 쓰기 위해 작업실에 가던 중에
갑자기 방배역 근처 교회 서점에 가고 싶은 충동이 생겼다.
'하나님의 예비'에 대하여 깨닫게 해달라고 구하던 중이었다.
급히 가서 오래된 신앙서적들이 있는 구석을 뒤졌다.
그때 《부흥운동 이야기》라는 책이 눈에 들어왔다.

R. A. 토레이(1856~1928)
무디성경학교 교장으로서 20세기 초의
전 세계적인 부흥운동에 큰 영향을 끼쳤다

이미 2003년도에 출간되었지만 주목을 받는 책은 아닌 듯했다.
헨리 존슨H. Johnson이라는 저자에 대한 정보조차 책에는 거의 없었다.
그러나 그 책이 사고 싶어졌다. 그리고 이 글을 쓰기 전에 무작정 읽었다.
그런데 그 책에서 매우 흥미로운 실마리를 발견하게 되었다.

1890년 무디는 토레이 박사를 시카고에 있는 무디성경학교 교장으로 임명했고,
그는 4년 후에 시카고 애비뉴교회의 담임목사직을 받아들였다.
토레이는 끝없이 회중에게 부흥의 정신을 불어넣어주었다.
열정적인 기도의 사람이었던 그는 교인들에게 기도에 헌신하도록 강조했고
하나님의 사역을 부흥시키기 위해 성령을 부어주실 것을 구하도록 권했다.
1900년 초부터 전 세계에 부흥이 일어나도록 매주 학교에서 집회가 열렸다.

"하나님이 정말 내 기도에 응답하시고 가르쳐주신 것일까?"
그 작은 서점 구석에 있던 알려지지 않은 책 속에서
이런 자료를 만난 것이 예사롭지 않게 여겨졌다.
19세기 말 전 세계의 부흥을 위하여 간절히 기도했던 토레이가
예수원 대천덕 신부의 할아버지인 토레이R. A. Torrey 박사이다.
하나님은 이런 기도모임을 20세기가 시작되기 전부터
세계 곳곳에서 일으키셨는데 그것은 '영적 신경센터'인 성령께서
당신의 지체들을 연락聯絡하고 상합相合하여 이루신 역사였다.

곧 닥칠 하늘이 정하신 '부흥의 때'를 위하여
그 영적 신경망이 강력히 집중된 것이다.
더욱 놀란 것은 토레이 박사 그 자신이 성령의 도구가 되어
세계를 다니며 부흥회를 인도했는데
1904년에는 영국 전역을 돌다가 웨일즈까지 와서 집회를 했다는 것이다.

1904년 1,2월은 토레이를 통한 큰 복음 사역이 버밍햄, 브리스톨, 카디프 등에서 있었다.
거기서 수많은 회심자들이 나타났다.

맥클렌 《토레이 박사 전기 Biography of Dr. Torrey》

그냥 스쳐 지나갈 수 있는 이 한 구절에 나는 주목하였다.
"혹시 이것은 1904년 10월 말, 이반 로버츠를 통한 부흥이 있기 전에
토레이 박사를 통해 이미 웨일즈에 성령의 불을 지폈다는 것이 아닐까?"
이 작은 단서가 나를 흥분시키기 시작했다. 왜냐하면 그가 부흥회를 했던
영국의 도시들 중 카디프cardiff가 남南웨일즈의 주도主都이기 때문이다.
순간 내 머리는 예민한 탐정처럼 움직이기 시작했다.
하나님께서 1904년 10월, 그 강력한 부흥이 일어나기 몇 달 전에
저 대서양 건너에서 몇 년간 전 세계의 부흥을 위해 기도하여 온
토레이 박사를 사용하셔서 이미 성령의 불을 그 땅에 붙여가고 계셨던 것이다.
갑자기 그 하나님의 전략 시나리오가 느껴지기 시작했다.

"하나님께서 이토록 치밀하게 준비해나가셨구나."
영국에서는 19세기 말 케직 사경회에서 많은 이들이
세계적인 부흥을 위한 기도회를 열었다.
자료에 의하면 깨어 있는 신실한 기도자들 중에는 이미
전 세계에서 일어날 부흥을 감지感知한 자들이 많았다고 한다.

전 세계의 신자들이 동일한 영적인 신경센터를 가지고 있는 듯하다.
이 신경조직을 따라서 한쪽에서 나타난 하늘의 놀라운 능력은 인류에게
놀라운 흥분과 반응을 일으키고 있다.

갑자기 처음 부흥에 눈 떴을 때 발견한 선교사 저다인의 글도
이 카이로스에 합류合流되었다.
얼마나 많은 이들이 전 세계 곳곳에서 동일한 비전을 품고 기도하는지
서로 알지도 못한 채, 그들의 기도는 하나님의 때를 위한
성령의 도구로 준비되고 있었던 것이다. 그러나 그것은 기도만이 아니었다.
토레이 박사처럼 부흥이 일어날 것을 이미 감지한 사역자를 보내어,
곧 오실 성령님의 길을 예비하신 것이다.
"하나님께서 이렇게 열심히 준비하시고 일하셨구나."
내 안에 감격과 감동이 번졌다.
그러나 그것을 다룬 연구나 책들은 거의 없었다.
대부분의 책들이 부흥의 현상이나 과정에 치우칠 뿐이었다.
"학자들이나 내가 미처 발견치 못한 하나님의 예비가 더 있을 것이다."
그것을 탐구해야겠다는 열망이 불꽃처럼 타올랐다.
이반 로버츠가 13살부터 일하던 탄광 안에서 드린 작은 간구도
그 성령님의 '중요한 예비'에 포함되어 있었으리라.

베들레헴 코드

"교회 뒤에 이반 로버츠의 묘지가 있습니다. 저를 따라오세요."
관리인 그리피스는 마치 준비된 리포터처럼 앞장서서 걸었다.
아무 연고도 없는 낯선 촬영 현장에서 이런 사람을 만나는 건 행운이다.
그 또한 하나님의 예비라는 생각이 들었다.
부흥이 일어난 예배당 안에 들어가보고 싶었으나 그를 따라갔다.
이런 작업에서는 성령의 인도에 고요히 순종하는 것이 중요하다.
"이곳이 이반 로버츠의 가족 무덤입니다."
유서 깊은 영국 교회는 대부분 그 옆이나 뒤 정원에 공동묘지가 있다.
그 한켠에 묘비도 없이 이름만 적힌 아담한 무덤 군#이 있었다.
전 세계를 뒤흔든 부흥의 주역의 가족 무덤치고는 작고 평범했다.
심지어 약간 엉성해 보이기조차 했다.
"이반의 모든 형제들이 부흥 이후에 인도, 미국, 아프리카 등
세상 끝을 향해 선교를 나갔고
그곳에서도 많은 부흥의 결실들이 일어났지요.
그래서 여기서부터 흘러나간 것을 '웨일즈 부흥'이라고 부릅니다."
'여기서부터 흘러나간 부흥.'
관리인이지만 그리피스의 표현은 매우 멋지고 울림이 있었다.
외진 영국의 변방에서 소박한 질그릇들을 통해 시작된 부흥이

이반 로버츠의 가족 무덤

전 세계를 불태웠고 그것이 그들을 땅 끝으로 가게 했다.
"우리 하나님은 참 멋지시구나. 부흥이란 이렇게 감동적인 것이구나."
그리피스의 말에서 나는 부흥의 또 다른 단서를 찾았다.

> 오직 성령이 너희에게 임하시면 너희가 권능을 받고
> 예루살렘과 온 유대와 사마리아와 땅 끝까지 이르러 내 증인이 되리라 사도행전 1:8

부흥은 성령께서 이 땅 위에 강력하게 임하시는 사건이다.
그리고 성령님은 땅 끝을 지향한다.
연약했던 제자들이 주님의 예언처럼
오순절에 성령님을 만나고 땅 끝으로 갔다.
안주하던 삶을 벗어나 분연히 세상 끝에 서게 하며
주님의 손과 발이 되어 뜨겁게 섬긴다.
그것이 그 변화를 가능케 하는 역사가 부흥이다.
일상처럼 평범한 그리피스의 말 속에서 나는 그것을 놓치지 않았다.
순간 사도행전의 오순절 성령강림은
단연코 부흥의 모델Model이요, 준거 틀이라는 생각이 들었다.
이곳에 오기 전 수많은 자료들을 검토하면서 이미 그 혐의를 눈치챘었다.
부흥은 안일과 자기 만족에 빠진 영혼들을 깨워
'미말微末'고전 4:9, 즉 '가장 낮은 세상의 끝'으로 가게 하신다.

100명도 채 못 들어가는 이 작은 예배실에서 세계를 뒤흔든 웨일즈 부흥이 시작되었다

예수 그리스도가 그렇게 가셨듯이….
"이반의 가족 모두가 땅 끝으로 갔군요?"
"그만이 아니라 당시 성령을 받은 수많은 사람들이 헌신하여
전 세계 오지로 나갔습니다."
그 말을 들으니 그런 부흥이 일어난 장소가 몹시 보고 싶어졌다.
이미 눈치를 챘는지 그리피스가 안내를 했다.
"1904년 부흥이 일어난 장소는 저곳입니다."
나는 순간 놀랐다.
그가 가리킨 곳은 교회 옆에 딸린 작은 부속 건물이었기 때문이다.
"여기 이 예배당이 아니고요?"
"대부분 그 곳인 줄 알지만 이 옆 건물입니다."
그리피스가 급히 걸음을 옮기며 말했다.
나는 약간 당황했다. 본당 건물인 줄 알고 그곳만 촬영했기 때문이다.
그리피스를 만나지 않았다면 엉뚱한 곳을 찍고 만족할 뻔했다.
그리피스를 따라 그 작은 부속 건물로 들어서는 순간
심장이 멎을 것만 같았다.
"이렇게 작은 곳에서 그 부흥이 시작된 건가요?"
그곳은 100명도 채 들어가기 힘든 작은 공간이었다.
그리피스가 의미심장한 미소를 머금고 망연茫然한 나에게
하나님의 섭리를 보라는 표정을 지었다.

형용 못할 감동을 비집고 어떤 말씀 하나가 떠올랐다.

> 베들레헴 에브라다야 너는 유다 족속 중에 작을지라도
> 이스라엘을 다스릴 자가 네게서 내게로 나올 것이라 미가서 5:2

이스라엘이 그토록 기다리던 이 어둔 세상을 회복할 메시아가
크고 화려한 예루살렘이 아니라 작고 외진 베들레헴이라는 동네에서
탄생하실 것이라는 유명한 예언이다.
왜 이 말씀이 떠오른 것일까? 예배당 내부를 촬영하며 곰곰이 생각했다.
예전에도 에브라다가 어떤 의미인지 궁금했던 적이 있다.
학자들도 여러 가지 의견으로 분분했다.
'에브라다'는 베들레헴의 옛 지명이라는 주장도 있고
그곳에 속한 지역의 이름이라는 견해도 있다. 지명이 아니라
그 땅에 정착한 에브랏 사람들이 사는 곳이라는 주장도 있었다.
만일 지명이면 "너는 유다 여러 성읍 중에 작을지라도"라고 해야 하는데
"너는 유다 족속 중에 작을지라도"라고 한 이유는
어떤 '족속'을 가리킨다는 것이다. 그러나 어떤 해석이든지 동일하게
작고, 보잘것없고, 아무도 주목하지 않는 풍경을 의미한다.
바로 '지극히 작은 자', '미말微末의 풍경'인 것이다.
'부흥의 지향점만이 땅 끝, 미말이 아니라 그 시작점도 동일하구나.'
이 장소는 부흥에 대한 나의 고정관념을 뒤집어버렸다.
"이스라엘이 대망하던 그리스도가 보잘것없는 곳에 오셨듯이
하나님의 부흥도 그렇게 시작된다."
내 안에 그런 감격과 울림이 있었다.
부흥에 대해 연구하면서 접했던 자료들은 거의 엄청난 역사들이었다.

강력한 성령의 역사와 변화들, 수만 명이 모이는 집회 사진들.
웨일즈는 물론 전 세계가 이 부흥에 영향을 받은 것 등
온통 크고 대단한 것뿐이었다.
"이렇게 작은 곳에서 그토록 소박한 영혼들을 통해
20세기를 흔든 성령의 역사가 시작되었다니…."
눈물이 날 것 같은 벅찬 감격이 일었다.
"이것이 아버지의 역사다!"
나는 예배당 구석 의자를 쓰다듬으며 떨리는 영혼으로 그렇게 외쳤다.
솔직히 나 또한 부흥에 대한 어떤 환상을 가지고 있었는지도 모른다.
크고 강하고 교회와 세상을 뒤흔드는 무엇,
흑암과 불의로 가득한 세상을
불가항력적不可抗力的인 하늘의 힘으로 뒤집어엎었으면 하는 음험陰險한 기대,
그것을 보려고 왔는지도 모른다.
그러나 그 하나님의 시작점은 생각지 않았다.
"그러나 감사합니다. 역시 우리 하나님은 아름다우시고 다르십니다."
나는 출발부터 고정관념이 깨지는 쾌감으로 감사드렸다.
베들레헴 에브라다의 코드code, 그것이 부흥의 시작점이었다.
모든 부흥은 하나님의 본질적인 역사에 근거를 두고 있음을 깨달았다.
그것은 예수 그리스도이다.
하나님나라가 그리스도를 지향하고 그 안에서 이루어지듯이
부흥 또한 그것을 담고 있으며 그 풍경을 닮아 나타난다.
"그러고 보니 1905년 인도 카시의 부흥도
1906년 미국의 아주사의 부흥도 동일한 형식으로 일어났다."
다음 촬영 장소로 이동하며 나는 두근거리는 심장으로
이 '베들레헴 코드'를 묵상하기 시작했다.

진정한 부흥의 풍경

1904년 웨일즈에 이어 1905년에는 인도에 성령의 불이 타올랐다.
하나님께서는 라마바이P. Ramabai라는 한 인도 여인을 주목하고 사용하셨다.
내게도 그 여인을 주목케 하셨다.
19세기 후반부터 20세기 초, 인도 여성들은 좌절과 절망 속에 살았다.
절망적인 힌두교 문화 속에서 여성들은 예수님 당시처럼 천대를 받았다.
교육이 금지되었고 장사나 기타 생계 수단도 가질 수 없었다.
라마바이는 결혼생활 2년 만에 남편이 죽었다.
어린 딸과 처참한 밑바닥 생활 그리고 불확실한 미래만 남아 있던 그때,
그녀의 나이 스물 셋이었다.
힌두교 신앙에 회의를 느낀 그녀는 진정한 신神을 찾기 시작했다.
그 마음이 하늘에 닿아 수년간의 구도求道 끝에 그리스도를 만났다.
1889년, 극한 기근과 전쟁으로 많은 고아와 과부, 가난한 여성들이 생겼다.
라마바이는 그들을 위한 쉼터 사라다 사단Sharada Sadan과
구원을 뜻하는 묵티Mukti 공동체를 설립했다.
라마바이는 가난한 여성들과 고아, 과부들에게 음식, 옷, 쉼터, 교육,
직업 훈련의 기회를 제공했다.

우리는 부유하거나 위대하지 않습니다.
그러나 하늘 아버지가 사랑의 손으로 매일 양식을 주시기에 행복합니다.
하루하루 필요한 것 이상은 조금도 받지 못하고 은행 통장도 없고 수입도 전혀 없지만,
우리는 하나님 아버지를 온전히 의지하기에 두려울 것도 잃을 것도 후회할 것도 없습니다.

라마바이는 오직 하나님만 의뢰하는 신앙으로 그들을 섬겼다.
그러면서도 부흥에 대한 강력한 소망을 가지고 있었다.

1903년, 라마바이는 토레이 박사와 알렉산더 찬양 가수의 집회로
호주에 부흥의 축복이 임했다는 소식을 들었다.
그녀는 자기 딸을 호주로 보내어 그곳에 새로 형성된 수백 개의 기도모임에
인도의 부흥을 위해 기도해달라는 부탁을 했다.
1904년 12월, 웨일즈에 부흥이 임했다는 소식을 들은 라마바이는
성령강림에 대한 소망을 더욱 강렬히 갖게 되었다.

웨슬리 듀웰 《세계를 뒤바꾼 부흥의 불길》

"토레이 박사가 웨일즈만이 아니라 인도의 부흥에도 영향을 주었구나."
그 하나님의 예비 kairos가 이렇게 또 연결될 줄은 몰랐다.
하나님은 토레이를 영국뿐만 아니라 호주, 인도 등
전 세계의 부흥을 위한 '세례 요한'으로 사용하셨다.
다른 나라에서 부흥의 징후徵候를 느낀 라마바이는 묵티 공동체의
고아와 과부들을 모아 기도모임을 만들었다.
"형식적인 그리스도인들이 진정한 구원을 받고 인도와 전 세계에
성령이 임하게 하소서."
그들은 날마다 간절히 기도드리기 시작했다.

라마바이(1858~1922)
인도의 묵티 공동체의 부흥을 인도한 여성 지도자

나는 이 지혜롭고 큰 그릇을 가진 여인에게 큰 감동을 느꼈다.
자신과 공동체, 조국만이 아니라 전 세계에 성령이 임하기를 간구한
진정 하나님이 기뻐하시는 마음을 가진 사람이었던 것이다.
더욱이 하나님의 부흥이 이 땅에 이루어지도록 하기 위하여
라마바이는 쉽지 않은 적극성과 열심을 내었다.
토레이 박사를 통해 호주에 부흥이 일어났다는 소식을 듣고
그 먼 곳으로 딸을 보내어 인도의 부흥을 위해 기도해달라고 부탁했다니,
그런 일은 지금도 어려운 일이다.
그런데 100년 전에 그녀는 부흥에 대한 그런 열심을 가지고 있었다.
진정 하나님나라를 바라는 뜨거운 영혼이 아니고서는 쉽지 않은 일이다.
이미 그녀 자신이 1898년, 세계의 부흥을 위해 기도하던
영국의 케직 사경회를 찾아가 처참한 인도의 회복과 부흥을 위해
기도해달라고 당부했다는 기록도 있다.
"나 또한 부흥에 대한 열정으로 무작정 이 멀고 낯선 땅에 왔지만
하나님나라를 위해 자신의 모든 걸 투자하고 내어놓은
라마바이에 비하면 얼마나 부끄러운가?"
내가 가진 열정이 얼마나 보잘것없는 것인가 깨닫게 되었다.
자기에게만 유익이 되고, 자신들의 공동체가 부흥의 주역이 되는 것을
바란 것이 아니라 오직 하늘의 뜻을 이루시는 성령이
이 땅에 임하시기를 그토록 갈망한 것이다.

자기의 유익을 구치 않는 그 사랑,
그 순연純然한 심성心性을 하나님이 가장 기뻐하시는 것이다.
6개월 만에 이름 없는 이 작은 기도자들에게 성령이 임하셨다.
1905년 6월 29일, 묵티의 고아 소녀들과 과부들이
강력한 성령의 불에 휩싸였다.
그들은 자신이 불의不義와 죄의 법 아래 있음을 보았다.
처절한 회개로 하나님 앞에 나가자 그들에게 '성령세례'가 임한 것이다.
그 현장을 체험한 이들의 기록을 보면 참으로 놀랍기만 하다.

많은 고아 소녀들이 성령께서 거룩한 불을 가지고 자기 영혼 안에 오셨다고 간증했는데
이 거룩한 불을 가리켜 '불세례'라 일컬었으며
'그것은 거의 견딜 수 없는 것이었다' 라고 고백했다.

거기에는 하나님을 반드시 만나야겠다는 진정한 굶주림이 있었다.
아아, 얼마나 수치스러운가! 이토록 오래 그리스도인으로 살아왔으면서
여기 이 어린아이들이 하는 산고産苦의 기도,
모든 것을 잊고 드리는 전념專念의 기도를 모르고 있었다는 것이….
아이들은 그처럼 산고를 겪은 기도를 마친 후에
하나님의 은혜에 너무나 감격하여 찬양하였다.

웨슬리 듀웰《세계를 뒤바꾼 부흥의 불길》

라마바이와 그녀가 섬긴
인도의 가난한 고아와 과부들

거룩한 불, 자기 안의 죄의 법을 목격하는 그 처절한 회개,
이것이 진정한 성령의 역사다.
그들에게 임하신 성령의 불이 인도 전역에 뜨거운 불길로 번져갔다.
이미 19세기 중반의 부흥으로 헌신하여 인도에 와 있던 수많은 선교사들,
특히 19세기 중반에 일어난 웨일즈의 부흥으로 헌신하여 온 이들이 많았다.
그들 또한 웨일즈처럼 인도에 부흥이 일어나기를 구했다.
기존의 교단들도 이들의 기도로 부흥을 경험하게 되었다.
나는 여기서도 베들레헴 에브라다의 코드를 보았다.
하나님은 '고아와 과부'라는
가장 작고 약한 존재들을 당신의 도구로 사용하셨다.
처참한 기근으로 이 세상에 버려진 그 보잘것없는 질그릇들로
오히려 거대한 영적 기근과 흑암들을 이기게 하신 것이다.

> 하나님께서 세상의 미련한 것들을 택하사 지혜 있는 자들을
> 부끄럽게 하려 하시고 세상의 약한 것들을 택하사 강한 것들을
> 부끄럽게 하려 하시며 세상의 천한 것들과 멸시받는 것들과
> 없는 것들을 택하사 있는 것들을 폐하려 하시나니
> 이는 아무 육체라도 하나님 앞에서 자랑하지 못하게 하려 하심이라 고린도전서 1:27-29

바울의 이 전언傳言은 마치 이들을 위해 기록된 것만 같았다.
고아와 과부들은 세상의 가장 약하고 천하고 멸시받는 존재들이다.
라마바이의 부흥은 세상의 '지극히 작은 자'들과 동역하여 당신의 나라를
이루어 가신 하나님의 아름다움을 절절히 느끼게 한다.
그것은 예수 그리스도에게서도 나타났다.
주님이 부르신 제자들은 그 당시 대단한 인물들이 아니었다.
그 가난하고 보잘것없는 그릇들을 통해 하나님나라를 이루신 것이다.

처음에 라마바이는 묵티에서 일어난 부흥에 관해 말하길 꺼려했다.
성령의 사역이 방해를 받을까 염려스러웠기 때문이다. 그러나 성령께서
이 사실을 외부에 알려 동일한 축복을 받을 필요가 있다는 확신을 주셨다.
2주 후에야 라마바이는 성령충만한 몇 명을 데리고 집회를 시작했다.
그녀는 오직 그리스도의 십자가만을 높였다.

드이어 《판디타 라마바이Pandita Ramabai》

오직 그리스도의 십자가만을 높이는 것,
이것이 진정한 부흥이요, 그것을 담아내는 그릇들의 특징이다.
그토록 갈망하던 성령의 역사가 일어났는데도
알리기조차 꺼리는 겸허한 마음.
자신은 감추어져도 오직 하나님의 뜻이 드러나기를 바라는 그 겸비謙卑함.

길을 떠나다

더욱이 그 뜨거운 체험에 사로잡히지 않고
오히려 성령으로 변화된 소녀들을 조직하여
더욱 기근이 심한 곳을 찾아가 복음을 전하고 그들을 섬겼다고 한다.
그때마다 그곳에서도 강한 성령의 능력이 나타났다.
"진정한 부흥은 이토록 철저히 그리스도를 모방한다.
철저히 종이 되어 땅 끝을 향해 나아간다."
나는 이 천국의 풍경에 감동하여 어쩌지 못했다.
라마바이와 소녀, 과부들이
저 황막荒漠하고 먼지 나는 땅을 향하여 전도를 떠나는 장면이,
저 시베리아와 간도를 향해 가던 조선의 이름 없는 전도자들과 교차되어
가슴이 미어터질 것만 같았다.
언젠가 천국에서 만나고픈 선배들이 많지만 라마바이도 그중 하나다.
그 낮아지고 가난한 영혼을 향하는 길이 진정한 부흥의 진원지다.

하나님의 나비효과

다음해 1906년에는 저 미국 땅에서 성령의 불길이 타올랐다.
로스엔젤레스 아주사Azusa라는 빈민가에서 일어난 이 성령의 역사는
더욱 그리스도를 닮아 나타났다.
부흥에 대한 책들을 읽으며 특이한 현상을 깨닫게 되었는데
이 아주사 부흥에 대한 자료가 별로 없다는 것이었다.
"20세기를 뒤흔든 이 오순절운동을 다루지 않는 이유는 무엇일까?"
답은 자명自明했다. 흑인에 의해 일어난 역사이기 때문이다.
짐승처럼 여기던 흑인에 의해 그토록 소망하던 성령이 오신다는 것은
그 당시 백인 목회자와 신앙인들에게는 이해되지 않았다.
그런 편견과 무시가 그 역사를 제대로 평가하지 못하게 했던 것이다.
처음엔 나의 이 평가가 너무 경도된 것이 아닌가 생각했다.
아주사 부흥의 흔적을 촬영하려 했으나
쇼핑센터로 변한 그 현장에는 부흥에 관한 근거가 남아 있지 않았다.
19세기의 마지막 10여 년간은 미국에서도 성령강림에 대한 소망이 거셌다.
미국의 신앙인 대다수가
성령강림이 곧 있을 것이라는 확신을 가지고 있었다고 한다.
심지어 20세기 초에 예수님이 재림하실 것이라는 극단적 종말론도 팽배했다.
부흥을 갈망했던 무디와 토레이의 시카고 집회 외에도

아주사 부흥의 장소인 허름한 목조건물

많은 이들이 그것을 구하고 있었다. 그런데 하나님의 응답은
전혀 상상하지 못했던, 예측불허豫測不許의 상황에서 응답되어 나타났다.

1906년 4월 9일, 캘리포니아 로스엔젤레스 애비뉴 214번지 허름한 목조건물에서
작은 무리를 지어 기도하던 비천한 직업의 흑인들에게 하늘로부터 성령이 임하였다.

하비 콕스 《Fire from Heaven》

뜻밖에 20세기 성령운동에 대한 연구로 우리를 놀라게 한 이는
하버드의 종교사회학자인 하비 콕스H. Cox였다.
그의 책《Fire from Heaven》한국에서는 다소 동떨어진 제목인
《영성 음악 여성》으로 번역 출간되었다에서
아주사 부흥에 대한 깊은 통찰력을 만날 수 있다.
그의 글은 마치 2천 년 전 베들레헴의 마구간에서 목동들에게
그 거룩한 탄생을 나타내신 '그리스도의 풍경'을 떠올리게 했다.
그토록 갈망하던 성령께서 가장 비천한 작은 무리를 통해 이 땅에 오신 것이다.
실제로 그 빈민굴의 집은 말똥 냄새가 채 가시지 않은
마구간으로 사용되던 곳이었다.
성령세례에 대해 말한다고 교회에서 쫓겨난 애꾸눈의 흑인,
시모어W. J. Seymour는 예배드릴 장소가 없어서
마구간으로 쓰이던 빈 창고를 빌려 모임을 시작했다.

윌리엄 조셉 시모어(1870~1922)
아주사 부흥의 주역으로서 후에
백인들의 질시와 배척으로 많은 고초를 겪었다

다음해 1907년 평양 대부흥의 주역으로 쓰인 길선주 장로도 애꾸였다.
영국의 위대한 부흥사 휫필드도 애꾸였다.
하나님은 진정 외모로 사람을, 영靈을 담은 그릇을 평가하지 않으신다.
그것이 베들레헴 코드다.
이 마구간의 비천한 무리 가운데 세상 아무도 알아주지 않는
그 서글픈 풍경 가운데 주님이 찾아오셨다.

      너희가 가서 강보襁褓에 싸여 구유에 누인 아기를 보리니
      이것이 너희에게 표적表跡이니라 누가복음 2:12

이 글을 쓸 때에 하나님께서 이 말씀을 깨닫게 하셨다.
베들레헴의 마구간 구유에 누인 그리스도,
그것은 하나님이 이 땅에 이루실 역사의 첫 표적Sign이었다.
가장 낮고 비천한 풍경 속에 강림하시는 하나님.
그것은 부흥의 역사에서도 동일한 하늘의 사인이다.

하비 콕스는 아주사 부흥을
10여 년 전에 있었던 '시카고 박람회'와 비교한다.
이 대목은 어느 신학자도 간파하지 못한 강렬하고 인상 깊은 통찰이었다.

1893년 시카고에서 열린 이 세계 박람회는 지난 19세기에 대한
미국의 긍지와 미래에 대한 미국의 자신감을 표현하는 최고의 행사였다.
이 초대형 박람회는 많은 사람들에게 오순절 성령강림 사건과
새 예루살렘에 대한 미국인들의 비전을 하나로 만들어주었다.

하비 콕스 《Fire from Heaven》

그들은 로마시대의 거대함과 웅장함을 본 딴 백악성白堊城이라는
초대형 건물을 짓고 전 세계 사람들을 모아 조선도 최초로 참여한다
바벨탑 이후 흩어진 이들이 하나로 뭉쳐
언어와 종교의 통일을 꿈꾸는 '세계종교회의'를 열었다.
이것은 20세기를 향한 미국과 인류의 진보, 과학 기술 문명의 발달,
당시 교회에서 바라던 오순절 성령강림에 대한 열망을 나타내는 것이었다.
그런데도 성령님은 그곳에 임하지 않았다.
오히려 화재가 일어나 순식간에 잿더미로 변했다.
그것은 하나님의 징조였다.
인간 열광의 극치, 진보의 극치의 자리가 아닌
가장 비천卑賤한 곳에 성령님은 찾아오셨다.
그곳이 바로 '아주사의 베들레헴'이다.
로마시대의 거대함을 모방한 야망의 현장에서 침묵하시던 하나님은
정반대의 예루살렘 구석의 다락방 같은 곳에서 당신의 역사를 나타내셨다.
하비 콕스는 이 두 사건을 치밀하게 비교한 후 이런 감탄을 내뱉는다.

하나님은 도대체 얼마나 익살스러운 분이시기에
저런 낮은 사람들에게 부흥의 선봉장 역할을 맡기셨을까?
그러나 그들에 대한 조롱과 반대에도 불구하고,

성령의 불길은 빈민굴로부터 시작하여 산속 오두막, 뉴욕, 세인트루이스,
바다 건너 유럽, 아시아, 아프리카, 남미에 이르기까지 계속 번져 나갔다.
21세기를 초미에 둔 오늘날에도 그 불길은 아직 꺼지지 않고 있다.

하비 콕스 《Fire from Heaven》

나는 하비 콕스에게 말해주고 싶었다.
그것은 하나님의 '익살'이 아니며 거룩하고 가슴 저리도록 뜨거운
그분의 사랑이요, 측량 못할 섭리라고.
창조주이시면서 가장 낮고 비천한 풍경 속에 당신을 나타내시는 그 사랑….

그는 근본 하나님과 본체시나…오히려 자기를 비어

종의 형체를 가져 사람들과 같이 되었고. 빌립보서 2:6,7

인류를 구할 구세주 하나님이 짐승의 먹이통구유에 오시는
그 거룩함의 코드code,
그것이 다시 임하시는 모든 하늘 역사의 진정한 모델Model이라고.
"그렇다면 오늘 부흥이 가능하다면
여전히 하나님은 그런 풍경을 찾아오실 것이다."
두렵고 떨림으로 나는 그렇게 생각하였다.

"왜 하필 그때 로스엔젤레스에서 성령강림이 일어났을까?
그토록 부흥을 갈망하며 기도하던 토레이 박사의 시카고도 있고,
뉴욕, 워싱턴 등 영적 대각성의 전통을 가진 도시들도 많은데…."
아주사 부흥을 묵상하는 동안 내게 그런 의문이 남았다.
거기서 역시 측량 못할 하나님의 전략을 보게 되었다.

오늘날 '아주사 거리'라는 도로 표지판에서
100여 년 전의 아주사 부흥을 유추할 수 있을 뿐이다

당시 로스엔젤레스는 전 세계로부터
수많은 유색인종과 혼혈들이 모여든 인종 전시장 같았다.
나는 하나님이 부흥을 주실 때에 어떤 장소와 상황에 대한
치밀한 전략을 가지고 계심을 깨달았다.
그것은 오늘날에도 동일할 것이다. 로스엔젤레스는 20세기를 불태울
오순절적인 성령역사의 장소로 최적지였던 것이다.
하나님은 그동안 서구 백인들을 중심으로 진행되어 오던 교회의 역사를
20세기에 이르러 전 세계로 확산시키려는 계획을 가지셨던 것 같다.
로스엔젤레스에는 다양한 민족과 인종들이 전부 모여 있었다.
그곳에 강력한 성령의 역사가 폭발하자 그 영향력이
남미, 아프리카, 아시아 등으로 번져간 것이다.
"마치 흩어진 유대인들이 오순절에 예루살렘에 모였을 때
그곳에 성령을 부어주시고 그들이 다시 흩어져
그것을 확산시키도록 하신 것과 같군요?"
부흥에 깊이 빠져들수록 하나님의 위대함에 감탄하고 놀라게 되었다.

> 깊도다 하나님의 지혜와 지식의 부요함이여,
> 그의 판단은 측량치 못할 것이며 그의 길은 찾지 못할 것이로다 로마서 11:33

하나님의 역사는 우리가 발견하지 못했을 뿐 치밀하며 놀라운 일들로 가득하다.
"이것을 보는 눈을 주세요. 하나님의 섭리와 일하심을 만지는 축복을…."
더욱 놀란 것은 아주사 부흥이 있은 지 4일 후인 1906년 4월 18일,
갑자기 엄청난 불길을 동반한 강력한 지진이
샌프란시스코를 완벽하게 파괴해버렸다.
그것이 20세기 초 세계 최대의 자연재해인 샌프란시스코 대지진이다.
"하나님께서 이것을 모르셨을 리 없다.
그렇다면 그 지역에 부흥을 주심은 이 엄청난 재해와 연관이 있다!"
우리 하나님은 그런 분이시다.
하나의 땅을 회복하시고 역사를 이루시려는 가운데
그분의 깊은 사랑이 스며 있다. 진정 사랑이 깊으면 보이는 것이다.
1907년 평양 대부흥도 이런 사랑이 폭발한 것이다.
하나님은 이미 일제日帝의 그 극악무도한 강점기가 시작될 것을 아셨다.
그때에 당신의 성령을 보내셔서 당신의 백성들이
그 암흑기를 견뎌낼 힘과 위로를 동시에 주신 것이다.
1920년대 이후 아프리카 콩고, 르완다, 우간다 등에서도
강력한 성령의 역사가 일어났다.
성령께서 오랫동안 서구의 식민지 치하에서 신음하며 죽어가던
그들을 돌아보신 것은 물론
그 땅에 일어날 잔악한 전쟁을 미리 아시고 준비하신 것이다.

1960년대에는 캄보디아에서도 부흥이 일어났다.
그 후 캄보디아 기독교인의 90퍼센트가 크메르루주군에 의해 죽임을 당했다.
전쟁, 기근, 전염병, 자연재해, 그것이 인간의 불의에 의한 것이든,
불가항력적인 자연재해이든지 하나님은 그 고통 가운데서
당신의 백성들을 돌아보시는 사랑의 응답으로 성령의 역사를 이루어주셨다.
부흥은 하나님의 측량 못할 사랑의 증명이다.

그 당시 자료를 살펴보면 사람들은 이 충격적인 샌프란시스코 대지진을
인류 종말의 서곡序曲으로 생각했다.
미국의 교회와 부흥사들은 다가올 종말에 대해
깨어 있을 것을 경고하고 설교했다. 그 긴장감 가운데 번진 성령운동은
영혼을 각성시키고 전에 볼 수 없었던 놀라운 체험으로 나타났다.
그 영적 긴장과 집중력이 세계로 뿜어져 나간 것이다.
"이런 불가항력적 자연재해까지 예견하시고
당신의 나라와 백성들을 위하여 그 땅을 택하신 것이군요!"
그러나 그 비천한 영혼들로부터 시작된 서글프도록 아름답고
강한 성령의 불꽃은 하나님의 섭리에 대한 몰이해로
무수한 지탄과 핍박을 받았고 현재에도 번듯한 기념비記念碑나
연구조차 찾아보기 어려운 명멸明滅하는 유산이 되었다.

아주사 거리 성령운동의 기념물은
그들이 전혀 예상치 못한 형태로 세계 각지에서 일어났다.
그것은 새로운 미래에 대한 충격적인 비전을 제시하며
오늘날 세계에서 거의 5억에 달하는 사람들을 강타한 영적 운동의 태풍이었다.

_{하비 콕스 《Fire from Heaven》}

이것은 하나님의 '나비효과Butterfly Effect'였다.

아주사의 베들레헴 코드로부터 시작된 성령의 역사는

그 시대를 잠시 불태우고 잠잠해진 듯하였다.

그러나 그것은 오해였다.

그 불길은 예상치 못한 세계 곳곳에서 강력하게 번져가기 시작했다.

영국의 신학자 맥그래스A. McGrath가

하나님 역사의 '카메오cameo 저명인사나 인기배우가 예기치 않은 순간에 등장하여

벌이는 연기 또는 역할 들'이라고 평가한 아프리카, 남미, 한국, 중국 등에서

이 오순절운동의 불꽃은 강하게 나타나

20세기를 강타한 영적 토네이도태풍가 되었다.

그 성령의 기운은

결국 21세기 하나님나라를 향한 자양분이 되어 행진해가고 있다.

오순절운동은 뜨거운 체험을 바탕으로 하지만 많은 문제를 안고 있다.

그러나 20세기라는 인류 초유의 급격한 격동기에서

하나님은 특이한 성령운동을 통해 교회를 확장시켜 가셨다.

누가 하나님의 그 크신 작전과 모략을 이해할 수 있으랴.

부흥에 사용된, 그들 스스로도 전혀 예상치 못한 길들을 통해서

세상 어느 학자나 연구가도 아직 다 파악하지 못하고 기록에도 없는,

사랑의 전략으로 지금도 도도히 진행되는

그 영적 행진이 하나님나라이며 부흥의 길이다.

그리고 그것은 가장 낮고 비천한 하늘풍경인 '베들레헴'을 닮아 시작되었다.

부흥은 나귀 새끼를 타고

나는 목적지인 웨일즈 복음주의 신학교에 도착했다.
소박할 정도로 아담한 학교 정경을 보자 고향 어귀에 들어선 듯 편안했다.
"마침 웨일즈 부흥 100주년 컨퍼런스가 열리는데요."
안내하던 L목사님이 테이블에 비치된 유인물들을 가리켰다.
"와! 정말 기가 막힌 타이밍이네요?"
이런 행사를 미리 알고 주께서 인도하셨다는 생각이 들었다.
그러나 1904년 대부흥 100주년 행사치고는 규모가 너무 작았다.
영국 교회의 현실을 반영하는 것 같아 씁쓸했다.
"영국 사람들은 미리 약속을 하지 않으면 만날 수가 없는데…."
학장과 인터뷰를 하고 싶다고 비서에게 부탁하자
L목사님은 약간 걱정하는 기색이다.
그러나 정작 내 마음에는 평안함이 스며 있었다.
"이 작업은 성령께서 지시하신 것을 순종하는 것뿐이다.
그렇다면 분명히 그분이 길을 예비하셨을 터…."
그 믿음이 내게 느긋한 자유와 여유를 주었다.
L목사님은 늦은 나이에 웨일즈에서 신학을 공부하고 있었다.
웨일즈 촬영을 생각했을 때 처음에는 그저 막막하기만 했다.
한인韓人 교회 홈페이지에 글도 올려보고

이리저리 연결고리를 찾아보았지만 아무런 반응이 없었다.
뜬금없이 '웨일즈 부흥'을 촬영하고 싶다는 낯선 사람을 위해
시간을 내주기란 쉬운 일이 아닐 것이다.
그러나 왠지 모르게 마음이 편했다.
"섬세하신 주께서 다 예비하셨을 거야."
결국 주님은 예상 밖으로 이 순수한 목회자를 내게 소개해주셨다.
그런데 이 온유한 성품의 작은 종 하나가
어떤 단체나 사람보다 더 많은 것을 연결해주었다.
생각지도 못한 학자와 상황들이 다 그를 통해 연결되어 나갔다.
"하나님의 안목은 역시 다르구나.
이처럼 조용한 사람이 가진 잠재력을 다 알고 계셨구나."
나는 다시금 그 예비와 인도에 감사하지 않을 수 없었다.
그때 마침 신학교 학장의 비서가 왔다.
"학장님이 인터뷰를 하시겠답니다."
나는 속으로 주께 감사드리며 급히 안으로 들어갔다.
"1735년부터 1904년까지 큰 부흥들이 웨일즈에서 일어났습니다.
대체로 7년마다 또는 수십 년을 주기로 나타났습니다.
그야말로 웨일즈는 부흥의 진원지였습니다."
나직하면서도 확신에 찬 어조, 신뢰감을 주는 진지한 인상,
데이비스 학장은 방송 용어로 '그림이 되는 사람'이었다.
10분 정도만 하겠다며 시작한 인터뷰가 30분이 넘도록 계속되었다.
"그런 부흥들을 검토해보면 주로 알려지지 않은 이들이나
무명의 젊은이들이 도구로 사용되었는데 그 까닭은 무엇인가요?"
"하나님은 중심을 정확히 보십니다."
데이비스 학장은 거침없이 말했다.

"부흥을 갈망하는 이들이 진정으로 무엇을 원하는지 보시기 때문입니다.
자기 사역의 확장이나 본인이 유명해지는 것, 큰 건물을 구하는지 여부까지
그 안에 감춘 욕망을 정확히 아시기 때문이지요."
"하나님은 중심을 보신다."
그 말이 비수처럼 내 영혼을 찔러왔다. 그것은 무섭고 두려운 말이었다.
우리의 삶과 영혼의 모든 것을 다 아시는 하나님 앞에 서는 삶.
하나님은 철저히 굴복하는 순수한 심령을 쓰시는 것이다.

"이반은 주중에도 5일을 교회에 나와 봉사하고 가르쳤습니다."
컨퍼런스 강사인 기바쁘D. Givard 교수를 따라
이반 로버츠가 다니던 교회에 갔을 때 그 말을 들었다.
부흥이 시작된 모리아교회처럼 그가 부흥을 꿈꾸고 날마다 봉사하던
이 교회 또한 너무나 작고 소박했다.
"이반 로버츠는 자신의 전 생이 하나님께 영광이 되기를
간절히 소망한 순수한 청년이었지요."
자신의 모든 삶이 하나님께 영광이 되기를 바라는 영혼.
당연한 말이지만 그 말이 어느새 내 가슴에 깊은 감동을 울려주었다.
이미 그 자체가 부흥이 아닌가?
"1904년 10월 30일, 모리아교회에서 집회를 하기 전에
이반 로버츠는 이곳에서 친구들과 모여 기도했습니다.

이반 로버츠를 기도로 후원한 여성 동역자들
매기 데이비스, 애니 데이비스, S. A. 존즈

하나님은 웨일즈 여러 지역에 있던 많은 청년들을 이미 준비시키셨고
부흥의 도구로 사용하셨던 것입니다."
기바뜨 교수가 예배당 안에 전시된 사진들을 가리키며 말했다.
'아, 역시 하나님은 그런 준비를 하셨구나.
이반 로버츠뿐만 아니라 다른 청년들도 준비시키신 것이다.'
나는 다시 하나님의 예비를 생각하기 시작했다.
그런데 특이한 것은 그 하나님의 예비, 부흥의 동역자helper라
이름 붙인 친구들이 거의 자매들이었다는 것이다.
'이반 로버츠가 여복女福이 많았구나. 아주 꽃밭에 둘러싸여 있네.'
농담처럼 생각했지만 문득 전날 아침에 읽은 글이 생각났다.

그날 아침 이번 영국 여행을 안내해주던 K목사님 집에서
우연히 어떤 신학 논문집을 읽게 되었다.
특히 이런 촬영을 하는 동안에는 이른 새벽에 일어나는 습관이 있다.
"하나님, 부흥 역사의 본질과 예비하신 것들을 오늘도 보게 해주세요."
아이처럼 그런 기도를 드리며 산책을 하고 그날 촬영을 구상하는 것이다.
그런데 그날 아침은 조금 막막한 기분이었다.
인터넷에 접속하려고 책상에 앉았다가 그 위에서 어떤 책을 발견했다.
무심히 넘기다가 흥미로운 부분이 있어서 아예 탐독하고 메모까지 했다.
'이걸 보여주시려고 막막함을 주셨나?'

18세기 영국에서 일어난 부흥의 한 대목에서
나는 신천지를 발견한 탐험가처럼 들뜨기 시작했다.

웨슬리는 노예, 노동, 여성 해방운동의 선구자다.
초기 감리교회는 여성들에 의해 발전되었다.
특히 과부들의 열심과 헌신이 그 부흥의 가장 중요한 에너지다.
영국 전역에 새로운 예배처와 모임을 개척하는 일들을 주로 그 여성들이 담당했다.
그중에는 과부들이 가장 많았다. 가난한 계층의 여성들, 종살이 하는 소녀들,
방적기 돌리는 여인들, 가난한 주부들이
용감한 교회개혁과 과감한 사회개혁의 중요한 역할들을 감당했다.
또 갑자기 여성 설교가들이 나타났는데 그중 크로스비라는 여성은
웨슬리에게 설교를 허용해달라는 편지를 보내놓고 강력한 성령의 이끄심에
더는 기다리지 못하고 성도들에게 설교를 시작했다.

나는 논문에 나오는 내용을 흥분된 마음으로 메모했다.
과부들, 종살이하는 소녀들, 방적기 돌리는 여성들, 여성 설교가들….
그런 작은 자매들이 하나님나라의 중요한 도구였다는 사실에
가슴이 뭉클해졌다. 그들은 당시 주류에서 소외된 존재들이다.
"하늘 아버지가 이런 자매들과 함께 일하셨구나."
주님의 십자가 길과 최후 무덤까지 동행한 이들도 여성이었다.
우쭐거리며 '큰 자리'를 다투던 제자들이 다 도망친 뒤
위험을 무릅쓰고 무덤을 찾아갔다가 부활의 첫 증인이 된 이들 역시
모두 여성이다. 이 여성들은 겸손하신 그리스도를 닮아 자신을
드러내지 않고 사랑과 모성母性의 에너지로 하나님나라를 섬겨왔다.
그 드러나지 않음이 억울하다거나 오해라고 원망할 일만은 아니다.

그것은 오히려 축복이다. 하나님나라의 진정한 목표는
감추고 비우고 종이 될 때까지 낮아지는 것이기 때문이다.

> 너희 안에 이 마음을 품으라 곧 그리스도 예수의 마음이니
> 그는 근본 하나님의 본체시나 하나님과 동등됨을 취할 것으로
> 여기지 아니하시고 오히려 자기를 비워 종의 형체를 가져 사람들과 같이 되었고
> 사람의 모양으로 나타나셨으매 자기를 낮추시고
> 죽기까지 복종하셨으니 곧 십자가에 죽으심이라 빌립보서 2:5-8

그리스도 예수의 마음,
이것이 진정 회복해야 할 하나님나라의 영토요, 기업基業이다.
그 마음을 소유하는 것이 성경이 말하는 부흥이요, 회복이다.
"이스라엘 백성들은 그토록 메시아를 대망待望했으면서도
왜 정작 예수님을 알아보지 못했을까?"
의문儀文에 속한 율법에 얽매이고, 자기 의義와 우상에 사로잡혀
성경이 말하는 바 진정한 '그리스도의 길'을 몰랐던 것이다.
왜소한 나귀 새끼를 타고 예루살렘에 입성하시는 메시아슥 9:9,
흠모할 것 없고 마른 땅의 풀 같은 풍경의 '초라한 그리스도'사 53장는
그들의 눈에 차지도 않았다. 큰 권능으로 세상과 땅을 심판하고 정복하며
만왕萬王의 왕으로 오시는 그런 메시아만 기다린 것이다.
"오늘날 하나님나라를 꿈꾸는 갈망 역시 대부분 그것을 닮아 있다.
겉으로 드러난 크고 대단한 역사와 현상들에 열광하고 집착한다."
1904년 웨일즈 부흥, 20세기를 불태운 대부흥의 시작점을
하나님은 나귀 새끼와 같이 순박한 그릇들을 통해 시작하셨다.
이것이 하나님의 방법이요, 부흥의 길이다.

_____ 하나님의 열심

"하나님이 미리 이 순수한 친구들을 준비하셨던 것입니다.
그들은 시골의 이름 없는 청년들이었지만 이반 로버츠와 함께
하나님의 부흥을 위해 헌신했습니다."
기바뜨 교수의 말은 하나님의 예비를 입증하려는 것처럼 들렸다.
그가 가리키는 사진들을 촬영하는데 어떤 기록이 스쳤다.
웨일즈의 중요한 여성 사역자였던 제시 펜 루이스 J. P. Lewis는
이런 기록을 남겼다.

1904년 2월, 한 수줍음 많은 소녀가
"내 온 마음과 뜻을 다해 예수 그리스도를 사랑합니다"라고 울면서 고백했을 때,
하나님의 축복이 남웨일즈의 작은 마을 뉴키 New Quay에 임했다.

이 짧은 기록을 만났을 때, 나는 그 소녀가 누구인지 궁금해졌다.
"혹시 그 소녀가 이 사진들 속에 있는 한 명은 아닐까?"
그러나 안내하기에 바쁜 기바뜨 교수에게 시시콜콜 물을 수가 없었다.
내가 다시 주목한 것은 1904년 10월 말, 이반 로버츠를 통해 모리아교회,
즉 북北웨일즈 지역에서 부흥이 일어나기 전 이미 2월부터
남南웨일즈 땅에서 성령의 역사가 시작되었다는 것이다.

이것은 그다지 잘 알려져 있지 않다.
그런데 그 불꽃 역시 작고 부끄러움 많은 한 소녀의 고백을 통해서 일어났다.
"내 온 마음과 뜻을 다해 예수 그리스도를 사랑합니다."
이 고백에 성령께서 임하셨다.
나는 여기서 성령께서 임하시는 역사의 본질을 다시 깨달았다.
"우리가 진정으로 그리스도를 사랑하고 그분을 닮으려고 하고
목말라 할 때 성령님은 임하신다."
성령님이 오시는 이유는 그리스도를 증거하시기 위해서다.

> 내가 아버지께로서 너희에게 보낼 보혜사 곧 아버지께로서 나오시는
> 진리의 성령이 오실 때에 그가 나를 증거하실 것이요 요한복음 15:26

이것은 두렵고 준엄한 말씀이다.
성령님은 그리스도의 본질을 깨닫게 하고 증거하는 영靈이시다.
따라서 성령님이 임재하시는 진정한 부흥은
그리스도를 온전히 알고 따르는 것이다.
그런데 하나님나라와 부흥을 꿈꾸는 이들에게
그리스도는 자주 상실되고 있다.
그들은 부흥 자체를 추구하고
여러 체험이나 방법, 집회와 기도, 구호를 말하지만
정작 부흥의 본질인 예수 그리스도를 닮으려 하지 않는다.
가장 낮고 겸손한 자리에서 그분을 갈망하지 않는다.
그리스도를 닮고 그리스도를 따르는 길은 협착峽窄하다.
비좁아서 찾는 이가 적다.
"나에게 이것을 깨닫게 한 순박한 그 소녀는 누구일까?"

플로리 에번스
그녀의 눈물의 고백에서 남웨일즈의 부흥이 시작되었다

다시 그 궁금증이 사라지지 않았다.
결국 후에 만난 웨일즈 부흥사復興史의 대가인 에번스E. Evans 박사로부터
그 소녀의 이름이 플로리 에번스F. Evans라는 것을 알았다.

젠킨스 목사가 1904년 2월 뉴키에서 집회를 했을 때,
거기에 참석했던 플로리 에번스라는 자매가 강한 영적 충동을 느끼고
젠킨스 목사의 집까지 찾아가 그 마음을 토로했다.
그녀는 자신에게 세상에 얽매여 있는 두려움이 있다고 고백했는데
그는 성령의 인도를 받아 그리스도에게 모든 주권을 맡길 때
진정한 평안을 얻는다고 말했다.
다음날 집회에 약 60명 정도가 참석했다.
설교를 마친 젠킨스가 각자 깨달은 영적 체험을 말해달라고 했을 때 모두가 침묵했다.
그때 에번스가 일어나서 "내 온 삶을 다 바쳐서 주님을 사랑합니다"라고 고백한 것이다.
순간 강력한 성령의 임재가 그 모임에 임했는데 그것이 남웨일즈를 불태웠다.

에이비온 에번스 《1904 웨일즈 부흥》

에번스 박사의 책을 통해 플로리 에번스에 대한 정보를 얻었다.
"이반 로버츠 역시 웨일즈 전체를 그리스도께 바쳐야 한다는
확신으로 가득 차서 그것을 나눌 친구들에게 편지를 보냈습니다.
그들은 대부분 뉴키에서 이미 성령을 체험한 자매들이었습니다."

그는 그 준비된 자매들의 리더인 플로리 에번스에게
모리아교회에서 집회를 여는 문제에 대해 상의했다.
이것은 그해 10월, 세상을 흔들 강력한 부흥을 일으키기 위해
하나님께서 그 순박한 자매들을 이미 준비시키셨다는 것을 입증한다.
'이미 그때 부흥은 시작된 것이다.
이 자매들이 준비되지 않았다면 이반 로버츠도 쉽지 않았을 것이다.'
사진 속의 자매들을 꼼꼼히 촬영하며 나는 그렇게 생각했다.

흥미로운 것은 플로리 에번스와 소녀들이 준비되던 그때에
또 다른 성령의 불꽃이 동시에 타오르고 있었다는 것이다.
이미 호주에서 부흥을 일으키고 온 R. A. 토레이가
남웨일즈의 수도 카디프에서 대규모 부흥회를 한 것이다.
이것 또한 하나님의 전략이라고 생각했다.
자료에 따르면 토레이의 영국 방문은 엄청난 영향력을 나타냈다.
집회마다 강력한 성령의 역사가 나타났고 수천 명씩 회심했다.
저 시골에서 그 소박한 자매를 통해 성령의 길을 예비하실 뿐만 아니라,
세계적인 부흥을 갈망하던 저명한 토레이도
하나님의 예비하심 대로 사용하신 것이다.
이 협공작전挾攻作戰으로 불을 붙여 가신
성령님의 역사는 결국 그해 10월 말 모리아교회에서 폭발한 것이다.

"하나님은 이 땅을 회복하시기 위해 이토록 치밀하게 열심히 일하신다."

> 안식일에 이러한 일을 행하신다 하여 유대인들이 예수를 박해하게 된지라
> 예수께서 저희에게 이르시되 내 아버지께서 이제까지 일하시니 나도 일한다 요한복음 5:16,17

유대인들이 베데스다 연못에서 38년 된 병자를 고치신 주님을 박해하자
예수께서 이렇게 말씀하셨다.
그들은 하나님께 열심이 있었으나 이 땅을 치유하고 회복하시기 위해
하나님이 얼마나 애쓰시는지 알지 못했다.
그 하나님의 열심을, 그 사랑의 심정을 느끼거나 만질 수가 없었다.
자기 체질과 우상에 사로잡혀 마음이 무디어지고 강퍅해진 것이다.
1904년 웨일즈 부흥을 탐구하며 깨달은 것도 그것이다.
진정으로 낮아지고 겸손하며 온유해진 그릇들을 통해
하나님은 당신의 역사를 나타내시었다.
이반 로버츠와 그의 동역자들.
그 순박한 청년들을 촬영하며 나는 두려움과 감격으로 몸을 떨었다.

황무지를 지나

좁고 협착한 하늘 길 / 성령 부재의 황무지 / 1859년, 하나님의 공습
부흥의 수원지를 찾아서 / 풀러의 길 / 겸손의 텃밭에서 / 하늘의 초대장

좁고 협착한 하늘 길

이른 새벽에 잠이 깼다.
지난 밤 독한 감기약을 먹고 쓰러져서 잠이 들었는데,
비몽사몽非夢似夢 간에 나는 여전히 글을 쓰고 있었다. 난생 처음
심한 독감에 붙들려 며칠을 휘청거리며 글쓰기조차 제자리걸음이었다.
부흥에 대한 탐구 자체에 대한 회의가 들기도 했다.
"주님, 어디론가 도망가 그냥 내 맘대로 살고 싶습니다."
한동안 기도는 물론 성경도 읽지 않았다.
다시 뒷골목으로 돌아가 낯선 풍경들을 찍으며 쏘다니고만 싶었다.
"토레이는 그때 웨일즈에 가서 어떤 메시지를 전했을까?"
힘겨운 가운데 이 엉뚱한 의문이 올무처럼 나를 사로잡았다.

아픔과 회의 속에서도 토레이 박사가 영국에 오기 전
이미 호주, 인도 등지를 거치며 부흥을 일으켰다는 자료들을 찾아냈다.
인도의 라마바이도 그가 호주에서 부흥에 영향을 끼쳤다는 소식을 듣고
딸을 보내어 기도 부탁을 했는데, 그 당시 토레이의 사역을 위해
기도하는 모임만 5천 개가 넘었다는 정보도 알았다.
글은 쓰지 않고 유난히 자료 찾기에 열심을 내는 나의 모습을 보았다.
"20세기 초 부흥과 관련된 토레이의 사역은 대단한 것이다.

그런데 왜 그것을 연구한 자료는 전혀 없을까?"
이것 역시 의문이었다.

무디성경학교에서 전 세계에 부흥이 일어나기를 구하는 집회가 매주 열렸다.
전체 집회 후 시간이 남는 이들이 소그룹으로 모여 기도하는 시간이 있었다.
어느 날 이 작은 모임에 토레이 박사가 와서 한 번도 꿈꾸지 않았던 기도를 했다.
"하나님께서 저를 전 세계로 보내실 겁니다."
그 후에 호주에서 집회를 인도해달라는 요청이 들어왔다.

맥클렌 《토레이 박사의 전기》

토레이 박사는 당시 시카고의 애비뉴교회 담임과 무디성경학교 교장으로
재임하고 있었다. 그런데 하나님께서 갑자기 그것을 모두 내려놓고
세계를 다니며 부흥집회를 하라고 부르신 것이다.
"앞으로 임할 세계적인 부흥을 앞두고 토레이 박사를 통해
당시 교회를 깨우려고 부르신 것이다."
나는 거기에 하나님의 어떤 전략이 깃들어 있다는 혐의를 두었다.
그것을 알면 오늘 우리 시대의 부흥에 대한
하나님의 전략도 만질 수 있다고 생각한 것이다.

> 이미 있던 것이 후에 다시 있겠고 이미 한 일을 후에 다시 할지라
> 해 아래는 새 것이 없나니 무엇을 가리켜 이르기를
> 보라 이것이 새 것이라 할 것이 있으랴 전도서 1:9,10

하나님은 이미 있었던 일을, 하셨던 일들을 후에 다시 하신다.
"이것은 하나님나라 부흥의 중요한 원리다.

하나님의 역사는 시대마다 상황만 다를 뿐 동일한 원리가 적용된다."
나는 이 작업의 의미를 그렇게 정의했다.
학자들의 연구나 기록은 없지만 나에게는 그 당시 토레이 박사의 행적이
매우 중요한 하나님의 전략으로 느껴진 것이다.
"그때 토레이를 통해 하나님이 전하신 메시지를 연구하면
21세기 초, 이 시대에 나누시려는 것이 무엇인지 알 수 있다."
그러나 그것은 순전히 내 생각일 뿐 검증된 것이 아니었다.
어떤 학자나 사역자도 20세기 초에 일어난 부흥과 관련하여
토레이 박사를 언급하고 있지 않았기 때문이다.
"내가 쓸데없는 의문에 사로잡혀 시간을 낭비하는 것은 아닐까?" 하는
고민도 했지만 이상하게 그 의문은 더욱 뚜렷해졌다.

"무엇을 깨닫게 하시려고 이런 집착을 하게 하시는 건가요?"
지난 밤 그런 기도를 하다가 잠이 들었다.
꿈속에서 주님이 토레이 박사에 대해 무언가 설명해주고 계셨다.
비몽사몽 가운데 그것을 적어야 한다고 생각하며 일어났지만
주님의 말씀은 전혀 생각나지 않았고
나는 침묵만 가득한 어둠 속에서 다시 힘없이 무너져 내렸다.
"하나님…."
나는 바닥에 엎드려 오랜 사막같이 메마른 입을 열었다.
"가르쳐주세요. 이 못나고 누추한 영혼에게 하나님을 가르쳐주세요."
갑자기 그 기도가 터져 나왔다. 그리고 예상치 못한 눈물이 솟았다.
"하나님, 용서해주세요. 내 지혜와 감각에 사로잡혀
성령님을 더욱 의지하지 못했습니다.
소명으로 주신 이 작업조차 포기하고픈 마음이 있었습니다."

뜨거운 눈물과 함께 성령을 의지하지 않고 내 열심과 집착으로
글을 쓰고 있다는 자책이 내 안에서 강하게 솟구쳤다.
문득 1904년, 웨일즈 부흥이 한창일 때, 조선 땅 원산에서 사역하던
캐나다 선교사 하디R. A. Hardie의 회개가 생각났다.

아무리 노력하고 애를 써도
이처럼 수고의 결과가 없게 된 원인이 어디 있는지 생각해보니,
내 자신에게 어떤 장애물이 있는 것으로 생각되지 않았지만
점점 더 깨닫는 것은 내게 영적인 능력이 부족하다는 점이었다.
하나님께서 "힘으로 되지 아니하며 능으로 되지 아니하고 오직 나의
신으로 되느니라" 슥 4:6라고 하신 말씀에 나오는
그 성령의 능력이 없는 것이 실패의 원인이었음을 깨닫게 되었다.

로버트 하디 〈선교보고서Hardie's Report 1903〉

당시 세계 10대 대학교로 꼽히던
토론토 의대 출신의 수재인 하디 선교사.
그는 나름대로 열심히 했지만 결실 없이 영적인 침체만 지속하고 있었다.
1903년 원산에서 사경회를 인도하는 동안
하디는 기도와 성경 연구를 통해 그 원인이 성령의 능력을 의지하지 않고
자기 열심만으로 사역했기 때문이라는 것을 깨달았다.
그것을 회개하고 성령을 구하자 놀라운 변화가 나타나기 시작했다.
그렇게 타오른 성령의 역사는 결국 1907년 평양 대부흥의 도화선이 되었다.
"하나님의 본질을 추구한다고 했지만, 그동안 내 능력과 지혜로
이것을 풀어가려고 했던 것이 답답한 막힘의 이유다."
독감에 걸렸다는 핑계로 깊은 기도 없이 내 감각으로

글을 쓰고 있었다는 부끄러움이 엄습했다.
다시 눈물이 쏟아지기 시작했다.
서러운 연민에 편승한 그런 피상적인 눈물이 아니었다.
걷잡을 수 없는, 뜨겁고 애절한 눈물이 통곡처럼 쏟아지기 시작했다.
마치 작년 봄 처음으로 부흥에, 성령의 역사에 눈을 뜬
그 우면산의 기도처럼 성령을 의지하지 않고
내 힘으로만 가려고 했던 교만이 고통스럽게 느껴졌다.
예수님을 향한 벅찬 그리움까지 뒤섞인 눈물이 철철 흘러내렸다.

> 또 새 영靈을 너희 속에 두고 새 마음을 너희에게 주되
> 너희 육신에서 굳은 마음을 제하고 부드러운 마음을 줄 것이며 에스겔서 36:26

한참을 눈물로 기도하고 쓰러져 있는데 이 말씀이 떠오르며
답답함과 옥죄는 통증으로 굳어 있던 마음이 풀리는 기분이 들었다.
"이 강퍅하고 돌같이 굳은 마음을 제하여주시고
나의 기업인 이 부흥의 탐구를 열매 맺게 하소서."
한참을 그렇게 기도하다가 나도 모르게 갑자기 일어섰다.
그리고 불을 켜고 책장을 뒤지기 시작했다.
성령께서 무언가를 깨닫게 하시리라는 느낌이 강하게 들었기 때문이다.
이리저리 책들을 뒤적이다가 무심히 한구석에 방치해둔
책 한 권을 나도 모르게 꺼내 들었다.
"이 책은 10여 년 전에 친구가 보라고 주었는데
그동안 한 번도 읽어보지 못했구나."
《순례하는 교회 The Pilgrim Church》라는 조악한 느낌의 교회사 책이었다.

왜 이 책을 꺼냈는지는 모르지만 무심히 책을 펼쳤다.
"F. F. 브루스가 서문을 쓴 것을 보니 의미 있는 책인 것 같은데….
'브로우드벤트'란 이름은 처음 만나는 이름이다."
변변한 이력조차 나와 있지 않은 브로우드벤트라는
저자의 책 추천사를 뜻밖에도 F. F. 브루스가 썼다.
브루스는 스코틀랜드 출신의 신약학자로
내가 한동안 〈바울의 발자취를 찾아서〉라는 다큐멘터리를 만들 때
영감을 준 석학이다.
그가 이 무명無名의 저자에게 추천사를 써준 것이다.

이 책은 그동안 너무 무시되고 오해되어 온 교회사의 한 부분에 대한 연구로서
가치가 높다는 생각이 들었다. 저자는 거의 50여 년간을 중동부 유럽 등을 여행하면서,
그 지역의 알려지지 않은 여러 그리스도인 모임들과 교제했으며,
때로는 이런 이유로 적지 않은 박해를 받은 분이다.
비록 볼품없는 표지의 작은 책이지만 그들의 공헌을 알려주는 동시에,
우리 신앙이 그 이름 없는 형제들에게 빚진 바 크다는 사실을
후대까지 생각나게 해 줄 것이다.

50여 년간 제도권 교회에 알려지지 않은 작은 공동체들을 찾아가 교제하고
그 때문에 핍박까지 받았다는 것이 큰 감동으로 다가왔다.
"나는 알려지지 않은 하나님나라의 진실을 찾기 위해
이런 깊은 열정과 추구, 고난을 받은 적이 있던가?"
부끄러움이 다가왔다.
저자가 역사 속에서 무시되고 오해되어 온
하나님나라의 일부분을 탐구하기 위해

그토록 오랜 시간과 고난을 감수했다는 것만으로도
이 책은 읽을 만한 가치가 있다는 생각이 들었다.

드러나지 않지만 예수 그리스도의 가르침과 초대교회의 모범을 따르는 모임은
세계의 수많은 곳에서 찾아볼 수 있었다.
그들은 자신들의 성령의 열매에 대해 어떤 통계 자료나 기록도 남기지 않았다.
자기들의 증거 사역을 위해 어떤 지원이나 공적 수단도 요청하지 않았기 때문에,
세상 사람들과 심지어 교회들에게도 알려지지 않았다.
그러나 그것 때문에 그들의 사역은
은밀한 효과를 보게 되었으며 고난 가운데서 가치를 발휘하게 되었다.
"만일 낱낱이 기록된다면 이 세상이라도 이 기록된 책을 두기에
부족할 줄을 아노라" 요 21:25.

브로우드벤트 《순례하는 교회》

영혼의 혈관血管이 꿈틀거림을 느꼈다.
내가 이 부흥의 여정에서 보고자 하는 그 길을 그는 이미 갔다.
그리스도의 행적行蹟을 복음서가 다 담을 수 없었듯이
성령의 역사도, 주님의 길을 따르려는 진정한 삶의 여정도
더 많은 부분들이 감추어져 있으리라.
그루터기들의 역사….
이라크에 촬영 갔을 때 팔레스타인 호텔의 어느 직원이
십자가 반지를 몰래 보이며 나에게 "크리스천이냐?"라고
속삭이듯 묻던 것이 생각났다. 그것은 하나의 충격이었다.
그때 이라크 땅에 그리스도인이 있으리라곤 상상하지 못했던 것이다.
그 후에 시리아, 이란 등지에서 신앙인들을 만나며

미국, 유럽 중심의 기독교 문화 배경을 가진 나와 다른
신앙의 배경들을 만나고 싶다는 생각을 했었다.
그런데 브로우드벤트는 이미 19세기 말에
유럽, 이라크, 이란, 아르메니아, 인도, 러시아 등지를 찾아가
교회나 학자들이 관심을 두지 않는 공동체들과 교제하며
치열하게 자료를 모으고 하나님의 역사를 연구했다.

"하나님은 다 알고 계시는구나.
이렇게 그 나라를 연구한 열심을, 충성을 아시고 소개하시는구나.
무엇을 배우라고 하시는 것일까?"
나는 그 이유를 알게 해달라고 구하며 책을 읽어 나갔다.
그가 이 작업을 시작한 19세기 말은
영국에서 부흥의 열기가 뜨겁던 시절이었지만
그는 고요하고 치열하게 자신만의 부흥을 일구어 나갔다.
아니 부흥 속으로 묵묵히 걸어갔다.
나에겐 이 여정 자체가 '부흥'이라고 생각되었다.
진정한 하늘의 길, 좁고 협착한 길과 풍경을 50년간 순례한다는 것은
주님의 마음을 가진 것이다.
그렇게 그가 일구어 갔던 '땅'에 내가 갑자기 들어섰다.
시대를 훌쩍 뛰어넘어 21세기 초에 하나님나라의 본질을 만지고 싶어 하는
내 부끄러운 발걸음이 그리로 내딛은 것이다.

깊은 바다가 서로 부르며 시편 42:7

우리가 진정 깊은 곳에 그물을 드리우면 다른 깊이가 다가와 연결된다.
동일한 영적 신경센터, 문득 이 말이 다시 생각났다.
성령 안에서는 시간과 환경의 틀을 넘어
오직 본질 가운데 만나고 연결되는 '하나됨'이 있다.
성령님이 그것을 연결하신다.
그 그물코의 이어짐이 하나님나라다.
"무언가 깨우치시려고 천국의 본질을 품고 간
이 무명無名의 선배를 이렇게 소개하시는 것이다."
솔직히 이런 계기가 아니면 이 책의 존재조차 모르고 살았을 터이다.
더욱이 내가 아직도 알지 못하는 더 많은 부흥의 여정들이 있을 것이다.
주께서 이 책을 소개해주신 까닭을 더 알도록 구하며
나는 계속해서 책을 읽어 나갔다.

성령 부재의 황무지

《순례하는 교회》를 마지막 부분까지 단숨에 읽었다.
브로우드벤트는 자신의 책 마지막 장章에서
19세기 말 성경의 권위를 위협한 세력들에 대해 다루고 있었다.
"나 같으면 좀 더 폼 나는 주제로 마무리할 수 있을 텐데…"
이 의미 있는 순례를 당시 교회를 위협했다는
'진화론', '고등비평'으로 마무리하는 것은 좀 아쉽다는 생각이 들었다.

합리주의로 불리는 성경에 대한 공격이 19세기에 나타나기 시작했다.
합리주의는 이성을 통해 능히 진리를 발견할 수 있다는 가정 하에 계시를 거부하였다.
 1859년 다윈에 의해 발간된《종의 기원》은
이런 사고방식의 발전에 있어서 하나의 획을 그었다.
'창조사건'이란 없었다는 견해를 수용한 사람들은
필연적으로 창조주에 대한 지식을 상실할 수밖에 없었다.

브로우드벤트《순례하는 교회》

진화론은 곧 계시된 진리의 상실을 의미했다. 왜냐하면 성경에 나타난
하나님의 자기 계시는 하나님의 '창조사역'에서 비롯되는 것이기 때문이다.
창조를 부인하며 인간은 유인원으로부터 진화되어 왔다는 이 사상은

당시 교회에 끔찍한 충격을 주었던 모양이다.
그것은 창조는 물론이요,
원죄, 구속救贖의 필요성조차 그 가능성이 없어지는 것이다.

오늘날 신학대학이나 목회자 양성소에 미친
이 합리주의의 지배력은 거의 완전한 것이었다.

나는 이 말이 실감나지 않았다.
"그 당시 얼마나 심각한 위협이었기에 거의 완전하다고 했을까?
너무 과장된 표현이 아닐까?"
마침 책상 옆에는 웨일즈 촬영 당시 많은 인터뷰에 도움이 된
에번스 박사의 책이 있었다.
나는 혹시 이런 내용을 다루고 있을까 하고 찾아보았다.

19세기 후반에 이르자 가장 파괴적이고 부정적인 성경비평을 옹호하는
입장이 점점 득세하기 시작했다.
이런 비평은 1859년 출판된 찰스 다윈의 《종의 기원》에서 적잖은 자극을 받았다.
웨일즈 부흥은 실상 교회에 나타난 영적 침체의 상황에 대한 반발로 일어났다.
이 영적 침체가 신학적, 교파적, 도덕적인 문제에 깊은 영향을 주었음을 알아야 한다.

에이비온 에번스 《1904 웨일즈 대부흥》

부흥의 시기 이면에는 강력한 영적 전쟁이 벌어지고 있었던 것이다.
"당연히 성령께서 강력한 역사를 이루려 하실 때에는
그것을 방해하려는 흑암의 세력들도 일어날 것이다."
나는 1859년 출판된 다윈의 《종의 기원》이

그 세속적 사상을 확산시켰음에 주목했다.
그리고 그 시대를 배경으로 하는 책들을 꺼내어 읽기 시작했다.

세상은 온통 경악과 낙담의 도가니로 변했다. 성직자들은 거의 겁을 먹었다.
엄청난 의문과 반대에 직면한 결과 정통적인 신앙인들은 그들의 성경 뒤에 확고히 섰다.
그리고 그들에 대한 공격의 화살이 정면과학자에서가 아니라
배후에서 날아온다는 것과 과학적 불가지론이 아니라
오히려 신학자들로부터 공격이 쏟아져 나온다는 것을 발견했다.

존 무어만 《잉글랜드 교회사》

"이건 또 무언가?"
나는 더 큰 당혹감과 곤경에 휩싸이고 말았다.
1859년 《종의 기원》을 서두로 확산된 진화론자들,
합리주의 철학자들의 공격만이 아니라 오히려 그 영향을 받은 신학자들이
하나님과 성경의 권위에 가장 신랄한 공격자가 됐다니!
전혀 예상 밖의 정보였다.
그 자유주의 신학자들의 공격은 교회와 신앙을 뒤흔드는 것이었다.
당시 영국 교회는 그야말로 '무딘 마음'을 가지고 있었다.
형식과 율법에 갇혀 세상의 변화와 고통에 민감하지 못했던 것이다.
아이러니하게도 형식주의와 문자주의에 갇힌 당시의 신학을 해방하고
그 본질을 밝히겠다고 나선 이 자유주의 고등비평 Higher Criticism이
오히려 하나님의 존재 자체를 부정하는 선봉에 선 것이다.
"왜 그런 모순적인 일이 벌어진 것일까?
그들도 성경의 진실을 추구하겠다고 시작했을 터인데…."
브로우드벤트가 드러나지 않은 그루터기들을 치열하게 탐구하다가

마지막에 이런 글을 쓴 이유가 바로 그것이었다.

고등비평은 성경 각 권이 씌어진 역사적, 지리학적, 기타 외적인 상황들을 살펴보고
본문의 문학적 성격을 검토함으로 이 모든 것들을 통해 쓰인
시기와 저자를 명확히 추론해내는 가치를 지녔다.
그러나 그 저자들과 더불어 역사하셨던 성령의 감동과 능력에 대한 고려가 없는
합리주의적인 방법은 하나님을 제쳐둔 채
성경 본문만을 검증함으로써 이상한 각색의 이론들을 만들어낸 것이다.
브로우드벤트 《순례하는 교회》

이 단순하고 평범한 전언傳言이 내 영혼을 전율케 했다.
"성령의 감동에 대한 고려가 없고 그분의 '능력'을 무시한 처사가
그들을 그릇된 길로 가게 했다!"
갑자기 내 영혼이 탄식처럼 읊조렸다.
그 시작은 진실을 드러내고자 했지만 그들의 오류는 분명했다.
바로 '성령'에 대한 무지無知였다.
그분의 능력과 영감을 알지 못할 뿐더러 무시하였다는 것이다.
순간 어떤 풍경 하나가 불쑥 내 영혼을 휘감아 왔다.
부흥에 대해 처음 눈뜨던 우면산의 풍경.
"성령님을 알지 못한 죄,
그 사랑과 역사에 대해 무지했던 것을 용서해주세요."
나 또한 이 작업을 하면서 성령님을 의뢰하지 못했다.
이 책을 갑자기 읽게 된 것도
성령님을 의지하지 않은 것을 통회痛悔하고 난 후다.
마치 이 여행을 처음 시작한 그 자리에 다시 선 기분이 들었다.

"그것을 깨닫게 하시려고 이 책을 읽게 하신 것이다.
이렇게 멀리 떠나왔건만 나는 여전히 성령을 알지 못 하는구나."
깊은 한숨이 터져 나오며 내 안에서 꿈틀 치솟으려는 기운을 느꼈다.
나는 큰 심호흡으로 애써 그 기운을 안정시켰다.
이미 오랜 시간 울고 기도를 마친 후에 이것을 탐구한 것이다.
지금은 이 예기치 않은 작은 여행을 더 하고 싶었다.

오직 하나님이 성령聖靈으로 이것을 우리에게 보이셨으니
성령은 모든 것 곧 하나님의 깊은 것이라도 통달通達하시느니라 고린도전서 2:10

불현듯 이 말씀이 다가왔다.
나는 진정으로 하나님의 깊은 본질을, 그 나라를 만지고 싶었다.
"그 하나님의 본질적 세계로 나를 인도하시는 분이 성령이시다.
결국 부흥은 성령을 아는 것이요, 그분과 동역하는 것이다.
나 또한 깨어 있지 못하면 얼마든지 불경건의 길로 갈 수 있다."
갑작스레 읽은 책으로 성령님을 고민하게 되었다.
이 여행의 시작점에서 그토록 아프게 만났던 성령님을
뒤늦은 참회懺悔로 다시 생각하게 되었다.

1859년, 하나님의 공습

'하나님은 그때 어떤 생각과 반응을 보이셨을까?'
갑자기 이 생각이 나를 사로잡았다.
저녁에 신설동의 서울 장신대에서 간증을 하게 되었다.
감기 몸살도 심하고 글쓰기를 위해 가능하면 집회를 사양하고 지냈다.
"저희 학교 학생들도 소외되고 작은 자들이에요.
감독님의 《팔복》을 보고 말씀을 듣고 싶어 모두 기도하고 있어요."
몸은 힘들었지만, 마침 베들레헴 코드에 몰두하던 중이라
그 한마디에 허락하고 말았다.
성령께 하고 싶으신 말씀을 나누어달라고 구한 다음 강단에 섰다.
기침과 열에 시달리던 내가 뜻밖에도 뜨거운 심령으로 말씀을 전하고 있었다.
"우리가 아무리 신학을 공부하고 열심히 사역을 한다 해도
성령님의 존재를 알지 못하면
그분의 영감과 임재와 역사를 체험하지 못하면
그것은 결국 자기 열심과 의義에 지나지 않습니다."
급하고 강하며 뜨거운 말들이 폭포수처럼 쏟아져 나왔다.
강의가 아니라 점차 부흥회가 되고 있었다.
그러나 성령께서 함께하심을 느낄 수 있었다.
대부분 이미 전도사로 사역을 하는 나이든 학생들이었는데….

끝나고 유익한 시간이었다고 입을 모았다.
"저는 평소에 매우 비판적이고 울지 않는 사람인데 이상하게
강의를 듣는 동안 눈물이 나오더군요. 정말이지 성령의 임재를 느꼈습니다."
질문 시간에 맨 앞에 앉은 분이 질문 대신 이렇게 말했다.
'성령께서 무언가를 깨닫게 하시려고 용기를 주시는구나.'
돌아오는 길에 나는 그런 생각을 했다. 몸은 이미 개운해져 있었고 오랜만에
야경을 보며 찬송을 흥얼거렸다. 그때 그 생각이 불쑥 떠오른 것이다.
"1859년에 다윈의 진화론적 사상을 기점으로 고등비평이며
성경과 창조에 도전하는 영향력들이 교회를 흔들었다면 그때 하나님은
어떤 생각과 반응을 보이셨을까? 살아 계신 하나님께서 침묵만 지키셨을까?"
그런 영향력을 확산시킨 이정표는 다윈의 《종의 기원》이다.
이것은 그 당시로서는 교회에 부인할 수 없는 엄청난 충격이었다.
또다시 꼬리를 무는 궁금증이 일어났다.
"1859년, 그 해에 또 다른 사건이 일어나지 않았을까?"
조금은 엉뚱하고 단순한 호기심 같은 그 궁금증을 풀기 위해
집에 오자마자 탐정처럼 인터넷을 검색하기 시작했다.
"이럴 수가! 또 다른 일이 그 해에 있었구나!"
얼마 지나지 않아 나는 독특한 사실을 발견했다.
"이것은 우리의 견해에 대한 역사적인 기초다."
마르크스와 엥겔스는 다윈의 '진화론'을 이렇게 적극적으로 환영하고
자신들의 '유물론唯物論' 이론에 그것을 적용했다.
그들도 자유주의 신학자들처럼 '진보'라는 개념을 차용해
자기들의 이론을 정당화했다. 그 해가 1859년이다.
"유물론이 정리된 것이 그 해라니!"
이건 생각지도 않았던 발견이었다.

칼 마르크스는 1849년 영국으로 망명한 후 대영박물관 도서관에서
방대한 문헌과 자료 정리에 착수해 〈원자본론原資本論〉이라고 평가되는
《정치경제학 비판Zur Kritik der Politischen Ökonomie》을 1859년에 출간한다.
그 책은 역사에 대한 유물변증법적 이해를
정치경제학적으로 확증하는 첫 번째 결실이었다.
"19세기를 넘어 20세기를 관통하며 인류를 뒤흔든 이 사상들,
이 혁명적인 저작들이 1859년에 나왔구나."
그 시대만이 아니라 오늘에 이르기까지 교회에 상상 못할 충격과 훼손을 준
두 개의 유물론적 에너지가 그 해에 분출되었다는
이 우연 같은 일치에 나는 다시 놀랐다.
"1859년이 매우 의미심장한 해구나."
그 생각이 들자 그 시대를 향한 하나님의 반응이 더욱 궁금해졌다.
"살아 계신 하나님께서 그런 변화를 예측 못하셨을 리 없다."
이 새로운 코드가 나를 설렘으로 이끌어가기 시작했다.
혹시나 하고 자료를 더 찾다가 영국의 공리주의학자 밀J. S. Mill의 《자유론》이
그 해 1859년에 나왔음을 발견했다.
갑자기 온 몸이 오싹해지는 기분을 느꼈다.
밀은 실용주의의 사상적 뿌리이기 때문이다.

존 스튜어트 밀은 미국의 사상에 심대한 영향력을 끼쳤다.
그리고 그에 의해 미국 정신프론티어 정신이 깊이 뿌리내려 있었고, 동시에
피니 같은 부흥사들의 사상을 형성했던 실용주의적 경향이 하나의 철학 체계가 되었다.
마이클 호튼M. S. Horton 《미국제 복음주의를 경계하라》

"이건 보통 일이 아니다! 무언가 의미가 있다!"
나는 흥분하기 시작했다. 최근 들어 나는 실용주의實用主義가
현대 기독교에 미친 영향에 큰 관심을 가지고 있었다.
그 점에 통찰력을 가진 신학자 호튼은 내게 강한 자극을 주었다.
한국과 미국의 현대 복음주의는 대부분 이 실용주의에 기대고 있다.
그것은 자기 삶의 유익을 가장 우선시 하는 경향이다.

우리는 교리를 알고 신학적 입장을 헤아리는 것의 가치를
"우리 주 곧 구주 예수 그리스도의 은혜와 저를 아는 지식에서" 벧후 3:18 장성함이라는
목표에 근거해서가 아니라 그 용도효용성에 근거해서 판단한다.

마이클 호튼 《미국제 복음주의를 경계하라》

알게 모르게 그 실용주의 사상은 우리의 삶과 신앙을 장악하고 있다.
실용주의가 다 부정적인 것은 아니지만 문제는
그것이 하나님나라와 그 의義가 추구하는 정신과 다르다는 것이다.
그 나라가 추구하는 진정한 풍경은 "자기의 유익을 구하지 않는 것"이다.
손해 보는 것이고, 십자가를 지는 것이고, 작은 자를 종이 되어 섬기는 것이다.
하나님이 자기 자리를 버리고 인간이 되어서 오시는 것이고 빌 2:5-8
아흔아홉 마리 양을 두고 잃어버린 양 한 마리를 찾으러 떠나는 것이며 눅 15:4
동전 하나를 찾기 위해 온 집을 청소하다가 찾으면
그보다 몇 배나 더 드는 잔치를 여는 것이다 눅 15:8.
효율성을 최고의 가치로 여기는 실용주의적 논리로 볼 때,
그것은 매우 어리석고 무익한 일이다.
그러나 우리는 점점 그 세상의 철학을 닮아가고 있다.
우리 삶에 음험陰險하게 파고들어 온 이 세속의 철학이

'천국의 실제'로부터 우리를 멀어지게 한다.
그것은 오늘 우리 교회와 신앙을 세속에 물들게 하는 큰 영향력이 되고 있다.
부흥이 온다면, 다시금 하나님의 강력한 '불의 개입'이 있다면,
이 세속에 물든 우리의 체질體質을 태우시기 위함이다.^{벧후 3:10}
오늘 많은 이들이 갈망하는 '하나님나라'와 '부흥'의 추구 속에도
이 실용주의의 모습은 깊이 뿌리를 내리고 있다. 부흥은 오직
하나님의 주권과 사랑에 대한 이해 속에서만 그 본질을 만질 수 있다.

> 사람에게 보이려고 그들 앞에서 너희 의義를 행치 않도록 주의하라
> 그렇지 아니하면 하늘에 계신 너희 아버지께 상賞을 얻지 못하느니라 ^{마태복음 6:1}

주님이 산상수훈에서 강조하신 천국의 코드.
이 '골방'은 세상의 실용주의적인 추구와 상치相馳된다.
그것은 가장 작고 감추어졌으며 비실용적으로 보이지만
그 안에 엄청난 천국의 실제가 들어 있다.
주님이 가르쳐주신 천국의 실용주의는,
'은밀한 중에 중심을 보시는' 하나님께 드려지는 충성과 헌신이다.
오직 하나님께만 영광이 되도록 하기 위하여 자기 의를 십자가에 못 박고
성령의 능력과 나타내심으로 은밀한 중에 드리는 '그루터기'의 역사,
그것이 천국 여행자들이 회복해야 할 땅이요, 기업이다.

"그 천국 여정에서 가장 큰 장애물인 이 실용주의의 뿌리가 1859년,
그 해에 출판되었다니!" 이것 또한 예상 못한 놀라운 일이다.
"그렇다면 정말 하나님은 그때 무엇을 하셨을까?"
다른 것을 더 찾기보다 그 점이 더 궁금했다.

나는 그동안 방치해둔 부흥에 대한 책들을 꺼내어 뒤지기 시작했다.
"역시 하나님은 가만히 계시지 않으셨구나!"
얼마 되지 않아 나는 다시 흥분하여 소리쳤다. 정확히 1859년 그 해,
하나님은 강력한 부흥으로 흑암의 시대에, 그 땅을 찾아오셨던 것이다.
짜릿한 감격이 온 몸을 타고 흘렀다.
"19세기 중반에 다양한 부흥들이 일어난 것은 알고 있었지만
1904년에만 집착하느라 이때의 부흥은 깊이 생각하지 못했구나."
1859년에, 역시 영국 땅에 성령의 강력한 폭격이 있었음을 발견했다.
그 불은 웨일즈, 스코틀랜드, 아일랜드 그리고 인근 나라들로 번져 갔다.
합리주의 철학이 나온 독일에서조차 그 영향으로 부흥이 일어나
30년 동안 지속될 정도였다. 영국만이 아니라 미국에도 그 불은 타올랐고,
더욱 놀라운 것은 유럽과 미국을 벗어나 아프리카와 호주, 인도네시아 등
제3세계에서도 강력한 부흥이 그 해에 폭발했다는 것이다.
"역시 하나님의 대응과 전략은 다르구나."
커다란 감동이 밀물처럼 거세게 밀려왔다.
웨일즈 부흥 연구가인 토마스 필립스는 이렇게 진술했다.

1859년 웨일즈에서 일어난 강력한 부흥에 대해 보고하는 글들을 보면
그것은 가장 강력한 각성이요, 천국의 불이며, 하나님의 손가락이요,
'정말 우리가 일찍이 체험한 성령역사 중 가장 강하게 임한 부흥'이라고 기록하고 있다.
그것은 마치 나라가 하루 만에 탄생하기라도 한 것처럼 놀라운 일이었다.
미국이나 아일랜드 혹은 웨일즈에서 이보다 더 강력한 부흥은 없었을 것이다.

"그동안 왜 이 부흥에 대해 관심을 갖지 못했을까?"
그동안 나는 1859년의 부흥이 이렇게 강력한 것인 줄 몰랐다.

그래서 그 해에 대한 인식이 없었던 것이다. 세상이 진화론과 유물론
그리고 실용주의로 무장하고 하나님의 창조와 성령의 역사,
십자가의 구속을 부인하며 불가지론으로 치달아갈 때….
하나님은 당신의 방법과 전략으로 그 살아 계심을 입증하셨다.
그런데 그것은 이 세상의 추구와는 전혀 다른 길이었다.
토마스 필립스는 계속 이렇게 증언한다.

광부들 사이에서도 부흥은 일어났다.
한 탄광촌에서는 50개의 광산에서 사람들이 흐느끼며 기도하는 부흥이 일어났다.

뱅고어의 가난한 아이들에게 강력한 역사가 일어났다. 아이들은 가정, 집, 학교, 교실,
길거리 등 어디서나 모여 기도했다. 아이들이 모든 계층의 사람들을 위해
기도하는 것을 들어보면 정말 기도의 영靈이 충만해 있었다는 사실을 알 수 있다.

한 철광 채석장에서 열린 기도회에는 4천 여 명이 참석했으며
또 다른 곳에서는 낮 2시부터 자정까지 찬양을 계속했고,
폭우가 쏟아지는데도 수백 명의 사람들이 그 찬양소리에 몰려 왔다고 한다.
하나님의 영이 내리는 비처럼 강력하게 역사하셨다.

이런 증언을 들으며 나는 벅찬 감격에 젖어 어쩌지 못했다.
세상의 지혜 있다는 이들이 자의식이 가득한 이론과 현학적인 제스처로
창조와 성령의 역사를 부인하던 그때, 하나님은 이렇게 변방의 가난하고,
소외된 '작은 자'들의 땅에 임하셔서 당신의 살아 계심을 증명하신 것이다.
탄광, 채석장, 술집, 길거리, 아이들, 고아와 과부들, 하녀와 노예,
그들을 찾아가 위로하시고 소망을 주신 성령님….

그 당시 자유와 진보, 민중의 불평등과 소외 구조를 문제 삼던 이들이
오히려 다가가지 않던 그 땅, 그 풍경…. 그 잃어버린 양들에게 가서서
그들과 같이 울고, 웃고, 그들을 부둥켜안으신 것이다.
이것은 내가 이 여정을 처음 시작하게 된 동기이며
우면산에서 성령님에 대한 마음과 눈을 뜨던 그 풍경,
처참한 흑암의 시절에 성령께서 이 땅에 오셔서
고통당하는 이들을 위로하고 함께하셨다는 풍경이었다.
그것이 1859년에 일어난 부흥이요, 하나님의 '사랑 공습'이었다.
"부흥은, 성령님의 임재는 어떤 은사나 체험이 아니다.
그것은 하늘의 사랑이 이 땅을 적시는 것이다."
인간 풍조와 철학은 유명해지고 세상을 흔드는 것 같았지만
이 하나님의 놀라운 사랑 역사는 그다지 알려지지 않았다.

> 천국은 마치 좋은 진주를 구하는 장사와 같으니 극히 값진 진주 하나를
> 만나매 가서 자기의 소유를 다 팔아 그 진주를 샀느니라 마태복음 13:45,46

부흥에 대한 자료를 찾으면 찾을수록 감동이 되어
나는 거의 울 지경에 이르렀다. 마치 값진 진주를 만난 듯
견딜 수 없는 흥분과 떨림으로 나는 이렇게 흥얼거렸다.
"살아 계신 하나님, 역사하신 하나님, 측량할 수 없는 그 사랑, 그 섭리…."
이 탐구의 과정에서 1859년의 부흥은 매우 독특하며
그 '사랑의 전략'이 측량 못할 본질을 품고 있음을 발견하게 된 것이다.
이것을 보게 하시려고 여러 궁금증으로
나를 유인하신 것이라는 생각이 들 정도로….

부흥의 수원지를 찾아서

"1859년의 부흥은 처음 누구에 의해 시작되었을까?
거기에도 베들레헴 코드가 적용되는 것이 아닐까?"
갑자기 맞닥뜨린 이 격정적인 부흥의 진실들이 나는 몹시 알고 싶었다.
그러나 그 부흥의 시작과 본질을 다룬 책들은 거의 없었다.
대부분 부흥의 현상과 영향만을 조금 소개했을 뿐이다.
"주님, 알고 싶습니다. 이 부흥의 뿌리와 흔적을 가르쳐주세요."
나는 아이처럼 간구했다.
한참을 찾고서야 1859년의 부흥이 어디서 시작됐는지 알아냈다.

1857년 9월, 네 명의 아일랜드 청년들이 앤트림의 코너Connor라는
작은 마을에서 매주 기도회를 가졌다고 한다.
특이한 것은 이 작은 기도회가 시작된 그 주간에 저 대서양 건너 미국 땅
뉴욕에서도 매우 소박한 기도회가 동시에 시작되었다는 것이다.
조용한 성품의 46세 된 람피엘J. Lamphier이라는 뉴욕의 사업가가
하나님께서 매주 정오에 비즈니스맨들이
함께 모여 기도하길 원하신다는 생각을 품었다.
그는 풀턴 가街에서 기도모임에 대한
전단지를 만들어 사무실과 도매상에 뿌렸다.

그 기도회가 처음 시작된 때가 1857년 9월 23일이다.
저 아일랜드의 외진 마을에서 몇 명의 청년들이 동일한 생각으로
기도회를 시작한 바로 그때다.
첫날은 람피엘 혼자 나와서 한 시간 반 동안 기도했다고 한다.
끝날 때 즈음에 여섯 명이 와서 기도하게 되었는데
그들은 각자 다른 교파에서 온 이들이었다. 그렇게 시작된 기도회가
몇 달 만에 수천 명이 되었고, 많은 기도회를 탄생하게 했으며,
필라델피아 등지로 번져가 1859년 절정에 오른 미국 부흥의 씨앗이 된 것이다.
동일한 영적 신경센터, 나는 하늘의 영적 신경망이
서로 멀리 떨어진 곳에서 다른 지체들을 그렇게 움직였다고 생각했다.
지금도 우리가 알게 모르게 그것은 가동되고 있을 터이다.
동시대에, 아니 같은 주週에 시작된 아일랜드 시골 마을의 기도회는
'성령의 부으심'에 초점을 맞추고 있었다.
그들은 당시 수천 명의 고아를 오직 기도로 양육한 조지 뮬러의 책을 읽으며
성령이 임재하시는 삶에 대한 갈망을 품었다.
성령님은 그들을 조금씩 변화시키셨다.
그들의 소식을 들은 이웃한 아호일Ahoghill이라는 읍에서
그들에게 부흥회를 인도해달라는 요청을 했다.
그때가 1859년 3월 14일이다.
아호일의 큰 교회에서 열린 부흥회에는 엄청난 사람들이 몰려들었고,
성령께서 그들 위에 임하셨다. 이것이 1859년 부흥의 시작이다.
그 기록들을 읽으며 강렬한 영화의 한 장면을 연상했다.

교회 난간이 부서지지 않을까 염려된 사람들이 거리로 쏟아져 나갔는데
약 3천 명이 성령에 마비된 사람들처럼 서 있었다.

조지 뮬러(1805~1898)
고아의 아버지이자 기도의 사람인 그는
전 세계에 부흥의 불씨를 전하기 위해 힘썼다

그들은 성공회, 감리교, 장로교, 로마 가톨릭 등 모든 교단에서 온 사람들이었다.
폭우가 쏟아지는데도 그들은 진흙 가운데서 무릎을 꿇고 기도했다.
성령이 얼마나 강하게 임했는지 수많은 이들이 땅에 엎드러졌다.
건강한 사람들도 양심에 찔려 비틀거리다가 쓰러지곤 했다.

웨슬리 듀웰 《세계를 뒤바꾼 부흥의 불길》

전율이 느껴지는 풍경이었다. 사람들은 소나기를 맞으며
자신 안에 있는 불의와 추함을 보고 "주여, 자비를 베푸소서!"라고 외치며
눈물을 주룩주룩 흘린 채 깊은 탄식을 했다고 한다.
이렇게 시작된 성령의 역사는 순식간에 퍼져 얼스터Ulster를 강타했다.
그 땅은 가톨릭과 개신교도들이 극심한 갈등을 겪던 곳이며
또한 '지구상에서 가장 냉랭한 영혼들이 사는 곳'이란 별명처럼
형식적인 장로교가 판을 치던 곳이었다. 그 땅에 성령이 오시자
거리에서도 사람들이 수없이 쓰러지는 강력한 영적 참회가 일어났다.
그러자 원수처럼 미워하던 가톨릭교도를 위해 기도하는 역사가 벌어졌다.
성령께서 그들의 강퍅한 마음을 풀어주시어
미움과 반목의 땅이 사랑으로 회복되기 시작한 것이다.

내가 그들에게 일치一致한 마음을 주고 그 속에 새 신新을 주며
그 몸에서 굳은 마음을 제하고 부드러운 마음을 주어서

1859년 아일랜드 얼스터의 부흥을 기사로 다룬 잡지

> 내 율례를 좇으며 내 규례를 지켜 행하게 하리니 에스겔서 11:19,20

이 말씀이 그들에게 이루어진 것이다.
서로 원수처럼 갈등하고 미워하던 돌같이 굳은 그들의 심령에
성령이 임하자 부드러운 마음으로 변하여 사랑이 회복되었다.
그 마음은 사랑 안에서 '하나됨일치함'이다.
얼스터 땅은 도무지 인간의 힘으로는 화해시키기 힘든 황무지였다.
그 땅이 성령이 오시자 사랑과 화해로 회복된 것이다.
"이것은 분단의 상처로 서로 갈등하고 아파하는 우리 민족에 대한
적용이 될 수 있다." 순간 그런 깨달음이 스쳤다.
만일 우리 시대에 부흥을 주신다면 성령께서 남과 북 안에 있는
'굳어진 마음'을 풀어주실 것이다.
북아일랜드의 작은 시골에서 시작된 성령의 불이
웨일즈와 스코틀랜드에도 번져갔다. 그것이 1859년의 부흥이다.

나는 이 부흥에서도 베들레헴 코드를 보았다.
웨일즈처럼 소박한 무명의 청년들을 통한 것도 동일했다.
그런데 이 부흥의 시작점에 대한 자료는 너무 간략하고 빈약했다.
코너에서 기도회를 시작한 청년들의 이름조차 없었다.
"주님, 이 놀라운 부흥에 대해 더 알고 싶습니다.

만일 그런 자료들이 있다면 깨닫게 해주세요."
성령께서 이 부흥에 대해 알기 원한다는 강한 확신이 있었다.
"그렇다면 그분이 그 자료를 알고 계시고 가르쳐주실 것이다."
나는 그런 생각으로 책장을 살폈다.
그때 《기도가 전부 응답된 사람》이라는 조지 뮬러의 책이 보였다.
'1859년이라면, 조지 뮬러가 활동하던 그 시기다.
코너의 네 청년들도 뮬러의 책을 읽고 기도를 시작했다고 했다.
혹시 그가 쓴 글에도 이 부흥에 대한 기록이 있지 않을까?'
책을 꺼내어 무심히 뒤적이다가 나는 소리쳤다.
"정말 있구나! 조지 뮬러도 그 부흥에 대해 기록했어!"
뮬러의 기록은 이렇다.

1856년 11월, 맥퀼컨J. McQuilken이란 한 아일랜드 청년이 주님을 영접했다.
그는 내가 쓴 책을 읽기 시작했다.
하나님께서 그 책을 통해 그를 축복하셨고,
기도를 통해 얼마나 큰 것을 얻을 수 있는지 깨닫게 하셨다.
"뮬러가 이룬 것처럼 나도 기도로 축복을 받을 수 있으리라"
맥퀼컨은 그렇게 생각했다. 그는 주님을 잘 아는 영적인 동지를 보내달라고 구했다.
그리고 얼마 후 한 친구를 사귀게 되었다.
두 사람은 코너에서 기도회를 시작했다.
맥퀼컨은 영적인 친구들을 더 사귀게 해달라고 기도했다. 주님은 두 명을 더 보내주셨다.
그 네 사람은 1857년 가을, 나의 책을 읽으며 기도가 얼마나 큰 능력을 나타내는지 깨달았다.
그리고 정기적으로 기도하고 복음을 전함으로
주님이 어떻게 축복하시는지 확인하자고 다짐했다.
네 친구는 시골 마을의 외딴 집에서 기도회를 시작했다.

이것이 내가 앞에서 쓴 아일랜드 부흥의 씨앗이다.

그 무렵 맥퀼컨은 미국에서 큰 부흥이 일어났다는 소식을 접하고

'하나님께서 조지 뮬러의 기도에 응답하셔서 그렇게 큰일을 하셨다면,

우리도 성령의 놀라우신 축복을 체험할 수 있지 않을까?' 하고 생각했다.

1858년 1월, 기도에 첫 응답이 왔다. 일하던 농장의 일꾼 하나가 회개한 것이다.

이제 하나님의 축복을 구하는 이가 다섯 명으로 늘어났다.

그렇게 누룩처럼 조용히 하나님의 나라가 진행되었다.

변화된 사람 가운데 근처 아호일에서 코너로 이사 온 청년이 있었다.

1858년 그가 고향 친구들을 만나러 갔다가 그곳 신앙인 모임에 참석한 것이다.

코너에서 일어난 영적 변화를 말하자 그들이 아호일로 맥퀼컨과 동료들을 초대했다.

어떤 이는 그들의 간증을 믿었고, 어떤 이는 비웃고 반신반의했다.

그러나 많은 이들이 다시 한번 기도모임을 갖고 싶어 했다.

그래서 보름 후 다시 기도회를 열었는데 거기에 하나님의 성령이 임한 것이다.

이렇게 시작된 부흥의 불이 1859년,

어떻게 영국과 웨일즈, 스코틀랜드 전역으로 확산되었고,

어떻게 유럽 전체가 이런 강력한 성령의 역사에 동참하게 되었는지 기억해야 할 것이다.

이 사건을 이토록 자세히 기록하는 것은

하나님의 자녀들이 믿음으로 기도드릴 때 하나님께서 말 할 수 없이

기뻐하시며 응답하신다는 사실을 밝히기 위해서다.

조지 뮬러 《기도가 전부 응답된 사람》

"정말 그 부흥의 본질을 알고 싶다는 기도를 들으셨구나."
조지 뮬러의 글을 읽으니, 1859년의 부흥이 손에 잡힐듯 더 살 깊게 느껴졌다.

1859년 6월, 고아 소녀들에게 하나님의 영이 강력하게 임했다.

뮬러는 일기에 이렇게 기록하고 있었다.
"이곳에서도 라마바이처럼 고아 소녀들에게 임하셨구나."
나는 성령님의 역사가 매우 독특하다고 생각했다.
성령님은 이렇게 늘 작고 상처 많은 영혼들을 찾아오시는 것이다.
그 성령의 역사는 맥퀼컨을 통한 부흥과 연관이 있었다.
1859년 아일랜드에서 일어난 부흥의 소식을 들은 뮬러와 아이들은
성령을 갈망하게 되었고 그 불이 그곳에도 임한 것이다.
소녀들은 시키지도 않았는데
따로 모임을 만들어 기도를 시작했다고 한다.

이토록 큰 역사가 어떻게 일어났는지 추적하는 것은 어렵지 않다.
그것은 기도의 응답이다. 우리는 그 일로 더욱 하나님 앞에 무릎을 꿇게 되었다.

이 단순한 기록에서 나는 부흥의 진정성을 읽었다.
부흥은 하나님이 기뻐하시는 뜻을 품고 겸손히 구하는 열심을 통해 온다.
아일랜드의 코너에서 시작된 그 강력한 부흥도
그런 뮬러의 오랜 간구가 응답된 것이다.
조지 뮬러의 책을 읽으면, 그가 고아들만이 아니라
하나님나라가 전 세계에 임하기를 오랫동안 기도했음을 알 수 있다.
문득 인도의 라마바이를 떠올렸다.
"하나님이 기뻐하시는 이들은 이렇게 자기를 넘어 하나님나라를 추구했구나."
그녀 또한 자신의 묵티 공동체를 넘어,
인도와 세계에 부흥이 임하기를 구했다.

라마바이를 살피면 조지 뮬러를 많이 닮았음을 알 수 있다.
또한 20세기 초 부흥의 도구로 사용된 토레이도 조지 뮬러의 영향으로
화려한 목회를 포기하고 소외된 영혼들을 찾아갔으며,
자신의 학교와 사역지를 넘어 온 세상에 성령이 임하기를 구했다.
오직 하나님나라와 의를 추구한 조지 뮬러의 삶은 아일랜드의
맥퀄컨만이 아니라 세계의 수많은 영혼들에게 지대한 영향을 끼쳤다.
진정 이것이 부흥이다.
이 순전하고 겸허한 순종이 누룩처럼 번져가는 것이 하나님나라다.
뮬러는 기도만 한 것이 아니라 많은 선교사들을 파송하고 지원했다.
허드슨 테일러의 중국 선교도 조지 뮬러의 후원으로 가능했다.
그는 고아들을 돌보면서도 하나님나라 전체를 고민했다.
그것이 성령의 기름부으심이다.
뮬러는 중국 땅뿐만 아니라 인도, 아시아, 아프리카 땅에도 관심이 많았다.
인도에도 선교사를 파송하고 많은 지원을 했다.
나는 조지 뮬러의 책을 라마바이가 읽었을 것이라고 생각했다.

우리는 부유하거나 위대하지 않습니다.
그러나 하늘 아버지가 사랑의 손으로 매일 양식을 주시기에 행복합니다.
하루하루 필요한 것 이상은 조금도 받지 못하고 은행 통장도 없고 수입도 전혀 없지만,
우리는 하나님 아버지를 온전히 의지하기에 두려울 것도 잃을 것도 후회할 것도 없습니다.

라마바이의 이 확신은 조지 뮬러의 추구와 정확히 일치한다.
이것이 성령의 능력을 덧입은 이들의 심장이다.

지금 아시아와 아프리카 및 세계의 많은 곳에서 추수할 일꾼을 달라고
애타게 울부짖는 소리가 들려온다. 만일 유럽과 미국의 수많은 교회들이
"주인에게 청하여 추수할 일꾼들을 보내어주소서 하라" 눅 10:2는 하나님의 계획에 따라
그들 가운데 일꾼을 일으켜달라고 기도한다면,
일꾼들을 필요로 하는 아시아와 아프리카와
세계의 많은 지역의 절박한 요구를 충족시키고도 남음이 있을 것이다.

조지 뮬러 《기도가 전부 응답된 사람》

하나님의 심장으로 고통받는 영혼들의 소리를 들으며
그들을 구하고 섬기는 일이 어떤 것인지 본질적인 통찰력을 가지는 것,
그것이 그리스도의 마음이다.
뮬러는 이런 그리스도를 향한 타는 목마름으로 날마다 기도했다.
"조지 뮬러가 오랫동안 드린 이 간구의 응답이 맥퀼컨이다. 라마바이,
허드슨 테일러, 토레이 또한 그 열매일지도 모른다."
그 누구도 그렇게 평가한 적은 없지만
성령께서 내게 그렇게 말씀하시는 것 같았다.
그의 깊은 열망을 아시는 하나님의 응답이 그의 책을 통해
아일랜드의 젊은이들을 깨워 기도하게 했고
웨일즈, 스코틀랜드 등 수많은 이들이 그렇게 일어난 부흥으로
전 세계를 향하여 나가게 되었을 것이라고 믿는다.

뮬러의 길

"이 길이 뮬러 로드Muller Road입니다.
조지 뮬러의 업적을 기념하여 이름붙인 것입니다."
브리스톨에서 사역하는 J목사님이 우리를
뮬러의 집Muller House으로 안내하며 말했다.
"뮬러의 고아사역은 강력한 성령의 역사라고 볼 수 있습니다.
그 당시 고아들을 섬기기 위해 엄청난 돈이 필요했는데
성령으로 은혜를 받은 이들이 그 돈을 기부한 것이지요."
그 말을 듣는 순간 감전되듯 영혼이 떨려 왔다.
"아, 고아와 성령사역…."
"1800년대 초반에는 전쟁과 기근, 전염병이 영국을 휩쓸었지요.
전염병에는 아이들보다 어른들이 더 약하답니다.
그러다보니 고아들이 엄청나게 생겼고 그들을 불쌍히 보신
하나님께서 뮬러를 사용하신 것이지요."
순간 나는 하나님이 부흥을 주시는 참된 이유를 깨닫게 되었다.

하나님 아버지 앞에서 정결하고 더러움이 없는 경건은
곧 고아와 과부를 그 환난 중에 돌아보고 또 자기를 지켜
세속에 물들지 아니하는 이것이니라 야고보서 1:27

영국 브리스톨 시내 조지 뮬러를 기념해
명명한 '뮬러 로드' 표지판

"부흥은 참된 경건의 의미를 회복하는 것이다.
하나님은 고통당하는 자녀들을 돌보기 위해 부흥을 주신 것이다."
둔기로 얻어맞은 듯 이 깨달음이 충격처럼 느껴졌다.
"그래서 부흥의 때에 성령께서 나타나신 풍경들은 죄다 베들레헴처럼
작고 가난하고 소외된 것이었나 보다."
19세기 중반 유럽은 전쟁과 기근, 전염병으로 많은 고아들이 생겼다.
하나님은 길 잃은 그 어린 양들을 긍휼히 여기시어 돌보고자 하셨다.
그러나 당시의 신앙인들은 형식주의와 율법주의의 우상에 갇혀
그 하나님의 마음을 헤아리지 못했다.
그들은 아름다운 찬양과 형식으로 열심히 예배를 드렸지만
하나님 보시기에 그것은 불경건이었을 뿐이다.

> 너희는 스스로 씻으며 스스로 깨끗케 하여 내 목전에서 너희 악업을 버리며
> 악행을 그치고 선행을 배우며 공의를 구하며 학대받는 자를 도와주며
> 고아를 위하여 신원(伸寃)하며 과부를 위하여 변호하라 하셨느니라 이사야서 1:16,17

성령께서 이것을 주목하게 하셨다. 고아와 과부를 돌아봄은
하나님나라의 역사에서 진정한 경건을 회복하는 매우 중요한 본질이었다.
그것은 고통당하는 이들을 향하시는 아버지의 마음을 아는 것이다.
그것이 진정한 경건이다.

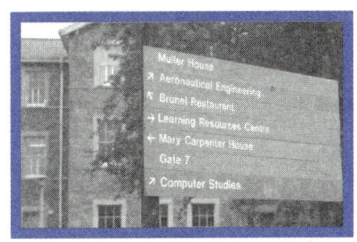

'뮬러 하우스' 표지판
뮬러 고아원의 다양한 시설 알림판

19세기의 교회들은 이스라엘이 저질렀던 불경건을 답습하고 있었다.
오늘도 경건의 모양은 있으나 능력이 없는 우리는
하나님의 심장이 향하는 곳을 감지하지 못하고 있다.

> 누가 이 세상 재물을 가지고 형제의 궁핍함을 보고도 도와줄 마음을 막으면
> 어찌 하나님의 사랑이 그 속에 거할까 보냐 요한일서 3:17

하나님은 성령을 통해 사랑 없는 무감각한 그 영혼들을 깨뜨리셔서
고통당하는 이들을 돌아보신 것이다.
"수십만 파운드의 기부금을 낸 이들도 많이 있었답니다.
요즘으로 치면 수십 억 원이 넘는 엄청난 돈이지요.
뮬러 사역의 특징은 기부한 이들의 이름을 전혀 밝히지 않았다는 겁니다."
"왜 그렇지요?"
"고아들을 돌보시는 하나님의 은혜로 그 돈을 보낸 것이기 때문에
오직 영광은 하나님께만 돌려야 한다는 것이지요."
나는 고개를 끄덕였다.
'뮬러의 집'에 갔을 때 그의 사진을 촬영하고자 했으나 거의 볼 수가 없었다.
"만일 지금 뮬러가 살아 있다면 매우 슬퍼할 겁니다.
'뮬러 로드', '뮬러의 집', 그는 자기 이름으로
기념비를 세우는 것을 원치 않았거든요."

'뮬러 재단'을 운영하는 대표의 말이었다.
더욱 감동적인 것은 재단의 대표가 뇌성마비 할머니라는 점이다.
외모가 아니라 중심을 보시는
하나님 앞에 서 있는 풍경, 그 본질을 추구하는 자유….
그녀가 뮬러의 노트들과 사진첩을 꺼내왔다.
"아이들의 일상생활을 적은 것입니다."
거기에는 고아들의 시시콜콜한 것까지 모두 기록되어 있었다.
그리고 아이들을 돕기 위해 뮬러가 쓴 금전 출납부,
아이들의 일상을 찍은 수많은 사진들….
고아들을 위해 이토록 섬세한 기록을 남기고도
정작 자신은 사진 하나 제대로 남기지 않았다.
'이것이 부흥이 아니고 무엇인가?'
나는 하늘의 풍경을 만난 듯 가슴이 저렸다.
마치 부흥을 통해 이루시는 하나님의 사랑이 손에 잡히는 것 같았다.

그의 사역은 영국뿐만 아니라 전 세계의 선교사와 사역자들에게
큰 영향을 끼쳤다. 특히 기근과 전쟁, 경제난으로 고아들이 많이 생긴
인도, 아프리카, 아시아 등지로 나간 선교사들에게 큰 영향을 주었다.
나는 하나님의 오묘한 섭리에 다시 놀랐다.
1905년 인도에서 라마바이 공동체의 고아와 과부를 통해 부흥이 일어난 것도
뮬러가 뿌린 헌신과 무관하지 않다는 것이다.
"참된 경건은 고아와 과부를 환난 가운데서 돌아보는 것이다."
이것은 두렵고도 중요한 부흥의 본질이다.
뮬러의 고아사역은 구제사역의 한 측면이 아니었다.
하나님은 이미 곧 닥칠 19세기 말과 20세기 초의 전 세계적인 전쟁과 공황,

기근과 자연재해를 통해 생길 고통을 알고 계셨던 것이다.
"하나님은 조지 뮬러가 뿌린 순종과 믿음을 통해 고난받는
당신의 자녀들을 품으신 것이다." 그것이 부흥을 주시는 이유다.
그에게 영향받은 수많은 '조지 뮬러들'이
세상의 땅 끝에서 동일한 섬김을 다했던 것이다.

그것을 생각할 때에 문득 떠오르는 이름이 있었다.
"에이미 카마이클도 그때 인도에서 고아와 과부들을 위해 헌신했을 텐데…."
그녀 또한 주님을 사랑하여 그 길을 닮고자 분투한 천국의 풍경이었다.
1950년대 '부흥의 씨앗'이라 여겨지는 짐 엘리엇J. Elliot 남미 아마존 강 유역의
원주민들을 선교하러 갔다가 순교한 20대의 선교사의 아내,
엘리자베스가 쓴 《에이미 카마이클》의 전기가 문득 생각난 것이다.
엘리자베스는 충격적인 남편의 죽음 앞에서도 개인적인 슬픔을 절제한 채
하나님을 향한 온전한 믿음과 순종을 다함으로 큰 도전을 준 여인이다.

에이미 카마이클은 보이지 않는 세계에 비전을 품었고
어떤 희생도 마다하지 않고 그 빛 안에 살고자 치열하게 노력했다.
그러나 극심한 세속화와 자기만을 위한 몰두의 시대에
그것은 본받을 만한 가치는 고사하고 믿기도 힘들 정도다. 그녀는
"우리 가운데 보이지 않게 힘을 발하는 하나님나라"를 자주 언급했다.
엘리자베스 엘리엇 《에이미 카마이클》

소녀 에이미는 1885년 어느 날 교회에서 돌아오던 중
아일랜드 벨파스트 거리에서 무거운 짐을 끌고 가는 한 노파를
동생과 함께 부축한다. 그것은 매우 고역스러운 순간이었다.

예배를 마치고 나오던 장로교회의 점잖은 성도들과 마주 대하며
가야 했기 때문이다. 온 몸이 벌게질 정도의 부끄러움으로
그렇게 남루한 노인을 부축하고 오는 길에서,
그녀는 하나님의 음성을 듣는다.

> 만일 누구든지 금이나 은이나 보석이나 나무나 풀이나 짚으로
> 이 터 위에 세우면 각각 공력이 나타날 터인데
> 그날이 공력을 밝히리니 이는 불로 나타내고 그 불이 각 사람의 공력이
> 어떠한 것을 시험할 것임이니라 고린도전서 3:12,13

그 말씀은 에이미의 가치관을 영원히 바꾸어놓았다.
그녀는 자신의 생生이 쉽게 불타버리는 허무한 세속의 껍데기로
채워지지 않기를 바랐다. 주님 앞에 부끄러움이 없는 경건의 모습으로
세워지기를 소망한 후부터 그리스도를 본받아
가장 낮고 가난한 이들을 찾아가 섬기기 시작한 것이다.
1905년, 인도에서 부흥이 일어난 그때에도 에이미는
인도에서 가장 미천한 이들을 위해 헌신하고 있었다.
"혹시 에이미의 공동체에도 부흥이 임하지는 않았을까?"
나는 그것이 갑자기 궁금해졌다.

1906년 어느 날 예수님이 도나부르에 오셨다. 학교 아이들, 일꾼들, 방갈로 하인들,
마을의 그리스도인들이 모두 그곳에 가 있었다. 평범한 집회로 시작했던 것이
'기도의 태풍'으로 변하여 네 시간 동안 계속되었다.

엘리자베스 엘리엇 《에이미 카마이클》

"역시 에이미의 공동체에도 부흥이 임했구나!"
자료에 따르면 에이미는 라마바이처럼
인도 전역에 성령님이 임하시기를 간절히 기도해왔다고 한다.
1906년 10월 22일, 아침 예배가 끝날 때쯤,
그녀는 하나님의 임재에 압도당해 하던 말을 중단해야 했다.
기도조차 할 수 없었다. 주일학교의 한 소년이 기도하다가 울음을 터뜨리자
다른 아이들도 울부짖으며 용서를 구하기 시작한 것이다.
에이미는 이렇게 표현했다.

순식간에 교회 2층에 있던 사람들이 모두 마룻바닥에 엎드리더니
누구도 의식하지 않은 채 오직 하나님만 찾으며 울부짖는 것이었다.
워낙 신경이 둔하고 감정적이지 않던 사람들이기 때문에
이런 일이 일어나리라고는 상상도 못했다.
4시간이 마치 4분처럼 흘러갔다.
2주 동안 우리는 사도들처럼 그렇게 살았다.

그렇게 임하신 성령의 역사로 가난한 도나부르 공동체의 아이들과 일꾼들이
거의 완벽하게 회심을 경험했다고 한다.
그동안 냉랭하고 패역하기까지 하던 이들이 새 사람으로 변한 것이다.
에이미는 그 부흥을 나무와 풀과 짚이 아니라 금과 은과 보석으로
집을 짓게 해달라던 자신의 오랜 기도에 대한 응답으로 보았다.
그녀는 어느 날 방갈로 주변 나무들이 감람나무로 바뀌며
그 밑에 한 사람이 혼자 무릎을 꿇고 있는 환상을 보았다.
그분이 이 가난한 아이들을 위해
도나부르 동산에서 기도하시는 주님이심을 그녀는 알았다.

"이 짐과 사역은 내 것이 아니라 그분의 것이다."
에이미는 그리스도의 사랑과 수고의 터 위에
자신의 생을 더욱 굳건히 세웠다.

> 나는 마음이 온유하고 겸손하니 나의 멍에를 메고 내게 배우라
> 이는 내 멍에는 쉽고 내 짐은 가벼움이라 마태복음 11:29,30

에이미는 주님과 함께 기꺼이 멍에를 졌다.
"부흥은 이런 삶을 가능케 한다.
성령이 오시면 주님과 온전히 동행하게 된다."
자료들을 꼼꼼히 읽으면 그녀 역시 조지 뮬러의 영향을 받았음을 알 수 있다.
그녀 또한 '오직 하나님만 의뢰하여' 그 버림받은 영혼들을 섬겼다.

라마바이, 에이미 카마이클과 동시대에 인도에서는 또 다른 부흥이 있었다.
성령께서 갑자기 그것을 생각나게 하셨다.
1904년 영국 웨일즈에서 부흥이 한창일 때 주님은 '썬다 싱'이라는,
예수 믿는 학생들과 교사들을 핍박하고 성경을 불태우는
못된 학생을 찾아오셨다.
"썬다야, 네가 얼마나 나를 박해하려느냐?
나는 네가 찾는 '길(道)'인 예수니라. 너를 구원하러 왔도다."
주님은 바울에게 그랬듯이 당신의 길을 핍박하는 썬다를 찾아오셨다.
그가 겉으로는 그런 죄를 저지르고 있어도
그 중심이 진리의 본질에 목말라 있는 것을 보신 것이다.
썬다 싱은 그 순간 거꾸러졌고, 예수의 제자가 되었다.
"이제부터 저는 생명이 다할 때까지 온전히 예수님의 것입니다."

열렬한 시크교 가문으로서 크리슈나가 아니라
예수를 믿는다는 것은 곧 집과 모든 것에서의 추방을 의미했다.
그러나 그는 어린 나이에 그것을 감수했다.
1904년 12월 18일에 일어난 그 변화는
20세기의 위대한 하나님 역사 중 하나다.
서구의 주목받는 부흥과 영적인 정점頂點이 아닌
히말라야와 인도, 네팔과 그 변방들 그리고 중국에 이르기까지
'잃어버린 양들'을 찾으시려는 하나님의 전략은 그를 통해 놀랍게 나타났다.
하나님은 이렇게 세상이 주목하지 않는 풍경까지 찾아가신다.
1905년 10월, 그의 조국 인도에서 엄청난 부흥의 불길이 타오를 때
썬다 싱은 고요히 자신만의 공생애를 시작했다.
그는 웨슬리처럼 말을 타고 다닌 것도 아니요,
안정된 환경과 장소에서 수많은 사람이 모인 부흥회를 인도한 것도 아니었다.
그저 시크의 터번을 쓰고 맨발로 광막廣漠한 산천을
성령과 함께 순회 전도하기 시작한 것이다.
"최춘선 할아버지가 이 썬다 싱에게 영향을 받았을 것이다."
그동안 여러 징후들을 통해 나는 그것을 알고 있었다.
《가난한 자는 복이 있나니》의 최춘선 할아버지는 아무것도 소유하지 않고
맨발로 하늘 길을 가셨다. 그가 걸은 길은 조롱과 무시의 길이었지만
오직 십자가의 사랑으로 가득하여 상처입고 버려진 영혼들을 품어 안았다.
"성령께서 인도하지 않으시면 한 발자국도 움직이지 않는 분이었습니다."
그와 30년을 동행한 사역자는 그렇게 말했다.
"왜 성령께서는 그를 맨발로, 그 밑바닥으로 가게 했을까?"
그것이 깊은 의문이었다. 언젠가 할아버지 집에 갔을 때
여기저기 쓰인 글과 자료로 눈치를 챌 수 있었다.

그분은 주님을 따른 '세상의 모든 맨발들'을 닮고자 하셨다.
모세, 이사야, 성 프랜시스, 썬다 싱, 아바쿰….
그러나 진정으로 그가 닮고자 한 맨발은 그리스도였다.
"예수 십자가는 신발이 없어요.
그 길은 맨발모든 것을 비우고로 가야 하는 거지요."
할아버지는 늘 그렇게 말했다.
"주여, 나는 주님의 발자취를 따를 만한 사람이 못 됩니다.
그러나 나는 주님과 같이 아무것도 가지기를 원치 않습니다.
오직 나를 이 버려진 길 위에만 있게 하옵소서.
내 불쌍한 동족들과 아픔을 같이 하게 하소서.
그리고 오직 주님의 사랑만 전하게 하소서."
길 위의 크리스천 사두sadhu 썬다에게는
인도의 가장 버림받은 풍경들이 다 자기 '교구敎區'였다.
그는 접근해서는 안 되는 존재들인
'불가촉천민'들을 찾아가 그리스도의 복음을 전했고,
길이나 동굴에 거하는 나환자들과 버림받은 자들을
그 사랑으로 부둥켜안았다.
성령은 그들 가운데서 놀라운 역사들을 나타내셨다.
상상 못할 영적인 역사들과 치유들과 변화가 일어났다.
주님이 그 낮고 천한 이들을 썬다를 통해 만지고 싶으셨던 것이다.
나는 그가 걸어간 길들을 바라보며 울고 싶어졌다.
"나의 소유는 무엇이며, 나의 교구는 어디인가?"
글쓰기도 팽개치고 어디론가 맨발로 달려가고 싶어졌다.
나도 모든 것을 버리고 가장 낮은 '그리스도의 풍경' 속으로
다시 걸어 들어가고 싶었다.

"나도 그리스도의 풍경을 찾아 헤매었으나
성령께서 이 작업을 하라고 하셨다. 그러나 거리로 나가고 싶다."
그런 갈증이 나를 휘감았다.
그때 어떤 깨달음이 자기 연민에 빠지려는 나를 구했다.
최춘선 할아버지에게 남들이 뭐라 안 하느냐고 물은 적 있다.
"사명은 각자 각자요."
그것이 답이었다.
"인도에 그 강렬한 부흥의 역사들이 일어났지만
동시대에 아무도 모르는 외진 광야를 걸어간 썬다 싱도 위대한 부흥이다.
그것이 하늘의 길이다."
순간 나는 나의 교구敎區를 깨달았다.
"지금 이《부흥의 여정》, 하나님의 심장과 그 본질을 탐구하는
이 다큐멘터리와 글쓰기가 나의 교구다.
주님이 가시고자 하는 그 길, 그 성령의 역사를 탐구하고 나누는 것,
이것이 나의 부흥이요, 부르심이다."

겸손의 텃밭에서

'1859년의 부흥'은 정말 예상치 못한 것이었다.
그것은 놀랍고 엄청난 하늘 역사였으나 그다지 알려지지 않았다.
"성령께서 이것을 더 알기 원하신다."
내 영혼 속에는 그런 꿈틀거림이 있었다.

> 너희 중에 누구든지 지혜가 부족하거든 모든 사람에게 후히 주시고
> 꾸짖지 아니하시는 하나님께 구하라 그리하면 주시리라 야고보서 1:5

나는 이 말씀을 진실로 믿는다.
"1859년의 부흥에 대하여 더 가르쳐주세요.
그 속에 스민 하늘의 본질적인 의미들을 깨닫게 해주세요."
나는 그렇게 구했다. 그러자 주께서 많은 것들을 보여주시기 시작했다.
놀라운 것은 하나님은 그때 영국과 미국에서만
부흥을 일으키신 게 아니었다. 그 불길은 인도, 남아프리카, 인도네시아
그리고 서인도제도에 이르기까지 다양하게 일어나기 시작했다.
그동안 부흥은 서구 기독교 국가들에서만 일어났다.
그런데 전혀 상상하지 못했던
성령의 역사가 이때 제3세계에서 시작된 것이다.

"1904년 웨일즈 부흥에서 처음 세계로 확산된 것으로 알았는데
이미 이때 세계에 동시에 부흥이 일어났구나."
이것은 새로운 사실이었다.

한 아프리카 원주민 하녀가 자리에서 일어서더니
자기가 찬양을 한 곡 부른 다음 기도해도 되겠느냐고 물었다.
그녀가 허락을 받고 기도하자 성령께서 그곳에 모인 청년들 모두에게 임하셨다.
그것은 마치 멀리서 오는 천둥소리 같았다. 그 소리가 청년들이 모여 있던
방을 빙 둘러싸자 건물 전체가 흔들리기 시작했다.

웨슬리 듀웰 《세계를 뒤바꾼 부흥의 불길》

1859년, 남아프리카의 우스터에서 일어난
이 부흥보고서를 읽고 나는 무척이나 놀랐다.

> 빌기를 다하매 모인 곳이 진동震動하더니 무리가 다 성령이 충만하여
> 담대히 하나님의 말씀을 전하니라 사도행전 4:31

그야말로 사도행전의 성령역사가 이루어진 것이다.
작은 하녀를 통한 성령의 불꽃은 예측하지 못한 것이다.
그 성령의 역사는 남아프리카 구석구석을 태우며 원주민 부족들은
물론 그 지역의 해외 선교부들조차 다 부흥을 체험토록 했다는 것이다.
그 당시 유럽인들에게 아프리카 식민지의 원주민들은
짐승이나 노예에 지나지 않았다.
여전한 제국주의적인 식민사관이 그들을 지배하고 있었다.
그런데 성령은 그 흑인들을 통해 직접 역사하신 것이다.

그것도 어린 하녀를 직접 찾아오셔서
선교사들도 갈망하던 성령의 '거룩한 불'을 지피신 것이다.
"서구의 문명이 자만에 빠져 하나님을 부인하려는 그 시절에
하나님은 이렇게 지구상에서 가장 미천하고 소외된 존재로
여겨지던 이들을 향하고 계셨다."
부흥의 역사를 살피면 나귀 새끼 같은 작은 자를 통해 오시는
하나님의 마음과 길이 자주 눈에 띈다.
"이것은 하나님의 역사가
새로운 국면에 들어갔음을 의미하는 것이 아닐까?" 하는 생각이 들었다.
사실, 1859년의 부흥은 그 시절을 위할 뿐 아니라
20세기 초의 전 세계적인 부흥을 위한 전초전의 성격이었다.
이때 뿌려진 다양한 성령의 씨앗이
20세기 초 부흥을 통해 엄청난 결실로 나타났기 때문이다.
'만일 그렇다면 하나님은 이 작은 흑인 하녀를 통해서도
그런 엄청난 일을 이루어가시는 것이다."
하나님의 부흥은 이렇듯 충격적이고 측량 못할 전략을 가지고 있다.
아무리 하찮고 남루해 보이는 영혼도 그분에게는 천하보다 귀하다.

또 한 가지 흥미로운 코드를 보여주셨다.
그 하녀가 다니던 교회의 목회자는 앤드류 머레이A. Murray였다.
"혹시 이 사람이 내가 어릴 적 많은 영향을 받았던, 그 유명한
《겸손》의 머레이 목사인가?" 하는 궁금증을 가지고 기록들을 읽어 나갔다.
머레이 목사는 갑자기 천둥소리가 나자 예배당으로 달려갔다.
이미 성령을 받은 청년들이 봇물 터지듯 기도를 쏟아내는 것을 보고
그는 놀라서 조용히 하라고 했다. 그런데 어느 흑인 청년이 다가와서

"목사님, 무엇을 하시든지 조심하십시오. 지금 역사하시는 분은
하나님의 영靈이시니까요"라며 오히려 머레이 목사를 조심시켰다.
그전까지 이것은 있을 수 없는 일이었다.
원주민을 낮추어 보는 완고한 마음을 가진 사람이라면
무척 화를 냈을 것이다.
그러나 그는 아프리카 땅에 부흥이 일어나기를 간절히 구했던
겸손한 영혼이었다. 그는 즉시 그곳에 성령이 임한 것을 깨달았다.
그리고 그들이 기도에 진념하도록 곁에서 섬겼다.
머레이의 아내는 그때를 이렇게 기록하고 있다.

우리는 하나님의 임재와 능력을 너무나 강하게 느끼고 인식했다.
그분의 영이 정말 우리 위에 퍼부어졌다.

다시 1907년 평양 대부흥의 단초를 제공한 하디가 생각났다.
능력 있는 의사였던 하디는 성령을 의지하지 않고 자기의 능력과
열심으로 선교적 결실을 맺으려 했었다.
거기엔 한국인들에 대한 무시가 깔려 있었다. 그들을 하찮게 여기고
얼마든지 변화시킬 수 있는 대상으로 여긴 것이다.
당시 서구의 선교사들에게
한국인은 아프리카인처럼 변방의 미개인일 뿐이었다.
그래서 그는 영어나 새로운 서양 문물, 성경지식 등을 가르치며 전도하려 했다.
그러나 아무리 애를 써도 열매는 나타나지 않았고 그는 곤고해졌다.
결국 성경공부와 기도 가운데 자기가 교만했으며 성령이 싫어하시는
생각들을 품고 있었음을 깊이 깨달았다.
서구인의 우월주의적인 시각으로 한국인들을 업신여겼음을

성령께서 깊이 깨닫게 하신 것이다.
하디가 그 교만을 회개하자 주변에서 변화가 일어나기 시작했다.
놀랍게도 그토록 바라던 성령이 임재하시기 시작한 것이다.

> 우리가 우리를 전파하는 것이 아니라 오직 그리스도 예수의 주 되신 것과
> 또 예수를 위하여 우리가 너희의 종 된 것을 전파함이라 고린도후서 4:5

> 그는 근본 하나님의 본체시나…오히려 자기를 비어 종의 형상을 가져 빌립보서 2:6,7

자기를 비우고 굴복시키며 철저히 낮아져서 종이 되는 속성,
놀라운 것은 하나님의 역사를 연구하면 할수록 주님을 닮아
종이 되려는 이들을 통해 진정한 성령의 역사가 나타났다는 것이다.
1907년 평양 땅에서 나타난 부흥도
하디의 자기 비움에서 출발되었다. 그러나 오늘
부흥을 향한 갈망 가운데 이런 낮아짐의 풍경은 보기 힘들다.
하늘은 그것을 슬퍼하시는 것이다.

하디처럼 머레이 목사도 그렇게 겸손한 영혼이었다.
그는 진정 자기 교회만이 아니라
아프리카 땅에 부흥이 오기를 오랫동안 뜨겁게 열망했다.

앤드류 머레이(1828~1917)
'남아프리카의 성자'라는 평판을 들은 부흥운동가이자 영성작가

그 응답으로 그 교회의 하녀를 통해 성령을 나타내신 것이다.
그의 비움과 겸손, 부흥을 갈망하는 열심이 맺은 아름다운 결실이
또 다른 곳에서도 나타났다.

그 교회를 다니던 청년들 50명이 모두 그때, 목회자로 부르심을 받아 헌신했으며
우스터 지역의 부흥으로 말미암아 머레이의 아들 A. Murray, Jr.이
세계적인 목회자요, 영성 집필가로 그때 부르심을 받았다.

웨슬리 듀웰 《세계를 뒤바꾼 부흥의 불길》

그제야 내가 어릴 적 영향을 받은 앤드류 머레이가 그 아들이라는 걸 알았다.
앤드류 머레이는 '19세기 남아프리카의 성자'로 불린 위대한 신앙인이다.
지금은 화려한 영성작가들의 책에 가리어 그다지 읽히지 않지만
《겸손》,《순종》,《예수님의 보혈의 능력》 등 그의 책들은 주님을 닮고자 하는
세계의 수많은 영혼들을 깨우는 성령의 도구로 사용되었다.

어린 양의 보혈이 존중히 여겨지고 높임을 받는 곳이면 어디든지 성령께서 역사하시고
성령께서 역사하실 때는 언제든지 영혼들을 어린 양의 보혈로 인도하신다.

앤드류 머레이 《예수님의 보혈의 능력 The Power of the Blood》

19세기에 스펄전, 윌버포스 등이 자유주의와 고등비평에 대항할 때
앤드류 머레이는 오직 그리스도의 십자가를 지향하는
'겸손의 영성靈性'으로 투쟁했다.
그 흑암의 시대에 머레이가 끼친 선한 영향은 실로 지대하다.
"우리 하나님의 전략과 섭리는 이토록 아름다운 것이다!"
아이처럼 "하나님 만세!"라도 수백 번 외치고 싶은 충동이 일었다.
작은 하녀와 겸손한 목회자를 통한 부흥이
이 위대한 영적 인물을 키워낸 것이다.
"부흥은 위대한 하나님의 사람들을 배출하는 통로다."
그런 깨달음이 다가왔다. 머레이뿐 아니라 그동안 일어난 부흥을 통해
수많은 하나님의 사람들이 배출되고 자라났으며 열매를 맺었다.

1859년 미국과 영국에서 일어난 부흥으로 말미암아 생긴 부산물 중 하나는
사람들이 선교에 대한 새로운 관심을 갖게 되었다는 것이다.
기존의 선교단체들이 활기를 띠게 되었고
허드슨 테일러의 '중국내지선교회' CIM 같은 새로운 선교 단체들이 무수히 생겨났다.

웨슬리 듀웰《세계를 뒤바꾼 부흥의 불길》

아일랜드의 시골에서 청년들의 기도를 통해
저 남아프리카에서 흑인 하녀를 통해 시작된 1859년의 부흥은
수많은 이들을 전 세계 땅 끝을 향해 나아가게 했다.
하나님은 그들이 뿌린 씨앗들을
20세기 초의 부흥에서 놀랍게 거두신 것이다.
'하나님나라를 잉태한 겨자씨들이 뿌려지는 텃밭', 그것이 부흥의 역사다.
그 텃밭은 하나님나라를 바라는 겸손한 이들을 통해,

그들의 기도와 섬김과 보이지 않는 곳에서 드리는 헌신을 통해
부흥은 이루어진다. 이것은 오늘날도 여전하다.
부흥에는 그렇게 측량 못할 하나님의 전략이 깃들어 있다.

형제여, 신앙이라는 미명 아래 모든 것이
우리의 혈과 육의 힘으로 이뤄지고 있지 않았는가?
하나님을 찾고 부른 것은 내 육신의 행복을 위함은 아니었던가?
무의식중에 그러나 실제로 그대 영혼이 기뻐한 것은 역시 그대 자신과
그대의 인위적인 거룩을 두고서가 아니었던가? 절대적인 겸손, 즉
자기를 전적으로 버렸던 '그리스도의 겸손'을 우리의 겸손으로 가지는 것만이
우리가 원하는 정결한 삶의 본질이라는 것을
우리는 아직도 알지 못하고 있지는 않는가?

앤드류 머레이 《겸손》

오랜만에 그의 글을 다시 읽으며 마음이 비워지는 것을 느꼈다.
부흥과 회복, 경배와 찬양, 하나님나라를 향하는
여러 구호나 방법들은 많지만
진정 그리스도의 '겸손'은 이제 만나기 어렵다.
아니 그 열광 속에서 그리스도를 만나기란 힘들다.
나 또한 그 혐의에서 자유하는 영적 알리바이를 가지지 못한다.
성령님은 자기를 비우고 주님처럼 종이 되는 겸손의 텃밭에 임하신다.
그것이 이 예기치 않은 1859년의 부흥을 통해서 깨달은 의미다.

하늘의 초대장

"토레이 박사가 웨일즈에 와서 어떤 메시지를 전했을까?"
그 의문이 뜬금없이 다시 살아났다.
지독한 독감과 함께 그 의문에 사로잡혀 있다가 전혀 예기치 않게
1859년의 부흥 속으로 여행을 떠나왔다.
"이제 슬슬 원점으로 돌아가야 하는 것인가?"
진짜 여행을 떠나온 나그네처럼 나는 출발지를 돌아보았다.
며칠 동안 1859년의 부흥을 통해 많은 것을 깨달았다.
"어쩌면 토레이에 대한 의문은
그것을 깨닫게 하시려는 몽학선생蒙學先生인지도 모른다."
1859년 부흥에 내가 이렇게 깊이 들어갈 줄은 생각지도 못했다.
아니 그 부흥에 대한 인식조차 없었다. 〈부흥의 여정〉이라 이름 붙인
이 탐구는 전혀 처음 구상한 대로 가고 있지 않았다.
지금쯤이면 종착지를 바라봐야 하는데 갈 길이 요원遙遠하기만 했다.
"이제 어디로 가야 하나요? 토레이 박사의 그 의문으로
다시 돌아가야 하나요? 아니면 1859년 부흥에 더 가야 할 길이 남았나요?"
나는 갈림길에 서서 정처 없이 방황하고 있었다.
"그러나 내 뜻대로 마옵시고 아버지의 뜻대로 하소서."
주님의 겟세마네 기도를 슬쩍 흉내 내며 집을 나섰다.

습관처럼 버스 안에서 책을 읽으려고 가방을 뒤졌다.
그때 며칠 동안 보이지 않던 《부흥운동 이야기》라는 책이
가방 한구석에서 나왔다.
"그동안 찾아도 보이지 않더니 여기에 숨어 있었구나."
토레이 박사가 1904년 부흥 직전에 웨일즈에 왔다는 것을 알게 해준
그 책이다. 그 후에 다른 것에 몰두하느라 이 책을 잊었었다.
나는 무심히 아무데나 펼쳤다.
그런데 그 페이지의 제목이 눈에 확 들어왔다.
"1858년부터 1862년의 각성운동."
'여기에도 1859년의 부흥 이야기가 나오지 않을까?'
약간은 설렘으로 급히 그 내용을 읽기 시작했다.
처음엔 어떤 부흥을 말하는지 정확히 알 수 없었다. 그 당시 부흥에 대한
자료들을 한데 모아놓은 듯한 모호한 번역에 인내심을 가지고 읽어야 했다.
그런데 뜻밖에도 이것은 '1859년 부흥'의 기원을 기록한 것이었다.
"그 부흥에 대해 무언가를 더 깨닫게 하시려는 것일까?"
나는 다시 가슴이 두근거리기 시작했다.

북아일랜드 얼스터Ulster는 당시 영적으로 회복될 가망성이 거의 없는
곳이었다고 한다. 그 근방의 앤트림 시, 남부에 있는 코너와 켈스라는
두 시골 마을도 형식적인 장로교인들이 사는 냉랭한 지역이었다.
코너와 켈스는 맥퀼컨과 친구들이 기도회를 시작한 시골마을이다.
그런데 이 이야기는 그들에 대한 것은 없고, 영적으로 척박한 그 곳에서
사역한 존 무어J. Moore라는 무명의 목회자에 대해 기록하고 있었다.
그러나 이 글을 성령께서 읽게 하셨다는 느낌이 점점 더 강하게 들었다.

부흥을 구하는 무어 목사의 진지한 노력에도 열매는 나타나지 않았다.
그가 인도하는 기도회에는 몇 명만 남았다.
그때 미국에서 부흥이 일어났다는 소식이 들렸다. 무어는 그것을 전하며
부흥이 필요하다고 강조했다. 그러나 여전히 큰 변화는 없었다.
1857년이 저물어갈 즈음, 몇 명의 청년들이 켈스에서 기도회를 시작했다.
그런데 그것이 주는 의미가 있다.
그것이 그 부흥의 실질적인 기원이기 때문이다.
1856년 여름, 앤트림을 방문했던 한 영국 여인이 사고로 어린 딸을 잃었다.
그 소녀는 죽은 그 장소에 묻혔다. 슬픔을 달래려고
딸의 무덤을 다시 찾은 여인에게 하나님은 영생에 대한 강한 소망을 주셨다.
감격을 느낀 여인은 딸의 죽음을 의미 있게 하기 위해 척박한 앤트림 땅에
한 여성 전도자를 후원해 선교사로 보냈다.
단 한 명이라도 자기처럼 영생의 기쁨을 누리기를 원한 것이다.
이 여성 전도자는 소망을 품고 속히 한 영혼을 보내주시기를 구하며 전도를 다녔다.
그러나 그 소망이 응답되기까지는 무려 7개월이 걸렸다.
어느 날 한 여성의 집을 방문했는데 그녀는 거칠게 전도자를 내쫓았다.
전도자는 "나는 당신이 그리스도를 모르는 것이 매우 두렵습니다"라고
말했다. 그때, 지나던 한 청년이 우연히 그 말을 듣게 되었다.
그는 그것이 자기의 영적 상태를 표현한 것이라고 느꼈다.
순간 소름 돋는 전율을 느꼈다. 이 청년이 맥퀼컨인 것이다.

맥퀼컨과 그의 믿음의 동지들이 모여 기도한 곳

그 후 청년은 진정으로 그리스도를 영접했다.
그리고 코너의 한 공장에 다니며 무어 목사의 기도회에 참석했다.
그리고 영적 갈급함을 느끼고, 친구들 서너 명과 기도모임을 만들어
성령의 임재를 구했다. 그 모임이 후에 1859년 얼스터 부흥의 기원이다.

헨리 존슨H. Johnson 《부흥운동 이야기》

"이건 정말 놀라운 일이다!
1859년 부흥의 진정한 기원이 이름 없는 한 소녀였다니…"
심한 방망이질을 당한 듯 가슴이 쿵쿵 울렸다.
전혀 알지 못했던 부흥의 뿌리를 성령께서 보여주신 것이라 확신했다.
"한 소녀의 죽음을 통해 하나님이 그렇게 부흥을 키우셨구나!"
이 아름다운 하나님의 역사 앞에서 나는 형언할 수 없는 감동을 느꼈다.
"부흥을 다루는 그 어떤 책에도 이 이야기는 없었다.
그러나 성령님은 다 알고 계셨다."
그 진정한 본질과 역사의 씨앗을 그분은 나누고 싶어 하신 것이다.
나는 조지 뮬러의 기록을 통해서 맥퀼컨에 대해 알게 되었다. 그러나
그가 회심하고 기도회를 시작하게 된 동기가 이 어린 소녀의 죽음이라니.
"무엇을 깨닫게 하심입니까?
아무도 몰랐던 이 부흥의 시작점을 보여주심은…"
마음을 주체하지 못하고 버스에서 내려 길을 걸으며 기도하기 시작했다.

〈부흥의 여정〉이라는 다큐멘터리의 주제가
바로 이런 무명無名의 '밀알'들, '부흥의 씨앗'이라는 것이다.
그 작업에서도 역시 내가 알지 못하는 무수한 밀알들을 소개해주셨다.
세상이 잘 모르는 작은 충성과 밀알들이 결국 부흥을 이루어낸 것이다.

> 예수께서 대답하여 가라사대 인자의 영광을 얻을 때가 왔도다
> 내가 진실로 진실로 너희에게 이르노니
> 한 알의 밀이 땅에 떨어져 죽지 아니하면 한 알 그대로 있고
> 죽으면 많은 열매를 맺느니라 요한복음 12:23,24

주께서 가신 길, 그 십자가와 보혈의 영광의 길.
결국 그것을 닮는 십자가의 헌신이 부흥의 길이다.
"하나님나라는 얼마나 가슴 벅차고 아름다운가?"
안타까운 한 소녀의 죽음을 헛되이 하지 않으시고 그렇게 위로하신 것이다.
그토록 거대한 영적 회복과 기업으로 열매 맺게 하신 것이다.
이 감추어진 본질을 아는 이는 거의 없으리라. 두려움이 느껴졌다.
하나님은 그렇게 다 알고 계시는 것이다.

갑자기 어떤 독특한 상황에 이끌려 서점에 갔다.
마틴 로이드 존스의 《부흥Revival》이라는 책이 눈에 들어왔다.
나는 그 책을 가지고 있고 또 이미 읽었다고 늘 생각했다.
그래서 부흥에 대한 다른 책들을 사면서도 이 책만은 손을 대지 않았다.
그런데 갑자기 이 책을 보지 않았다는 생각이 들었고
무심히 책을 꺼내어 서문을 읽었다.
"이럴 수가!"

나는 서점 한구석에 서서 나도 모르는 탄식을 터뜨렸다.
"지금까지 이 책을 읽지 않았구나!"
그것은 마틴 로이드 존스가
'1859년 부흥 100주년'을 기념해 설교한 것이었다.
정말 상상조차 하지 못했던 것이다.
"정말 더 깨닫게 해달라는 나의 기도에 응답하신 것일까?"
나는 다급한 마음으로 책을 사서 읽기 시작했다.

부흥의 역사는 이 점을 명백히 밝혀줍니다.
하나님께서는 때로 아주 이례적인 방식으로 행동하시고 오히려 어떤 경우엔
매우 비천하고 교회 내에 별로 중요하지 않은 지체들이라 생각되는
사람들을 통해서 그런 행동성령의 역사들을 하십니다.

마틴 로이드 존스 《부흥》

첫 장을 읽자마자 이런 내용이 나왔다. 조금 전 깨달은 그 내용을
더욱 확증하는 것이다. 나는 떨리는 감격으로 계속 읽어 나갔다.

교회의 모든 지체들은 저마다 책임과 기능이 있고,
가장 중대한 의미에서 서로 연관되어 있습니다.
고린도전서 12장에서 바울은 보잘것없어 보이는 지체들이
대단해 보이는 지체들과 동등하게 중요하다고 말합니다.
그러므로 오늘날 우리 각자는 가장 절실한 긴박감을 가지고
이 문제를 다루어야 한다고 생각합니다.

"가장 보잘것없는 지체들이 중요하다,
부흥의 역사에서 이것을 절실한 긴박감으로 다루어야 한다."
작은 지체들은 스스로 나약함에 빠지지 말고 하나님나라의 역사에서
자신의 위치가 얼마나 중요한지 인식해야 한다는 것이다.
"이것을 깨닫게 하시려고 그 소녀에 대한 기록을 소개해주신 것인가?"
사실 하나님나라에 대한 갈망은 특정한 소수의 전유물처럼 되어 있다.
대부분 작은 지체들은 그저 바라보고
자신의 이야기가 아닌 양 관망觀望만 하는 것이다.
"하나님나라는 지극히 작은 자들을 통해 이루어져 왔다.
스스로 그 나라에서 얼마나 중요하고 귀한 위치에 있는지 알아야 한다.
만일 성령께서 너희 삶에 임하시면
작고 연약한 너희가 곧 하나님나라의 지체요, 주역들이다!"
이것은 참으로 감격적인 깨달음이었다.
나를 포함해서 교회의 연약해 보이는 작은 지체들을
하늘 역사의 동역자로 부르시는 성령님의 초대장이었다.

급하고 강한 바람처럼

토레이 코드 / 그분과의 대면 / 하늘바람의 전파 / 부흥의 영의 강타

토레이 코드

"1904년 2월, 이반 로버츠의 부흥이 일어나기 전에
토레이 박사는 전 세계를 돌며 어떤 메시지를 전했을까?"
집요하게도 이 의문이 다시 살아났다.
1859년의 부흥에 대해 깨닫고 나자 신기하게도 괴롭히던 독감이 사라지고
그렇게 찾아도 나타나지 않던 토레이에 대한 자료가
갑자기 나타나기 시작했다. 마치 기다렸다는 듯이.

시카고 무디성경학교 교장이던 토레이는 1904년,
찬양가수 알렉산더와 함께한 전 세계 지역의 전도여행을 통하여
여러 곳에 있는 복음주의적 기독교인들에게
'성령의 연속적인 사역' 성령세례에 대한 메시지를 전했고, 그래서
후기 오순절운동을 위한 '세례 요한' 과 같은 인물로서 그 역할을 다했다.

_{프레드릭 브룬너F. D. Brunner 《성령신학A Theology of the Holy Spirit》}

나는 적잖이 놀랐다.
"그동안 내가 생각해온 것이 엉뚱한 것이 아니었구나."
브룬너는 토레이 박사가 20세기 오순절운동 전초 역사에 걸쳐서
가장 영향력 있는 인물이라고 강조했다.

이 새로운 발견에 나는 다시 들뜨기 시작했다.

그 오순절운동들에 영향을 준 웨슬리와 피니와는 달리, 그 운동에 대한
토레이의 결정적인 영향은 성령세례에 대한 것이었다.
가장 성경적이며 교리적으로 올바른 성령세례에 대한 강조점을
처음 제공한 사람이 토레이다.

프레드릭 브루너 《성령신학》

"토레이가 20세기 초 주님의 부르심으로 전 세계에 부흥이 일어나길
열망하면서 전했던 것이 바로 '성령세례'였구나!"
그때 그것이 불쑥 깨달아졌다.
"20세기 초 하나님께서 토레이 박사를 부르셔서 세계를 돌며 전하게 하신
그 메시지가 무얼까?" 그동안 그것을 고민했던 것이다.
"그것을 알면 오늘 21세기 초, 우리 시대의 부흥을 예비하는
중요한 메시지를 알게 될 것이다."
조금 막연하지만 그 생각이 나를 지배하고 있었다.

> 내게 들은 바 아버지의 약속하신 것을 기다리라 요한은 물로
> 세례를 베풀었으나 너희는 몇 날이 못 되어
> 성령으로 세례를 받으리라 사도행전 1:4,5

성령세례는 '아버지가 약속하신 것'이었다.
그것은 연약하던 제자들이 주님이 가신 후 그 사역을 이어받아
하나님나라를 이루어 가기 위해 꼭 필요한 것이었다.

> 오직 성령이 너희에게 임하시면 너희가 권능權能을 받고
> 예루살렘과 온 유다와 사마리아와 땅 끝까지 이르러
> 내 증인이 되리라 사도행전 1:8

예일대와 독일에서 신학을 공부한 토레이지만 정작 사역에서는
결실을 이루지 못하고 절망에 빠졌다.
그가 자신의 영적 무기력을 고민하며 성경을 깊이 연구할 때
주님은 그에게 이 성령세례에 대하여 깨닫게 하셨다.
놀라운 것은 그와 동시대인 1900년대 초 하디 선교사 역시
조선 땅에서 영적 결실이 없는 삶을 안타까워하다가
동일하게 그것을 깨달았다는 사실이다.

> 힘으로 되지 아니하며 능能으로 되지 아니하고
> 오직 나의 신神으로 되느니라 스가랴서 4:6

성령의 능력을 깨닫고 변화된 하디에 의해 부흥의 불이 타올랐다.
토레이 또한 이 성령세례를 간구한 끝에 능력이 임했고
그의 사역은 놀라운 결실을 맺게 되었다.
"그 시대 하나님께서 이것을 깨닫기를 바라셨구나."
그런 하늘의 마음이 만져졌다.
부흥Revival이란 '다시 능력을 회복하는 것'이다.
처음 예수를 믿을 때 인印 치시는 성령의 내주하심이 아니라
다시 능력을 회복하고 강한 군사로 살기 위해 임하시는 능력인 것이다.
토레이 박사는 "하나님나라를 위한 섬김과 그리스도의 종으로서
봉사의 사명을 감당하기 위해서는 반드시

성령세례를 받아야 한다"라고 깨달았다.
이 깨달음은 토레이에 의해 정립되어
20세기 초 세계의 가장 중요한 부흥에 큰 영향을 끼쳤다.
순간 어떤 그림이 눈앞에 펼쳐졌다.
그것은 세계적인 부흥을 앞두고 하나님께서 토레이 박사를 사용하셔서
사람들에게 '성령의 능력에 대한 인식認識'을 고쳐시키는 것이다.
성령님이 우리 삶과 교회에 강력히 임하는 것이 부흥이기 때문이다.
토레이는 이렇게 말했다.

우리는 지금 교회사의 가장 위대한 문지방을 건너왔습니다.
곧 세계 역사상 가장 위대한 부흥 가운데 하나를 보게 될 것이라 믿습니다.
예전의 부흥은 다소 한정된 것이었습니다.
그러나 우편, 전보, 신문 등 모든 현대의 통신 수단과 문명의 이기를 가진
지금은 전 세계적인 부흥이 될 것입니다.

헨리 존슨 《부흥운동 이야기》

"역시 토레이는 대단한 사람이구나."
내가 놀란 것은 토레이가 이미 성령을 통해
앞으로 세계에 일어날 부흥에 대해 감지感知하고 있었다는 것과
그 시대 새로운 문명의 이기利器가 '성령의 도구'로 사용될 것이라는 통찰이다.
20세기 초에 급속히 발달한 교통과 통신 수단은
신속히 부흥의 소식을 다른 곳에 전하는 도구가 되었다.
1901년, 세계의 부흥을 위해 기도하다가 갑자기 부르심을 받은
토레이는 20세기 초 훨씬 빨라진 배를 타고 세계를 누볐으며,
그곳에서 나타난 성령의 임재를 다른 지역에 신속히 알려

그들이 성령을 갈망하도록 했다.
"토레이는 20세기 초의 부흥을 위한 하나님의 예비요, 세례 요한이다!"
나는 하늘의 작전을 발견하고 혼자 들떠서 외쳤다.

또 그는 전도여행을 떠나기 전에 자신의 사역과 세계에
부흥이 임하도록 기도해달라는 기도편지를 5천 명에게 보냈다고 한다.
우편의 발달은 이 편지를 전 세계에 보냈고,
그로 인해 부흥을 위해 기도하는 수많은 모임이 전 세계에 걸쳐서 결성되었는데,
그 기도자의 수는 무려 30만 명에 달했다고 한다.
나는 벌어진 입을 다물지 못했다.
"토레이는 과연 대단한 인물이구나! 하나님나라를 위한 그 열정은
내가 따라가기 힘들 정도로…."
나의 열심과 추구는 너무나 형편없는 것처럼 느껴져서 부끄러웠다.

이 기도편지를 쓰는 일이 나의 생애에 가장 힘든 일 중 하나였다.

후에 그는 이렇게 고백했다. 진정 자신의 사역을 알리기 위한 열심이 아니다.
5천 통의 기도편지를 일일이 쓴다는 것은
하나님나라를 꿈꾸는 뜨거운 중심이 있기에 가능한 일이다.
세계적으로 유명한 무디성경학교의 교장이요, 신학자인 그가
하나님나라의 부흥을 위해 기도해달라며
5천 통의 편지를 일일이 개인에게 쓴 것이다.
"하나님의 나라와 부흥이 일어날 수만 있다면…."
이것이 토레이의 중심이었다. 하나님은 그런 겸손하고 진실한
토레이를 통해 그렇게 다가올 부흥을 준비하신 것이다.

이것이 '토레이 코드code'다.

이런 토레이의 사역이 부흥을 연구한 서적들에는 거의 나오지 않는 것이 이상했다.
도대체 왜일까? 20세기 초의 부흥에 토레이가 미친 영향은 지대한데….
이것은 나만의 생각일까? 고민이 되었다.
라마바이가 토레이를 통해 부흥이 일어난 호주에 딸을 보내어
인도의 부흥을 위해 기도해달라고 요청한 것은
그 시대 토레이가 끼친 영향력이 얼마나 컸는지를 증명하는 것이다.
그의 성령에 대한 메시지와 책들은 20세기 초, 강력한 성령의 임재를 위해
토양을 가꾸는 도구로 사용되었다. 특히 세계 구석구석에 나가 있는
선교사들에게 그의 성령에 대한 신학은 매우 큰 영향을 끼쳤는데,
1907년 평양 대부흥에도 영향을 주었다는 근거를 찾아냈다.

1902년 12월 31일부터 1월 13일까지 열린 평양 장로교 겨울 사경회,
특히 기도회 주간 동안과 그 후에 열린 저녁 집회는 대단히 유익하고 성공적이었다.
610명이 등록한 가운데 열린 이 겨울 사경회 동안에
성령론은 매우 중요하게 다루어진 과목이었다.

박용규 《평양 대부흥운동》

평양신학교의 교재로 사용되던 《성령론》의 저자인
가옥명賈玉銘 선교사도 이렇게 쓰고 있다.

성령세례 받은 핵심은 성령의 열매와 함께 봉사의 능력에 두고 있음을 확인할 수 있다.

이것은 정확히 토레이가 주장한 '성령세례'다.
토레이는 성령세례가 단순한

영적 체험이나 은사주의가 아니라고 주장한다.
그것을 주시는 가장 본질적인 이유는 자신을 철저히 비움으로
그리스도의 종이 되어 하나님나라를 섬기기 위함이다.
성령의 능력만이 진정으로 그 삶을 가능케 한다.
성령이 오시면 하나님의 마음과 그 나라가 느껴진다.
메마른 우리 영혼이 꿈틀거린다.
레이놀즈 선교사가 감수한 《성령론》은 당시 선교사들이
토레이 박사의 성령세례를 매우 중요하게 받아들였음을 입증했다.
성령에 대한 토레이의 메시지는 전 세계 선교사들과 신앙인들에게
영향을 끼쳤고 그들로 하여금 성령을 갈망하도록 만들었다.
그것이 20세기 초 한국의 부흥에도 기여했음은 자명하다.

사실 한국에 온 초기 선교사들 가운데 상당수는 신학 교육을 받지 않은
성경학교 출신이었다. 그중 가장 많은 선교사를 배출한 학원은 무디성경학교였다.

박명수 《한국교회 부흥운동 연구》

놀라운 사실이 아닌가! 그 무디성경학교 교장이 바로 토레이였다.
한국에 온 많은 선교사들은
무디를 통한 부흥운동, 학생자원운동의 결실들이다.
무디의 체험적 영성을 계승하고 완성한 토레이의 성령에 대한 신학은
한국에 온 선교사들에게 뿌려져 평양 대부흥에도 영향을 끼친 것이다.
교회사상 가장 강력한 부흥 중 하나로 평가되는
평양 대부흥을 세심히 살펴보면 독특한 현상들이 나온다.

적지 않은 한국인들과 상당수의 선교사들이 새롭게 하시는 성령의 세례를 받았다.
하디 〈동해 연안의 전도사역, 1907년 7월〉

하디는 이 성령세례로 그 지역의 예배당들이 안에만 아니라 바깥뜰까지
가득 차는 부흥이 일어났다고 기록했다.

함흥에서 있었던 부흥 집회에서 놀라운 성령의 역사가 나타났고 그곳에 참석하여
성령세례를 간구한 한 한국 여인이 전에는 결코 알지 못했던
능력의 참비밀을 알고 하나님께 완전히 굴복하였다.
매컬리 〈부흥의 열매들Fruits of the Revival 1907. 7.〉

매컬리는 토레이처럼 성령의 임재를 갈망한 여성 선교사다.
그녀의 집회에 참석한 이 여인은 성령세례를 받은 후 1년 동안 426권의
복음서를 팔았고 3천 명 이상의 사람들에게 복음을 전했다고 한다.
그런 변화와 역사들이 평양 대부흥의 기록을 채우고 있다.
이것이 토레이가 말하는, 아니 성경이 말하는
성령세례 받은 이가 나타내는 능력의 삶이다.
"부흥이란 개인이 성령의 기름부으심을 입는 것이다.
그것이 확산되어 교회와 시대가 그 능력을 덧입는 것이다."
나는 그렇게 깨달았다.
그것이 가능하기 위해서 무엇보다 성령의 임재를 갈망해야 한다.
하나님은 토레이 박사를 통해 그 열망을 온 세상에 심으신 것이다.
"그렇다면 오늘 이 시대에도 그것을 나누어야 한다.
성령의 역사가 아니고는 진정한 회복과 변화는 없다.
그것을 열망하고 구해야 함을 전해야 한다."

1907년 평양 대부흥은 그야말로
민족의 교회가 성령세례를 받았다는 기록이다.
연약하고 남루한 영혼들, 특히 가부장적 구조 속에 무시당하던 여인들, 천민들,
심지어 백정들까지 이 성령세례를 받고 놀라운 열매를 맺었다는 기록이 많다.
성령이 오시면 그런 변화가 일어난다.
그것을 기록한 선교사들은 일상적으로 '성령세례'라는 표현을 쓰고 있는데
그 표현은 토레이에 의해서 그 당시 나누어진 것이다.
그만큼 토레이는 그 시대 부흥에 큰 영향을 끼쳤다.

"이런 대단한 부흥이 왜 그렇게 평가되지 못한 것일까?"
토레이는 1904년 10월, 웨일즈에서
이반 로버츠를 통해 부흥이 일어난 그때도 영국을 돌며 집회를 했다.
그 집회를 통해 엄청난 회심回心이 영국 땅 전역에서 일어났다.
그는 이반 로버츠에게 편지를 보내어 그를 격려하고,
성령의 능력 안에서 강건하기를 기도해주었다고 한다.
그동안 1904년 웨일즈 부흥이 전 세계에 영향을 끼친 것이라고 알았다.
그것은 부인할 수 없는 사실이다. 그러나 그 이면에는
토레이라는 도구를 통한 하나님의 역사가 있었다.
엄청난 열매와 영향에도 불구하고
그의 부흥은 그다지 알려지지도 평가되지도 않았다.
나는 다시 토레이 코드에 사로잡혀 깊은 고민을 하기 시작했다.

고민이 깊어질수록 마음이 답답해지기 시작했다.
'어쩌면 성령에 대한 무지, 그 자각에서 시작된 이 작업도
성령님을 나누고 전하라고 부르신 여정인지도 모른다.'

그런 생각이 들었지만 정작 나 자신도
성령에 대한 깊은 이해를 가지고 있지 않았기 때문이다.
성령님을 나누고 싶지만 여전히 나는 그분을 잘 알지 못했다.
갑자기 그 마음이 들자 가슴이 철렁하고 공허해졌다.
그것은 예상 못한 일이다. 부흥과 성령에 대한 글을 써왔지만
그 본질인 성령님을 알지 못하고 있었던 것이다.
"성령님에 대한 깨달음을 주세요. 부끄럽지만
제가 그것을 나눌 수 있도록 가르쳐주세요."
그렇게 기도하며 겨울비 나리는 오후에 무작정 서점을 찾았다.
한참 여러 곳을 뒤지다가 한구석에서 토레이 박사의 《성령론》을 만났다.
그 책은 너무 작아서 눈에 띄지 않는 소책자이기도 했지만
다른 곳에서는 아예 구할 수도 없는 책이었다.
"그렇게 성령님을 구하지만 여전히 그분은 무시되고 있다."
토레이에 대한 지독한 궁금증을 가지고 있던 나 또한
그의 책조차 읽지 않은 것이다.
겨울비가 추적거리며 내리던 밤, 집에 오자마자
무엇에 이끌리듯 나는 그 책을 읽기 시작했다.
첫 페이지 몇 문장을 읽기도 전에 내 영혼이 흔들리기 시작했다.

그분과의 대면

우리가 성령과의 관계와 성령께서 우리 마음속에 행하시는 역사를 알려면
성령이 한 인격자이시라는 것을 확실히 알아야 한다.
세상에는 성령에 대해 오해하고 그릇된 생각을 가진 사람이 많다.
그래서 공연한 열정과 열심을 내서 광신적狂信的인 상태에 빠지게 된다.
이와 같이 되는 중요한 원인은 성령을 한 인격자로 인식하지 않고
그 역사하심만 알려고 하기 때문이다.

R. A. 토레이 《성령론》

이 책의 첫 페이지에서 이런 글을 만났다.
성령이 '인격적인 분'이시라는 것은 이미 알고 있는 사실이다.
그런데 그 내용을 읽었을 뿐이었는데 갑자기 영혼이 흔들리는 것을 느꼈다.
가슴이 두근거리고 몸을 어떻게 해야 할지 몰랐다.
"내가 왜 이러지? 다 알고 있는 내용일 뿐인데…."
정말이지 이상한 일이었다.
나는 큰 호흡으로 마음을 가다듬고 다시 읽기 시작했다.

성부이신 하나님과 성자이신 하나님을 알면서도
성령이신 하나님을 모른다면 기독교적인 신관을 확실히 갖지 못한 사람이며

기독교인으로서 충분한 체험을 얻지 못한 신자라 하지 않을 수 없다.

다시 영혼이 후두둑 흔들렸다.
'아, 이건 내 얘기다. 성령 하나님을 알지 못하는 나를 말하는 것이다.'
갑자기 그런 생각이 들면서 기운이 쑥 빠졌다.
심장 박동이 빨라지고 몸을 어디에 두어야 할지 허둥대기 시작했다.
평소 같으면 대강 이해하고 무심히 넘어갈 대목이다.
그런데 정말 내가 성령님을 하나님으로 알지 못한다는
생각이 나를 흔든 것이다.

성령은 인격자이며 신격자이시고, 또한 실재하시는데 그것을 모르고
다만 비인격적인 감화력이라든지
능력에 지나지 않는다고 생각한다면 이렇게 생각하는 사람이 많다
우리가 마땅히 성령께 드려야 할 예배와 사랑과 믿음과 확신과 순종을
성령에게서 약탈하는 것과 다름이 없는 것이다.
나는 여기서 한 가지 묻고 싶다. "당신은 성령께 예배드리는가?"

마치 토레이 박사가 나에게 직접 질문하는 듯한 착각을 느꼈다.
"성령께 예배를 드리다니! 하나님 아버지와 예수님처럼
그분께도 경배를 드려야 한다는 말인가?"
그것은 생각도 해보지 않은 생소한 말이었다. 더욱 강하게 부딪혀 온 것은
성령을 어떤 감화력感化力이나 모임 가운데 임하는 능력能力으로
잘못 알고 있다는 지적이었다. 솔직히 내가 그렇게 알고 있었던 것이다.
성령을 인격적인 분이라 여기고 늘 기도 가운데 인도해달라고 구했었다.
그러나 그분을 하나님, 예수님과 똑같은 하나님,

예배의 대상인 '인격적 실재'로 생각한 적은 별로 없었던 것 같다.
창 밖에는 오랜만에 겨울비가 내리고 있었다.
이상하게 나는 마음을 주체할 수가 없었다.
"내가 그렇게 성령님을 잘 몰랐구나. 아니 무시하고 있었구나."
평소 같으면 붉은 언더라인을 긋거나 메모를 하는 정도로 넘어갔을 터이다.
그런데 책상에 앉아 있기조차 힘든 이상한 기운이 나를 감쌌다.
2004년 봄, 그때 느꼈던 그 기운과는 다른 느낌이었다.
나는 일어서서 창문을 열어 빗소리를 듣기도 하고
이리저리 돌아다니며 몸을 추스르려고 애썼다.
"정말 나는 아직 성령님을 제대로 모르고 있다.
그분이 하나님과 예수님과 똑같은 존재라니 그런데도 지금까지
그분을 어떤 영적인 기운 정도로 여겼다니…."
성령께 부끄럽고 죄송한 일이지만 내 영혼에 충격으로 다가왔다.

성령을 감화력이나 능력으로 여긴다면
어떻게 하면 성령을 내게로 끌어들여서 더 많이 얻을까, 이용할까 생각할 것이다.
그러나 성령을 한 '인격자'로 생각할 때는
어찌하면 내가 좀 더 성령께 사로잡힐 수 있을까,
그분의 종이 될까 하는 마음이 간절해진다.
성령을 어떤 영적 능력으로 생각한다면
성령을 받았다는 것이 자기 자만이나 자랑이 될 수 있다.
그러나 그분이 하나님 중 한 분으로 살아 계신 실재라면,
우리는 단지 모든 것을 희생하고 겸손해져서
그분의 뜻대로 해달라고 구할 수밖에 없는 것이다.

갑자기 막힌 담을 넘어 거대한 지평地平을 만나는 듯한 기분이었다.
결국 성령세례란 하나님이 내 안에 충만히 거하시는 삶이다.
그러나 많은 사람들이 성령을 어떤 '영적인 기운'으로 생각하고 있다.
그래서 그분이 오셔서, 우리 편이 되셔서, 무언가 바꾸는
영적 에너지로 기능하기를 갈망하는 것이다.
그것은 너무나 당연한 생각이었다. 성령을 받았다고 하는
많은 이들도 마찬가지였다. 그들 가운데
진정한 겸손과 자기 비움과 섬김을 보지 못한 이유를 알 것 같았다.
내가 '부흥'이라는 말을 부정적으로 생각한 것도
오랫동안 성령을 무시하고 그리스도만 추구해온 것 또한
성령에 대한 왜곡된 모습들을 겪어서다. 그 능력에 대한
뜨거운 열정은 있지만 성령님을 진정으로 이해한 것이 아니었던 것이다.

> 이와 같이 성령도 우리 연약함을 도우시나니 우리가 마땅히 빌 바를 알지 못하나
> 오직 성령이 말할 수 없는 탄식으로 우리를 위하여 친히 간구하시느니라 로마서 8:26

눈물이 왈칵 솟았다.
성령님이 인격자이심을 입증하기 위해 인용한 이 말씀을 읽는 순간
억누를 수 없는 어떤 감정이 사무쳐 온 것이다.
"제가 20대 시절, 그 절망의 골짜기에서 갈 바를 몰라 허덕일 때
어찌 살아야 하며 무엇을 구해야 할지 몰라 깊은 한숨으로 방황할 그때도
성령님이 저를 위해 탄식하며 기도해주셨군요."
그제야 그것을 깨달은 것이다.
그리고 이 여정을 처음 시작하게 된 우면산에서의 체험.
성령을 알지 못한 자괴감을 토로하던 그때,

성령께서 나를 찾아오신 것임을 알 수 있었다.
6·25 이후에 이 절망의 민족과 교회를 찾아오신 그 성령의 역사가
사실 나의 이야기이기도 했던 것이다.
"용서해주세요. 성령님을 알지 못했습니다."
내가 의도하지 않은 그 고백은 성령 하나님의 사랑을 깨달은
내 영혼의 고백이었던 것이다. 성령님이 내가 모르는 시간 속에서
나를 위해 기도하셨다는 것을 나는 전혀 알지 못했다.
순간 어떤 노래가 내 속에서 떠올랐다.

마음이 지쳐서 기도할 수 없고 눈물이 빗물처럼 흘러내릴 때
주님은 우리 연약함을 아시고 사랑으로 인도하시네
누군가 날 위하여 누군가 기도하네
내가 홀로 외로워서 마음이 무너질 때 누군가 날 위해 기도하네

이 '누군가'가 내가 알지 못했던, 그러나 나를 위하여 눈물로 간구해주신
그 성령 하나님이셨던 것이다.
주님을 부르기조차 힘겨운 절망의 골짜기에서
깊은 한숨을 토하며 무엇을 구해야 할지 모를 그때도
나를 위해 탄식하신 분이 성령님이시다.
성령님의 부르심으로 겨우 소생해 '그리스도의 풍경'을 만나고 싶어
홀로 뒷골목이며, 지하도의 노숙자들, 아무도 모르는 그 변방에서 촬영하며
울울한 걸음을 옮길 그때에도 나를 지켜보시며 인도해주신 분이
성령님이심을 나는 비로소 깨닫게 되었다.
토레이는 이렇게 말하고 있다.

여러분 중에는 이 성령의 사랑에 대하여 깊이 생각해본 사람이 얼마나 되는지요?
여러분 목회자 중에 이 성령의 사랑에 대해 설교를 해본 사람은 얼마나 되며
그 사랑에 대하여 감사를 드려본 분은 몇이나 되는지요?
우리의 구원은 아버지의 사랑과 아들의 사랑으로
받게 되는 것과 마찬가지로 성령의 사랑을 인하여서도 받게 되는 것이다.
어둠 속에 갇힌 나를, 정녕코 괴로운 처지라도 오셔서 나의 미련함을 깨치시고 이끌어주신
그 사랑, 그 인내가 우리를 구원에 이르게 한 것이다.

'성령의 사랑', 나는 그것을 생각하지도 감사해본 적도 없다.
토레이의 설교는 평범해 보이지만 가히 혁명적인 진리로 나를 깨우쳤다.
100년이라는 시간을 넘어서 한마디 한마디가 다 내게 하는 설교였다.
수십 년을 신앙생활 하고 많은 책과 성경을 탐독했지만 성령의 사랑과
그분의 인격에 대하여 이렇게 견딜 수 없는 충격을 받기는 처음이었다.
내가 알고 있는 것들이 다 허상虛像일 뿐이라는 절망이 엄습했다.
'이 성령님의 사랑을 깨닫게 하시려고 여행을 시작하게 하신 것인가요?
그토록 여러 가지 고민들을 품게 하신 건가요?'
그런 생각 뒤에 아주 명징하고 뜨거운 울림이 따라왔다.
"토레이 박사에 대한 의문과 고민들은 이것을 깨닫게 하시려는 것이다.
무지하고 둔감한 나를 깨우치시려고 그 지난한 여행을 하게 하신 것이다."
이 모든 것이 성령의 사랑으로 이루어진 것이라는 확신이
활화산처럼 뜨겁게 영혼을 흔들었다.
성령께서 나를 새로운 여행으로 그렇게 이끌어가기 시작하셨다.

하늘바람의 전파

문득 토레이가 말하는 성령의 인격성에 대하여
어디선가 읽은 것 같은 느낌이 들었다. 처음 이《부흥의 여정》을 구상할 때
읽었던 여러 책들 가운데 그런 이야기가 나온 것 같았다.
곰곰이 생각한 끝에 이름이 떠올랐다.
"리즈 하월즈, 1904년 웨일즈 부흥에서 다루려고 했었는데."
나는 즉시 책장에서 그 책을 찾기 시작했다.
리즈 하월즈는 1904년 웨일즈 부흥의 시기에 부르심을 입은 사람이다.
그 역시 이반 로버츠처럼 탄광이라는
생의 막장에서 일하던 매우 가난한 청년이었다.
지하 깊은 갱 속에 들어가 석탄을 캐는 일을 하면서 대부흥의 열기를 경험한
리즈는 영적인 갈급함으로 웨일즈 사경회에 참석했다.
사경회의 두 번째 날, 에반 홉킨스 목사가 성령에 대한 설교를 했는데
그 역시 토레이처럼 성령님이 '인격자'라는 사실을 강조했다.
당시 토레이의《성령론》은 웨일즈의 사역자들에게도 널리 퍼져 있었다.
"성령님도 예수님과 똑같이 한 인격이 지니는 모든 속성들을
다 가지고 계신 분입니다. 그분께도 지정의 知情意가 있고, 인격이시므로
이 땅에 오셔서 한 인간 안에서 진정으로 사실 수 있으려면
그 사람이 성령께 자기 몸을 온전히 내어드려야 합니다."

리즈는 이 설교를 듣고 큰 충격을 받았다.
인격을 가지신 분이라는 것도 그렇지만
성령님이 우리 안에 거하시는 분이라는 것을 처음 알았기 때문이다.

사실 교회는 이 땅에서 33년 동안 살고 가신 예수님에 대해서는 많이 알고 있지만,
2천 년 동안이나 우리와 함께 계신 성령님에 대해서는 그만큼 알지 못한다.
나는 성령을 모임 중에 임하시는 어떤 영향력인 줄로만 알았고,
대부흥을 겪었던 대부분의 사람들도 마찬가지였다.
그리스도께서 몸을 입으시고 이 땅에서 사셨던 것처럼
성령님도 우리 몸을 입으시고 이 땅에 사시는 분이라는 사실은 꿈에도 몰랐다.

노만 그러브N. P. Grubb 《탁월한 중보기도의 사람 리즈 하월즈》

《부흥의 여정》이란 주제로 이 글을 구상하면서
웨일즈 부흥에서 리즈 하월즈를 깊이 있게 다루려고 생각했었다.
그것은 이반 로버츠의 강력한 부흥과 대비된 중보기도의 역사였다.
나는 거기서 하나님 역사의 깊이를 느꼈다.
겉으로 드러난 강력한 역사 이면에 지극히 작은 영혼들을 찾아가
상처를 치유하고 동거하는 중보中保의 사역이
리즈 하월즈를 통해 나타난 것이다.
그러나 처음 구상한 대로 글이 씌어지지 않았다.
예상치 않은 1859년의 부흥에 오래 사로잡히면서 방향이 바뀌어
리즈 하월즈는 포기하려 했던 것이다.
"그런데 포기한 그를 이렇게 절묘하게 다시 만나다니,
성령님의 역사란 이토록 측량하기 어려운 것이구나."
만일 토레이 박사를 통해 이 과정을 거치지 못했더라면

리즈 하월즈가 깨달은 성령에 대한 글이
영혼을 흔들기까지 다가오지 않았을 것이다.

나는 그분이 혈血과 육肉만 없으시지 하나의 온전한 인격이라는 사실을 알게 되었다.
성령은 나에게 이렇게 말씀하셨다.
"그리스도가 몸 안에 거하셨던 것처럼 나 역시 신자들의 깨끗케 된 몸 안에 거한다.
나는 인격이다. 나는 하나님이다.
나는 네 몸을 나의 거처 삼아 그것을 통해 일하기 위해 왔다.
내게는 나의 성전이 되어 줄 몸이 필요하다."
리즈 하월즈

"나에게는 나의 성전聖殿되어 줄 몸이 필요하다."
이 말은 마치 성령께서 나에게 직접 하시는 듯 충격으로 다가왔다.
그것은 또한 성령님의 애타는 갈망처럼 만져졌다.

> 너희가 하나님의 성전인 것과 하나님의 성령이
> 너희 안에 거하시는 것을 알지 못하느뇨 고린도전서 3:16

"성령 하나님이 내 안에 그렇게 거하시기를 원하셨구나.
내 몸을 거처로 삼아 하나님나라의 일들을 하고 싶어 하셨구나."
그 생각이 들자 다시 눈물이 고였다.
본래 잘 울지 않는 나다. 눈물이 나와도 이를 악물고 참아내는 내가
이렇게 바보같이 울보가 되어 가고 있었다.
내 안에 계시기를 그토록 원하시고,
누추한 나와 더불어 하나님나라를 이루어 가고 싶어 하시는

성령님을 생각하니 견딜 수가 없었다.
토레이를 통해 전해주시려는 것이 바로
이 성령님의 '마음'이라는 것을 이제야 알게 되었다.

리즈 하월즈는 모임에서 나와 들판으로 나갔다.
마음속의 여러 갈등이 커다란 부르짖음이 되어 터져 나왔다.
그 이유를 그는 이렇게 말했다.
"나는 감옥에 갇힌 죄수와 마찬가지로 사형선고를 받은 몸이었다.
지난 26년 동안 내 몸을 주장해온 것은 나였다. 이제 와서 포기할 수 있을까?"
나는 지불할 값이 두려웠다. 며칠 동안 울었고 몸무게가 3킬로그램이나 빠졌다.
성령께서 제시하신 것이 무엇인지를 분명하게 알고 있었기 때문이다.
나는 오직 성령만이 내 안에서 예수님과 같은 삶을 사실 수 있다는 것을 알고 있었다.

노만 그러브 《탁월한 중보기도의 사람 리즈 하월즈》

리즈는 5일 동안 그 문제로 고민하며 성령께 기도했다.
성령님은 자아로 가득 찬 그의 본성을 다루셨다.
이미 그는 주님을 영접함으로 죄를 용서받았다.
성령께서 다루시는 것은 '죄'가 아니라
타락이 빚어낸 산물인 그의 '자아'였다.

성령이 원하시는 것은 피상적인 굴복이 아니었다. 성령은 내가 동의하기 전에 아무것도
취하실 수가 없었다. 마침내 내가 그분이 내 안에 오시기를 동의하는 순간, '불사름'
사건이 일어났다. 이제 나의 시대는 끝났다. 성령께서 통제권을 장악하신 것이다.

리즈 하월즈

나는 이 체험이 토레이가 말하는 '성령세례'라고 생각되었다.
성령께서 내 안에 들어와 나를 주관하시는 삶,
그것이 성령세례이며 부흥이다.

> 내가 그들에게 일치한 마음을 주고 그 속에 새 신(神)을 주며
> 그 몸에서 굳은 마음을 제하고 부드러운 마음을 주어서 내 율례를 좇으며
> 내 규례를 지켜 행하게 하리니 그들은 내 백성이 되고
> 나는 그들의 하나님이 되리라 에스겔서 11:19,20

자기에 갇혀 돌같이 굳은 자아로 살아가던
리즈 하월즈에게 성령님이 역사하시기 시작했다.
그 '성전 사건'이 체질을 바꾼 리즈 하월즈 안에서 일어나기 시작했다.
성령님은 그에게 주님이 죄인의 자리에,
지극히 작은 자의 자리로 가시는 분임을 삶으로 가르치셨다.
세상 죄를 지고 가는 하나님의 어린 양. 리즈 또한 주님을 닮아
세상의 가장 어둡고 가련한 영혼들을 찾아가는 종이 되었다.

성령님은 리즈를 아프리카 등 수많은 곳의 버림받은 자들과
소외된 영혼들을 찾아가 섬기게 하셨다.
그의 책을 읽어보면 충격적일 정도로 성령의 역사가 놀랍게 펼쳐진다.
하나님은 20세기 초에 일어난 부흥 이후에 곧 1차 세계대전이
일어날 것을 알고 계셨다. 그 위기와 흑암의 시절에
한 가난한 광부 청년을 통해 이루신
치유와 중보의 역사는 상상을 초월하는 열매들이었다.
그것이 리즈를 통해 하나님이 결실한 부흥이다.

너무나 평범한 질그릇 같은 한 영혼이 성령을 인격적으로 만남으로
이 세상 그 어떤 사람보다 위대한 영혼이 되었다.
"여기에 부흥의 원리가 들어 있다.
부흥은 내가 나의 몸들, 성전들에게로 들어가는 것이다.
내가 그들과 더불어 하나님나라를 확장하는 것이다."
이것이 성령세례의 비밀이다.

나는 다시 토레이의 《성령론》을 읽기 시작했다.
'성령은 신자들을 통해서만 세상을 깨우치신다'라는 제목을 만났다.

성경이 우리에게 가르쳐주는 바는
성령께서는 구원받은 우리를 통하지 않고서는 구원받지 못한 세계로
들어가실 길이 없다는 것이다. 이는 참으로 엄숙한 교훈이다.
우리가 만일 이 진리를 깨달았다면 어찌 좀 더 조심하여
성령께서 조금도 지장을 받지 않고 역사하시도록 길을 열어놓지 않을 수 있으랴!

R. A. 토레이 《성령론》

성령께서 우리 몸과 영을 통해 역사하신다는 것을 이미 알았지만
이 글을 통해 더욱 가슴 저리게 그것이 다가왔다.
"내가, 이 남루하고 누추한 내가 그렇게 소중하구나.
성령께서 얼마나 나를 통해 일하고 싶어 하셨을까?
그러나 나는 그 마음을 헤아리지 못한 채 내 멋대로 살아온 것이다."
토레이는 성령께서 우리를 통해 일하실 수 있도록
하기 위해서는 성령세례를 받아야 한다고 주장한다.

성령세례에 대하여 깊이 연구하는 중에 깨달은 것은
성경 기자들이 가졌던 경험을 내 자신이 가지지 못했다는 사실이었다.
그래서 나도 이런 체험을 얻으려고 힘쓰게 되었다.

토레이 《성령론》

토레이는 간구 끝에 성령세례를 받았고 그의 삶은 변화를 가져왔다.
자신이 체험한 그 성령세례를 나누어야겠다고 생각하고
세계를 돌며 집회를 인도한 것이다.
"정말 토레이가 전 세계를 다니며 전한 것이 이 성령세례에 대한
메시지가 맞구나." 나는 다시 놀라고 감탄하였다.
토레이에 대한 처음 궁금증이 그것이었던 것이다.
그가 세계를 다니며 성령세례에 대한 메시지를 전했으며
그것이 20세기 초의 부흥을 위한 하나님의 예비였을 것이라는 의문이
나를 여기까지 끌어 온 것이다. 순간, 내가 성령님의 어떤 작전에
붙들려 있는 게 아닌가 하는 생각이 들었다.
며칠 후 성령께서 그것을 온전히 확증하는 자료를 보여주셨다.
한국과 대만에서 사역한 바 있는 잽 브래드포드 롱 Z. Bradford Long 선교사가
쓴 책을 우연히 읽다가 거기서 토레이 박사에 대한 자료를 만났다.

부흥집회를 인도하는 무디
토레이는 무디의 신학 멘토였다

1899년 12월에 무디가 전도 집회 도중에 삶을 마쳤다.
이 위대한 전도자의 죽음과 함께
하나님은 새로운 세기를 향해 새로운 계획을 가지고 계셨다.
토레이는 알지 못했지만 그는 하나님이 마련하신
그 새로운 무대의 주연배우로 예정되어 있었다.

브래드포드 롱 《성령의 능력으로 사역하라》

예수원의 대천덕 신부님을 통해 성령세례를 체험한 브래드포드 롱은
토레이의 《성령론》을 통해 놀라운 역사를 나타낸 사역자였다. 그에 의하면
하나님은 토레이를 전 세계에 보내어 다가올 부흥을 준비하게 하셨다.
토레이는 그 자신이 하나님께 구했던 '성령세례'를 나누기 시작한 것이다.
처음에는 아주 작은 모임에서, 다음에는 좀 더 큰 모임에서 마침내
지구 전역에서 그 성령세례를 말할 수 있는 특권을 그에게 주셨다는 것이다.
"이것은 그동안 내가 생각한 것과 정확히 일치하는 깨달음이다.
그 집요한 의문과 집착이 성령께서 이끄신 것이었구나."
토레이에 대한 나의 집착과 생각이 우연의 산물이 아님을 감지했지만
이렇게 확증을 받고 나니 전율이 느껴질 정도였다.

1904년 웨일즈에서 부흥이 일어났다. 그 중심에서 사람들에게 기쁨을 준
이는 이반 로버츠였지만, 이 부흥에 직접적인 영향을 준 것은 토레이의 방문이었다.

같은 해에 인도에서도 그의 영향으로 부흥이 일어났다.

브래드포드 롱 《성령의 능력으로 사역하라》

"정말 맞구나! 토레이가 웨일즈를 방문한 것이
그 시대 부흥을 위한 하나님의 예비였어!"
나는 흥분하지 않을 수가 없었다. 이 글을 읽고 한동안 공중에 붕붕 뜨는
기분이 들었다. 이것을 읽게 하신 것은 분명 성령님이시다.
이렇게 특이한 경로로 깨달음을 확증해주시는 이유는
무언가 깨닫게 하시려는 것이다.
"분명 토레이를 증거하라는 것은 아닐 터이다. 그렇다면
무엇을 깨닫고 나누라고 하시는 것일까?" 나는 다시 고민에 빠졌다.
다만 내가 아는 것은 이 여정이
성령님을 알지 못하는 부끄러움에서 출발했으며
이제 조금씩 그분에 대해 눈을 뜨고 있다는 것뿐이다.
'토레이 박사처럼 나에게도 성령에 대해 나누라는 것일까?'
문득 그런 생각이 들었다.
오늘 이 21세기 초에 다시금 성령님의 역사를 만나려면
역시 그분을 제대로 알고 마음을 열어야 한다.
"토레이에 비견될 수 없는 부끄러운 존재지만
나도 내 삶의 자리에서 성령님을 깊이 연구하고 그 전리품을 나누자."
나 홀로 고요히 그런 다짐을 했다.

"성령님, 용서해주세요.
성령님을 제가 알지 못했습니다.
그 사랑, 그 역사를 알지 못한 무지無知를 용서해주세요."
나는 다시 내가 의도하지 않은 용서를 고백하고 있었다.

맨발로 다니며 전도하는 노인최춘선이라는 이 노인과의 만남은 후에
내 작업의 지평을 바꾸는 《팔복》 연작의 출발점이 되었다.
그런 풍경들을 찾아 떠돌았던 것이다.
내 '삶의 자리'는 온통 그리스도뿐이었다.
좀 우습지만 하나님조차 그다지 자주 부른 적이 없다.
더군다나 성령은 좀 낯설기조차 하였다.
그런 내가 갑자기 성령을 부르며 용서를 구하는 것이다.

"아직도 무지하고 여전한 의구심이 있지만 가보겠습니다.
하나님나라의 길과 그 진정성, 성령님이 뜨겁게 일하신 그 현장에 가서

보고 저를 부르신 이유를 만날 때까지 가고 또 가겠습니다."
그렇게 부흥을 향한 나의 여정은 아무도 모르게 출발되었다.

"하나님, 만일 이것이 사실이라면 21세기 초인 지금 이 시대에도
당신의 동일한 영靈을 보내시어
다시금 이 세상을 변화시키실 수도 있는 가능성이 있는 겁니다."
아무도 모르는 하늘의 비밀을 알게 된 듯
홀로 마음이 들뜬 나는 이렇게 기도했다.
"이것만으로도 연구해볼 가치가 있다.
이것을 연구하면 하나님의 전략과 성령의 역사에 대한
깨달음을 얻을 수 있을지 모른다."
주먹이 불끈 쥐어지고 불타는 확신이 나를 살렸다.

"이것이 아버지의 역사다!"
나는 예배당 구석 의자를 쓰다듬으며 떨리는 영혼으로 그렇게 외쳤다.

솔직히 나 또한 부흥에 대한 어떤 환상을 가지고 있었는지도 모른다.
크고 강하고 교회와 세상을 뒤흔드는 무엇, 흑암과 불의로 가득한 세상을
불가항력적不可抗力的인 하늘의 힘으로 뒤집어엎었으면 하는
음험陰險한 기대, 그것을 보려고 왔는지도 모른다.

나는 출발부터 고정관념이 깨지는 쾌감으로 감사드렸다.
베들레헴 에브라다의 코드code,
그것이 부흥의 시작점이었다.
모든 부흥은 하나님의 본질적인 역사에 근거를 두고 있음을 깨달았다.
그것은 예수 그리스도이다.
하나님나라가 그리스도를 지향하고 그 안에서 이루어지듯이
부흥 또한 그것을 담고 있으며 그 풍경을 닮아 나타난다.

우리는 부유하거나 위대하지 않습니다.
그러나 하늘 아버지가 사랑의 손으로 매일 양식을 주시기에 행복합니다.

하루하루 필요한 것 이상은 조금도 받지 못하고
은행 통장도 없고 수입도 전혀 없지만,
우리는 하나님 아버지를 온전히 의지하기에
두려울 것도 잃을 것도 후회할 것도 없습니다.

하나님의 심장으로 고통받는 영혼들의 소리를 들으며
그들을 구하고 섬기는 일이 어떤 것인지 본질적인 통찰력을 가지는 것,
그것이 그리스도의 마음이다.
뮬러는 이런 그리스도를 향한 타는 목마름으로 날마다 기도했다.
"조지 뮬러가 오랫동안 드린 이 간구의 응답이 맥퀼컨이다. 라마바이,
허드슨 테일러, 토레이 또한 그 열매일지도 모른다."
그 누구도 그렇게 평가한 적은 없지만
성령께서 내게 그렇게 말씀하시는 것 같았다.
그의 깊은 열망을 아시는 하나님의 응답이 그의 책을 통해
아일랜드의 젊은이들을 깨워 기도하게 했고
웨일즈, 스코틀랜드 등 수많은 이들이 그렇게 일어난 부흥으로
전 세계를 향하여 나가게 되었을 것이라고 믿는다.

"나의 소유는 무엇이며, 나의 교구는 어디인가?"
글쓰기도 팽개치고 어디론가 맨발로 달려가고 싶어졌다.

나도 모든 것을 버리고 가장 낮은 '그리스도의 풍경' 속으로
다시 걸어 들어가고 싶었다.

"나도 그리스도의 풍경을 찾아 헤매었으나
성령께서 이 작업을 하라고 하셨다. 그러나 거리로 나가고 싶다."
그런 갈증이 나를 휘감았다.
그때 어떤 깨달음이 자기 연민에 빠지려는 나를 구했다.
최춘선 할아버지에게 남들이 뭐라 안 하느냐고 물은 적 있다.
"사명은 각자 각자요."
순간 나는 나의 교구敎區를 깨달았다.
"지금 이 《부흥의 여정》, 하나님의 심장과 그 본질을 탐구하는
이 다큐멘터리와 글쓰기가 나의 교구다.
주님이 가시고자 하는 그 길, 그 성령의 역사를 탐구하고 나누는 것,
이것이 나의 부흥이요, 부르심이다."

'하나님나라를 잉태한 겨자씨들이 뿌려지는 텃밭',
그것이 부흥의 역사다.

그 텃밭은 하나님나라를 바라는 겸손한 이들을 통해
그들의 기도와 섬김과 보이지 않는 곳에서 드리는 헌신을 통해
부흥은 이루어진다.

부흥과 회복, 경배와 찬양, 하나님나라를 향하는
여러 구호나 방법들은 많지만
진정 그리스도의 '겸손'은 이제 만나기 어렵다.
아니 그 열광 속에서 그리스도를 만나기란 힘들다.
나 또한 그 혐의에서 자유하는 영적 알리바이를 가지지 못한다.
성령님은 자기를 비우고 주님처럼 종이 되는 겸손의 텃밭에 임하신다.

갑자기 막힌 담을 넘어 거대한 지평地平을 만나는 듯한 기분이었다.
결국 성령세례란 하나님이 내 안에 충만히 거하시는 삶이다.

그러나 많은 사람들이 성령을 어떤 '영적인 기운'으로 생각하고 있다.
그래서 그분이 오셔서, 우리 편이 되셔서, 무언가 바꾸는
영적 에너지로 기능하기를 갈망하는 것이다.

그것은 너무나 당연한 생각이었다.
성령을 받았다고 하는 많은 이들도 마찬가지였다.
그들 가운데 진정한 겸손과 자기 비움과 섬김을 보지 못한 이유를 알 것 같았다.
내가 '부흥'이라는 말을 부정적으로 생각한 것도
오랫동안 성령을 무시하고 그리스도만 추구해온 것 또한
성령에 대한 왜곡된 모습들을 겪어서다.
그 능력에 대한 뜨거운 열정은 있지만
성령님을 진정으로 이해한 것이 아니었던 것이다.
"용서해주세요. 성령님을 알지 못했습니다."
내가 의도하지 않은 그 고백은 성령 하나님의 사랑을 깨달은
내 영혼의 고백이었던 것이다.

이 글을 쓰면서 내 안의 '우상들'을 보게 해달라고 간절히 기도했다.
신실하신 성령께서는 내가 알지 못하는 음험한 우상들,
교묘히 숨어 있는 죄악들을 깨닫게 하셨고
그것들을 내려놓자 상상 못한 역사로 임하셨다.

누구보다 '그리스도의 풍경'과 그 잔실을 소유하고 싶었으나
내 안에 그분을 닮은 비움과 사랑이 부족함을 보게 되었다.
하나님의 은혜로 내 안의 우상이 조금씩 제거되자
그분의 약속대로 돌같이 굳은 마음이 풀리며
하나님의 사랑과 길이 느껴지기 시작했다.
이 세상의 황무함과 고통을 향하여 말할 수 없는 탄식으로
중보하고 일하시는 성령님의 역사가 만져지기 시작했다.
그러자 그 나라를 향한 열망과 기도와 섬김이 더욱 타올랐다.
나의 것, 내가 속한 무엇을 넘어 오직 하나님나라만 충만해진 것이다.
내게도 부흥이 시작된 것이다.

_____부흥의 영의 강타

나는 성령님에 대해 연구해야겠다고 생각했다.
책장에서 성령에 관한 책을 찾았으나 그간의 무관심을 반영이라도 하는 듯
거의 보이지 않았다. 한참만에야 영화, 문학, 철학, 신학서적들 틈에서
베니 힌의 《성령님의 기름부으심》과
마틴 로이드 존스의 《성령 하나님》을 발견했다.
베니 힌의 책은 표지를 열어보니 키르키즈스탄 선교사로 가 있는 친구가
1993년에 준 생일선물이었음을 알 수 있었다.
마틴 로이드 존스의 《성령 하나님》을 펴니 첫 제목이 '성령님의 인격'이다.
'역시 가장 중요한 것이 성령님을 인격적인 하나님으로 아는 것인가 보다.'
그런 생각으로 나는 책을 읽어나갔다.

성령님의 인격과 사역의 교리가 교회에서 매우 자주 소홀하게 취급되어 왔다는 것은
역사적으로 사실인데 이것은 주목할 만하며 동시에 놀라운 것입니다.
초대 기독교인들은 이 교리를 믿었고 당연히 여긴 것이 분명합니다.
그러나 당신이 기독교의 초기 시점으로 가본다면 이 교리에 대한 언급이
거의 없다는 것을 발견할 것입니다. 그것은 이상한 일이 아닙니다.
왜냐하면 초대교회는 성자聖子에 관한 교리를 방어하는 데 집중했기 때문입니다.

마틴 로이드 존스 《성령 하나님 God The Holt Spirit》

마틴 로이드 존스(1899~1981)
웨일즈 출신의 세계적 강해설교가로서
평생 진정한 부흥을 소망하여 부흥에 대한 강연과 저작에 힘썼다

"초대 그리스도인들이 이 성자 하나님, 그리스도를 변증하느라
성령님을 온전히 전하지 못했구나."
마틴 로이드 존스는 성령님의 인격에 대한 교리가 왜 소홀히 여겨지고
곡해되었는지 좋은 통찰력을 제공해주고 있었다.
그리스도를 변증하는 데 집중해야 했던 초대교회가
성령님에 대해 깊이 생각하지 못하는 결과를 낳았다는 것이다.
그 후 로마 가톨릭과 중세에 걸쳐 천 몇 백 년 동안
성령님의 존재는 거의 무시되었다고 한다.
대신 사제들, 교회제도, 신학, 마리아와 성인들이 그 자리를 대신했다.
"성령님을 알지 못하는 시대는 하나님에게서 멀어진다.
영적 암흑기가 되는 것이다."
그렇게 오랫동안 성령님이 무시당했다는 것이 괜스레 화가 날 지경이었다.
천 몇 백 년 동안이나 성령님을 외면하다니, 그러나 오늘 우리 시대는 어떤가?
나에게도 성령님은 오랫동안 무시되어 온 하나님이시다.
부끄러움을 속죄하려는 듯 나는 더욱 성령님을 연구해야겠다고 마음먹었다.
"토레이 박사가 20세기 초 전 세계를 다니며 성령세례를 전했다면
나는 21세기 초인 지금 내 삶의 자리에서 성령 하나님의 사랑과
우리의 몸인 성전聖殿을 통해 일하고 싶어 하시는
성령님의 마음을 전하겠습니다." 이것을 깨닫게 하시려고
토레이라는 코드code를 통해 지난한 탐구를 하게 하셨던 것이다.

"어쩌면 나를 이 여정에 부르신 이유가 거기 있는지도 모른다.
성령님에 대해 그 하나님의 사랑과 진정성을 나누라고…."
나는 아무도 모르게 슬며시 주먹을 쥐고 다짐하였다.
'그렇지 않다 해도 나는 그것을 나누리라!'
이렇게 오랫동안 무시되어 오던 성령님의 역사가 강하게 드러난 것이
16세기 종교개혁 시기다. 그 혁명의 시기에는 루터에 의해 영광스러운 복음,
이신칭의以信稱義라는 교리만 재발견한 것이 아니라
성령에 대한 교리도 다시 발견되었다.
성령을 연구한 학자들은 칼빈을 위대한 '성령 신학자'라 칭했다.
그러나 다시 교회가 세속철학과 불경건에 빠져
성령님에 대한 탐구와 갈망은 사라졌다.
17세기에 청교도인 존 오웬J. Owen 박사가 처음《성령론》을 쓸 때까지
성령에 대한 연구와 관심은 거의 희미했다. 개인의 중생과 성화를 추구한
청교도들의 삶과 신앙 속에는 이 성령님에 대한 갈망이 강하게 드러난다.
그것으로 그들은 신앙의 본질과 열매를 거둘 수 있었다.
그러나 그것은 보편적인 것이 아니다.
지성적이고 깨어 있는 사람들에게 나타난 결실이었다.
그런데 18세기부터 성령님이 본격적으로 이 땅에 드러나기 시작했고
19세기에 웨일즈를 중심으로 수많은 성령의 역사가 분출되었다.
평범하고 보잘것없어 보이는 이들이 성령의 역사를 담아내는

도구로 부르심을 받았다. 그리고 드디어 20세기 초
토레이에 의해서 전 세계로 확산된 것이다.
그전에 없었던 전 세계적인 강력한 부흥이 지구를 강타했다.
"그렇다면 21세기 초인 지금은 어떤가? 이전보다 더 강력하고
큰 능력으로 성령님이 임하실 것인가?" 그런 생각이 엄습해 왔다.
그 '하나님의 날'을 예비하라고, 나누라고
나같이 무감각했던 떠돌이에게 이 깨달음을 주시는 것인가?
베니 힌의 책을 펼쳐 읽기 시작했다.
유태인 출신 기독교인인 그는 1950~1970년대 강력한 성령의 도구였던
캐더린 쿨만K. Kuhlman여사를 통해 성령님을 만났다고 한다.
캐더린 쿨만 여사는 나도 어린 시절부터 책을 통해 알고 있었다.
교회사 가운데서도 두 번 다시 찾아볼 수 없는 위대한 하나님의 여종으로
불리는 그녀의 성령역사는 어린 나에게도 큰 도전이었다.
특히 병이나 상처, 영적 우상들에 의해 고통받는 이들을
성령님은 케더린을 통해 큰 능력과 사랑으로 감싸 안았다.
"나도 이렇게 고통당하는 이들을 위해 살고 싶습니다.
주님처럼 그렇게 살게 해주세요."
어린 마음이지만 산에 올라 그렇게 기도하던 시절이 떠올랐다.
문득 그 시절의 기도를 성령께서 들으셨다는 생각이 들었다.
"그분은 다 기억하고 계신다. 성령님은 언제나 듣고 계신다."
베니 힌도 20대 초반 캐더린 쿨만의 집회에서
성령님을 만나고 부흥사가 되었다.
내가 여기서 베니 힌의 책을 인용하는 까닭은
캐더린 쿨만이 간직하고 있던 성령님의 인격성에 대한 강력한 신앙 때문이다.
베니 힌은 그의 책에서 캐더린 쿨만의 집회를 회상하고 있었다.

예배 도중에 캐더린 여사가 두 손으로 얼굴을 가린 채 갑자기 흐느껴 울기 시작했습니다.

몇 분이 더 지나고 그녀는 담대히 애원했습니다.

"제발 부탁입니다. 성령을 훼방하지 마세요."

그녀는 애원하며 흐느끼고 있었습니다.

"아직도 이해하지 못하십니까? 그분은 나의 모든 것이 되십니다.

그분은 실제로 존재하시는 분입니다"라고 그녀가 말하는 순간

나는 처음으로 성령님이 어떤 기운이 아니라 인격을 가진

실존하신 분이라는 것을 알게 되었습니다.

그날 밤 갑자기 누군가가 나를 침대 밑으로 끌어당기는 것 같았습니다.

무릎을 꿇은 내 입에서 처음 나온 말은 '성령님'이었습니다.

인격으로서 그분을 불러보는 것은 내게 처음 있는 일이었습니다.

나는 하나님 아버지나 예수님께 기도해보았지만,

성령님을 그런 실존으로 불러본 적이 없습니다.

"성령님, 캐더린 여사는 당신을 친구라고 했습니다.

그러나 나는 당신을 알지 못한다는 것을 알았습니다.

저도 당신을 만날 수 있을까요?"

그러자 성령께서 응답하시기 시작했습니다.

그분은 거기에 내 곁에 계셨습니다.

베니 힌Benny Hinn 《성령님의 기름부으심The Anointing》

그렇다. 성령님은 인격 하나님이시다.
나 역시 이렇게 친근하고 실제적으로 만나기를
성령님이 간절히 원하고 계신다는 확신이 들었다.

토레이, 마틴 로이드 존스, 캐더린 쿨만….
수많은 하늘의 도구들처럼 나도 그렇게 인격적인 성령 하나님을 구했다.
성령님은 나에게도 찾아오셨다.
너무나 뜨겁고 영혼을 흔드는 깊은 사랑으로 나를 만져주셨다.
그리고 하나님나라의 본질,
하나님과 예수님과 더불어 이루어 가시는 그 길을 깨닫게 하셨다.

흔적을 찾아서

토마스를 만나다 / 종탑의 근거를 찾아서 / 본향을 향한 그리움 / 평양 대부흥의 씨앗
토마스의 흔적을 찾아 평양으로 / 측량 못할 섭리들 / 말할 수 없는 탄식으로
또 다른 부흥의 뿌리 / 선하신 하나님이 이루실 것이다 / 상한 심령
어린 양의 코드 / 피의 흔적을 찾아서

토마스를 만나다

"한국에서는 토마스에 대해 어떻게 생각합니까?"
부흥의 현장으로 이동하는 차 안에서 에번스 박사는 그렇게 물었다.
갑작스런 질문에 나는 약간 당황하며 되물었다.
"평양에서 순교한 그 토마스 선교사 말인가요?"
"네, 토마스가 이곳 웨일즈 출신이거든요."
순간 정신이 아득해지는 기분이었다.
'그래. 토마스가 웨일즈 출신이었지.
너무 정신없이 촬영하느라 그것을 잊고 있었구나.'
1904년 '웨일즈 부흥'을 촬영한 후에 그 땅에서 일어난
18세기 부흥의 현장들을 찾아가고 싶었다.
L목사님의 소개로 에번스 박사가 그 분야의 전문가임을 알게 되었다.
"무엇을 알고 싶어 한국에서 이 먼 곳까지 왔습니까?"
안개가 심한 도로를 한참 헤매며 찾아갔을 때, 그가 다시 물었다.
나는 그것이 하나의 테스트라는 생각이 들었다.
지금은 은퇴했지만 에번스 박사는 마틴 로이드 존스와 동역하기도 한
웨일즈 부흥사復興史의 대가大家였다.
무조건 18세기 부흥의 현장을 안내해달라고 부탁할 수는 없었다.
"제가 독특하게 본 것은, 웨일즈 부흥의 주역들 대부분이

'칼빈주의적 메소디스트Calvinistic Methodist'라는 것입니다."
나는 그가 마음에 들어 할 만한 수준의 대답을 해야 한다고 생각했다.
오랜만에 조금 떨고 있는 나를 느꼈다.
"휫필드나 다니엘 로랜드, 하웰 해리스, 또 마틴 로이드 존스도 그렇고….
하나님의 주권에 전적으로 의지하는 칼빈주의적 특성과 체험적이고도
실천적인 신앙을 중시하는 '메소디스트' 이때 '감리교도'라 하지 않고
'메소디스트'라고 하는 것이 좋은 까닭은, 여기서는 교회정치 형태를 지칭하는
'감리교' 교단을 말하는 것이 아니라 은혜 받는 '방식method'을 중시하는
신앙사조methodism를 지칭하기 때문이다의 특성이 결합한
그 말이 진정한 부흥의 본질에 대한 어떤 키워드가 아닌가 생각했습니다."
에번스 교수는 미소를 지은 채 나를 물끄러미 보더니 입을 열었다.
"오늘 하루 종일 시간을 내드리지요."

그렇게 하여 부흥의 현장을 다니며 촬영하는 축복을 누리게 되었다.
그는 모리아교회의 관리인 그리피스처럼 준비된 리포터였다.
다니엘 로랜드, 하웰 해리스, 윌리암 윌리암스 등 18세기 부흥의 도구로
쓰인 분들의 사역지를 안내하며 친절히 설명해주었다.
"18세기 중반 영국 사회와 교회는
도덕적으로 영적으로 너무나 암울했고 내리막길 그 자체였습니다.
당시 영국 교회에는 수많은 목회자들이 있었고
큰 교회와 잘 짜여진 조직, 목에 힘을 주며 외치는 설교도 있었지만
신앙의 본질은 죽어 있었습니다."
로랜드가 사역한 교회에서 에번스 박사는 그 시대 부흥에 대해 말했다.
"깊은 신앙의 침체에서 영국을 건져낸 이들은
이름 없는 소수의 사람들이었습니다.

토마스 선교사(1840~1866)
웨일즈 출신으로서 평양 대동강변에서 순교하였다

그들은 어떤 큰 교파나 단체에 기반을 둔 자들도 아니었습니다.
단지 하나님께서 그 마음을 만지시고
당신의 뜻을 깨닫게 한 평범한 이들이었습니다."
하나님이 만지시고 그 뜻을 깨달은 평범한 사람들….
이 웨일즈 구석에서 하나님을 바라던 그 작은 자들이 깊고 황무한 그 시대의
영적 침체를 걷어낸 하늘의 도구로 쓰인 것이다.
가진 것 없고 저 남루한 변두리 풍경 속에서 이름 없이 살았지만
중심을 명확히 보시는 하나님은 그들을 찾아내셨을 것이다.
"하나님은 나의 마음도 정확히 간파하신다.
내가 추구하고 품은 모든 중심과 본질들을 다 아신다!"
그것이 큰 두려움으로 느껴졌다.
18세기 영적 흑암은 그 하나님을 두려워하지 않는 데서 온 것이다.

> 여호와를 경외하는 것이 지식의 근본이어늘 잠언 1:7

하나님을 두려워하고 존경하는 그 절실함에서 진리의 본질이 살아난다.
그러나 18세기에 '경외감'이란 보기 드문 풍경이었다.
오늘 우리 시대도 마찬가지다.
무언가 열심히 영적인 것을 추구하지만
하나님과 진리에 대한 두려움은 부재不在하다.

이 무디고 돌 같은 굳은 마음이 성령으로 풀어져야 한다.
그것이 부흥이다.

낯선 영국 땅을 다니며 부흥의 현장들을 탐사했지만
가슴 깊은 곳에 정말 가보고 싶은 곳을 묻어두고 있었다.
그곳은 웨일즈 하노버에 있는 토마스 선교사의 아버지가 사역하던 교회다.
"기회가 되면 토마스가 다닌 교회를 촬영하고 싶습니다."
내 마음대로 움직일 수 있는 형편이 아니어서 기도만 하고 있었다.
에번스 박사의 토마스 이야기는 그래서 더욱 반가웠다.
"요즘 한국교회에서는 그에 대한 관심이 점점 높아지고 있습니다.
특히 1907년 평양 대부흥에 대한 관심이 고조되면서…."
그는 말없이 고개를 끄덕였다.
"영국에서는 토마스를 어떻게 생각하나요?"
에번스 교수는 잠시 말이 없었다.
토마스는 조국 영국에서도 소외된 존재였다.
"토마스는 런던선교회 출신으로 파송되었지만 아내를 잃은 후
선교회를 탈퇴하고 한국 땅으로 갔습니다.
그래서 그가 순교를 했어도 영국에서는 그를 그다지 잘 모릅니다."
하지만 같은 웨일즈 출신이어서인지 에번스 박사는 토마스를 잘 아는 듯했다.
머나먼 중국에 선교사로 와서 아내를 잃고

그 견딜 수 없는 고통을 부여안고 조선을 향해 갔다가 순교한 사람….
나에게 토마스는 그런 서글픈 이미지였다.

"한국에서는 요즘 부흥에 대한 관심이 높습니다.
1907년 평양 대부흥이 다시 재현되기를 갈망하는 이들도 많고요."
"정말입니까?
그것이 한국의 통일로 이어지는 에너지로 연결되면 좋을 텐데…."
나는 다시 놀라고 말았다. 정말이지 찰톤 헤스톤을 닮은
이 거구의 노학자와 이런 대화를 나누게 될 줄은 몰랐다.
토마스 이야기를 갑자기 듣게 된 것도 그렇지만
부흥을, 통일을 위한 에너지로 연결시키는 데에는
신선함을 넘어 잔잔한 충격을 받았다.
"이제 조금만 더 가면 토마스가 다니던 학교가 나옵니다."
"정말이요?"
이것 또한 상상하지 못했던 것이다.
에번스 박사가 토마스 이야기를 꺼낸 이유는 그곳으로 안내하기 위함이었다.
"그곳에 가보고 싶습니까?"
진지하기만 하던 에번스 박사가 약간은 장난기 섞인 표정으로 물었다.
"물론이지요! 가보고 싶고 말고요."
나는 소리치듯이 대답했다.

저의 부모님은 제가 선교사가 될 것을 이미 알고 계셨습니다.

런던선교부에 보낸 토마스의 편지

토마스가 다녔다는 학교를 촬영하며 언젠가 읽은 편지 한 구절을 생각했다.
1859년의 부흥은 수많은 이들을 선교에 헌신토록 했다.
어린 시절 선교사로 드려진 토마스도 그 열망을 더욱 키웠을 터이다.
"토마스의 아버지가 사역한 하노버교회도 가보고 싶은데,
혹시 그곳을 알고 계십니까?"
에번스 교수는 하노버교회의 위치도 잘 알고 있었다.
그가 그려준 자세한 약도를 붙들고 나는 하노버로 향했다.

구하기 전에 너희에게 있어야 할 것을 하나님 너희 아버지께서 아시느니라 마태복음 6:8

내가 토마스에 대해 가슴 속에 품고만 있던 것을
아버지께서 아시고 이렇게 길을 열어주신 것이라 믿었다.

종탑의 근거를 찾아서

"하노버교회에 오신 것을 환영합니다."
에번스 교수의 약도를 가지고도 어렵게 찾은 토마스의 교회 앞에서
들꽃처럼 순수한 할머니 한 분이 기다리고 있었다.
낸시 할머니는 한국전쟁에 참전했던 남편과 함께
토마스의 고향 교회를 관리하고 안내하는 일을 하고 있었다.
"이것이 주님이 제게 주신 일이지요."
한국에서 토마스를 찾아오는 이들을 제외하고는 인적이 드문
이 외진 교회를 지키는 것이 사명이라고 말하는 겸손한 노인,
그 감사 가득한 얼굴이 오랜 여정으로 지친 심신의 피로를 씻어주었다.
"이것이 토마스의 가족 무덤입니다."
교회 앞마당에 작은 공동묘지가 있었다.
그러나 정작 토마스의 무덤은 이곳에 없었다.
그가 순교한 평양 대동강 근처 어딘가에 묻혀 있기 때문이다.
내가 그토록 토마스의 자취를 찾아오고 싶어 한 까닭이 있었다.
지난 봄 성령에 이끌리어 부흥에 대해 눈뜬 지 얼마 되지 않아
연변 과기대의 정진호 교수가 찾아왔다.
정 교수는 부흥과 통일을 위해 부르심을 입은 사람이다.
그는 평양에 과학기술대학을 만드는 일에 헌신하고 있었다.

"재정난 때문에 공사에 어려움을 겪고 있습니다.
빨리 학교를 지어야 할 텐데 좋은 방법이 없을까요?"
통일에 뜨거운 관심을 가진 하덕규 교수와
〈부흥〉의 고형원 전도사가 그 문제를 의논하기 위해 모였다.
"요즘은 젊은이들도 자신의 취업 문제가 더 절실하다보니
예전처럼 통일이나 선교에 헌신하는 일이 더 어려운 것 같아요."
현장에서 사역하는 고형원 전도사가 말했다.
순수한 얼굴을 보니 갑자기 그의 〈부흥〉이라는 노래가 떠올랐다.

이 땅의 황무함을 보소서 하늘의 하나님 긍휼을 베푸시는 주여
우리의 죄악 용서하소서 이 땅 고쳐주소서
이제 우리 모두 하나 되어 이 땅의 무너진 기초를 다시 쌓을 때
우리의 우상들을 태우실 성령의 불 임하소서
부흥의 불길 타오르게 하소서 진리의 말씀 이 땅 새롭게 하소서
은혜의 강물 흐르게 하소서 성령의 바람 이제 불어와
오 주의 영광 가득한 새 날 주소서 오 주님 나라 이 땅에 임하소서!

대화를 나누는 동안 이 노래가 입가에 맴돌았다.
'나는 이렇게 뒤늦게 부흥에 눈을 떴지만
이 선배는 이미 90년대 후반부터 부흥을 향한 열망으로 헌신해왔구나.'
그가 하늘의 심정을 담아 뿌려온 그 노래의 씨앗들이
이 시대 부흥을 위한 중요한 '하나님의 예비'라는 생각이 들었다.
〈부흥〉이라는 음반이 이 땅에 나온 1998년은 매우 의미 있는 해였다.
요즘 읽고 있는 성령역사에 관한 책들 가운데는
1998년에 발간된 것이 많았다.

토마스가 순교한 대동강변에 세워졌던
토마스 순교기념교회

고형원 전도사도 그때 부흥을 위한 하나님의 예비로 부르심을 받아
성령의 씨앗으로 뿌려진 것이다.
"교회들도 이젠 북한을 돕는 문제에 정서적으로 냉담한 것 같고
무언가 새로운 대안이 없으면 교회를 움직이기는 어려울 것 같아요."
하덕규 교수의 말에 우리는 모두 공감했다. 아주 색다르고 강한 것을
창출해내지 않으면 닫혀버린 마음들을 열기란 힘들 것이다.
"통일과 부흥에 대해 닫힌 마음을 여는 정서적인 새로운 대안이
필요합니다. 하늘의 감각으로 그것을 보여주세요."
나는 그렇게 생각하며 속으로 지혜를 구했다.
저 막막한 심연 속에서 엘리야가 본
손바닥만한 구름 한 조각 같은 무엇이 떠오르는 느낌이 들었다.
'그래, 토마스의 무덤이다!'
나는 속으로 외친 후, 정진호 교수에게 물었다.
"지난번 제가 연변에 갔을 때 평양 과기대 공사 현장에서
토마스 선교사 순교기념교회 종탑이 나왔다고 하지 않았나요?"
"그래요. 종탑이 나왔습니다."
몇 달 전 연변에 갔을 때 평양 과기대 프로젝트팀 교수들이
은밀히 나를 초대해 프리젠테이션을 했다.
차 한 잔 대접하겠다며 부르더니 평양 과기대를 도와달라고 부탁하는 것이다.
그때 나는 공사 현장에서 '토마스의 종탑'이 나왔다는 데 주목했다.

그전까지 토마스에 대해서 그다지 관심이 없었다.
그런데 그것을 보는 순간 전율로 내 영혼이 떨리는 것을 느꼈다.
"만일 평양 과기대와 통일에 대한 마음을 여는 것이라면,
결국 그리스도인들을 움직이는 코드는 저것이다."
내 안에 그런 확신이 솟구쳤다.
그때도 그런 생각을 나누었는데 잊고 있다가 불현듯 떠오른 것이다.
"그런데 그 근거가 확실한가요?"
역사적 진실성을 담보하지 못하면 문제가 있다.
하지만 근거가 확실하다면 놀라운 하나님의 섭리와 연결된다.
"토마스의 전기를 쓴 후손 되시는 분이
그곳이 맞을 것 같다는 증언을 했습니다."
"좀 더 명확한 근거를 찾아야겠네요.
증명이 되면 제가 다큐멘터리를 만드는 일로 섬기겠습니다."
모두 공감하며 고개를 끄덕였다.
현재로선 그것이 최선이라는 생각이 들었기 때문이다.
하덕규 교수는 미국의 유명한 찬양가수들과
토마스 선교사를 주제로 음반을 만들자는 제안을 했다.
그때만 해도 나는 토마스가 미국 출신 선교사인 줄 알았다.
그만큼 토마스나 부흥에 대해 무지했던 것이다.
나는 그 종탑이 토마스 기념교회 것인지 빨리 확인해야겠다고 생각했다.

그렇게 나도 모르는 사이에 토마스가 내 심중에 자리 잡고 있었던 것이다.
하노버교회 예배당 안으로 들어가자 눈에 띄는 것이 있었다.
1866년 한국 땅에서 순교한 토마스를 기리는 내용이 적힌 한반도 지도였다.
그리고 앞쪽에 토마스의 사진이 걸려 있었다.
이 머나먼 웨일즈 땅에서 세상에 거의 알려지지 않은
조선까지 흘러들어가 스물일곱 생生을 마감한 청춘.
'나는 왜 여기까지 찾아와 그대를 대하고 있는가?'
촬영을 하면서 그와의 깊고 질긴 인연에 대해 생각했다.

그날 밤부터 나는 토마스 순교기념교회와
평양 과기대 터의 연관성을 찾는 데 몰두하기 시작했다.
"만일 그 종탑의 근거가 나오면 매우 흥미로운 아이템이다."
오랜만에 다시 작업을 향한 전의戰意가 타오르기 시작했다.
아직 내 안에는 '통일'이며 '부흥'이라는 말들이 여전히 생소하다.
하지만 토마스의 이야기는 진한 끌림이 있었다.
책과 인터넷을 무수히 뒤졌지만 근거는 쉽게 나오지 않았다.
그러나 실망하지 않았다.
"모든 것을 다 팔아서 하늘의 보물을, 그 본질을 사는 것이다.
이것이 하나님나라의 의미를 품고 있다면
하나님께서 반드시 보여주실 것이다."
그런 확신이 내 안에 있었다.
이미 근거를 찾는 이런 작업에는 이골이 난 나였다.
책에서 찾는 것을 포기하고 인터넷을 뒤지기 시작했다.
마치 미증유未曾有의 사건을 푸는 탐정처럼,
풀리지 않는 공식을 붙든 수학자처럼….

온갖 연결고리들을 검색창에 대입해가며 답을 구하고 또 구했다.
그러다가 어스름한 새벽녘에 그 빛만큼 희미하지만
매우 의미 있는 실마리를 하나 찾아냈다.
"그래, 이거야. 여기서 무언가 나올지 모른다."
나는 그렇게 신음처럼 중얼거리며 석고처럼 굳어져가는 허리를 폈다.

———— 본향을 향한 그리움

"아니 어떻게 나를 알고 연락을 했나요? 그게 너무 궁금하단 말이야."
인천에서 만난 명로관 원로목사님은 베레모를 쓴 멋진 노신사였다.
당신이 토마스 기념교회에 다닌 것을 어떻게 알았느냐며 놀라워하셨다.
"예전에 어디선가 하신 간증 내용 중에
청년 시절 그 교회에 다니셨다는 내용이 아주 짧게 들어 있었습니다."
지난 밤 인터넷을 수없이 찾고 또 찾아 그 단서를 건져낸 것이다.
"하도 오래 되어서…. 그런 얘기를 어디선가 한 것 같기도 하고.
그런데 그게 인터넷에 나온단 말이지요? 흠, 그거 참…."
이미 아흔이 넘으신 분이라 기억이 희미하신 것 같았다.
"20대 초반, 신학교에 가기 전에 대동강변에 있는 삼애학교에서 가르쳤지요.
그런데 그 옆에 토마스 기념예배당이 있었어요.
한 2년 정도 그 교회에도 다녔지요."
"그 지역이 대동강 부근인가요?"
"조금 떨어진 곳이라는 기억이 있는데, 마을 이름이 조왕리였고…."
"조왕리요? 낙랑마을이 아니고요?"
지금 평양 과기대의 주소는 '평양시 대동군 낙랑지구'이다.
조왕리라는 이름은 아마 오랜 세월이 지나서 바뀌었을 가능성도 있다.
내가 목사님께 통일과 부흥의 의미를 담아 짓고 있는

평양 과기대 건축 현장에서 종탑이 나왔고
그것이 옛 토마스 선교사 순교기념교회 종탑일 가능성이 높다고 하자
"만일 그것이 사실이라면 참 놀라운 일인데….
하나님의 섭리지" 하시며 놀라셨다.
확증할 만한 근거는 찾지 못했지만 '조왕리'라는 옛 지명을 알게 되었다.
그 작은 단서를 챙기며 잃어버린 드라크마의 비유를 생각했다.

> 어느 여자가 열 드라크마가 있는데 하나를 잃으면 등불을 켜고
> 집을 쓸며 찾도록 부지런히 찾지 아니하겠느냐 누가복음 15:8

그 작은 것, 작은 영혼을 찾기 위해
등불을 켜고 온 집을 청소하며 애쓰는 하늘의 마음.
잃어버린 양 하나를 찾기 위해 험한 계곡을 넘는 목자의 심정.
그 마음을 알려면 나도 그렇게 찾아야 한다.
아주 작은 것 하나라도 진실이라는 의미를 담고 충성해야 한다.
그렇게 씨 뿌리고 키우고 충성하다보면
결국 주님이 더 큰 것으로 찾게 해주실 것이다.

> 잘 하였도다 착하고 충성된 종아 네가 작은 일에 충성하였으매 내가 많은 것으로
> 네게 맡기리니 네 주인의 즐거움에 참예할지어다 마태복음 25:23

나의 무모한 확신은 그 진실에 뿌리를 두고 있었던 것이다.
이제 나는 '조왕리'라는 또 다른 단서를 붙들고 씨름해야 했다.
야곱처럼 환도뼈가 부러지는
힘겨운 씨름을 벌이지 않았는데도 쉽게 결과를 얻었다.

토마스 선교사 순교기념교회 자리에 건축 중인
평양 과기대 공사 현장

집에 돌아와 인터넷으로 '조왕리'를 다각도로 검색하다가
매우 흥미로운 사실을 발견했기 때문이다.
〈그리운 교회〉라는 화집畵集을 내신 한 원로목사님이 계신데
그 도록圖錄에 '조왕리교회'가 제일 먼저 수록되어 있었기 때문이다.
"역시 주님, 감사합니다!" 정말이지 감사가 절로 터져 나왔다.
평양신학교를 나오신 손영섭 목사님은
45년의 목회사역을 마치고 은퇴하신 후,
그리운 고향의 교회들을 통일과 회복의 심정을 담아 그림으로 그려온 것이다.
2년 동안 무려 67점의 북한 교회를 그렸는데 조왕리교회는 물론
한국인이 세운 최초의 교회인 '소래교회', 평양 대부흥의 진원지인
'장대현교회' 등 한국교회사의 중요한 풍경을 화폭에 담았다.
수원 성북교회의 원로목사님으로 계신 손 목사님을 찾는 것은
그리 어렵지 않았다.

"이렇게 저를 찾아오실 줄은 몰랐습니다."
목사님은 인자한 미소를 가득 담으시고 〈북한 예배당 그림화보〉라는
두꺼운 화첩을 보여주셨다. 설렘으로 첫 장을 여니 '두고 온 교회'라는
부제 아래 가장 먼저 '조왕리교회'가 나왔다. 전율이 느껴졌다.
"조왕리교회라고 하지만 일반적으로는 토마스 기념교회라 부르지요.
평양노회에 기록된 공식 명칭이 조왕리교회이고…"

'주님, 역시 맞군요. 그것이 토마스 기념교회가 맞군요.'
세상 아무도 모르는 나만의 감격이 물밀듯 번져왔다.
"예배당을 위에서 보면 T자 모양이에요. 토마스Thomas의 첫 자를 따온 거지요."
"가운데 종탑이 있었나요?" 그것이 궁금했다.
평양 과기대 공사 현장에서 나온 것이 종탑이었기 때문이다.
"그럼요. 이게 종탑이지요. 당시 교회는 반드시 종탑이 있었지요."
"이 교회는 어떻게 가시게 되었나요?"
"20대에 그 동네에 우리 교회 영수님의 아들이 있었어요.
그래서 방문했는데 거기에 낙랑시대 묘墓가 많아 그것도 보고…."
순간 나는 귀를 의심했다.
"낙랑시대 무덤이요?"
"그 지역이 낙랑시대 유적이 많아 묘들도 많고 발굴도 하고…."
"그러니까 낙랑시대의 유적지라는 것이지요?"
"그렇지요. 지금은 다 개발되어서 대동군 승리동인가 뭔가…."
정말이지 목사님을 안아드리고 싶었다.
현재 공사 중인 지명이 '평양시 대동군 낙랑지구 승리동'이기 때문이다.
'낙랑지구'로 바뀐 것은 그곳이 낙랑시대 유적지이기 때문이다.
"오, 하나님…."
드디어 실마리가 풀리고 확증을 얻는 순간이었다.
평양 과기대의 자리가 토마스 선교사가 순교한 뒤

그를 기념하는 교회 자리였던 것이다.
그것은 단순히 학교 건물을 건축하는 것 이상의 의미로 연결되었다.
영국 웨일즈에서 땅 끝을 향해 떠나온 토마스라는 한 청년.
스물일곱의 나이에 머나먼 이역異域 땅 조선의 평양에서 죽어간
희생의 피 값을 되찾는 하늘의 프로젝트였다.
"이렇게 하나님의 숨겨진 연결고리가 드러나는구나.
이렇게 풀어주시는구나." 나는 감격과 탄복을 했다.
"근처에 마을도 거의 없는데 거기에 교회를 세운 이유는
토마스 선교사의 순교로 평양 땅에 교회가 들어왔기 때문이지요.
그가 뿌린 씨앗이 결국 열매로 드러났기 때문에 그걸 기념하는 것이지요."
목사님의 말씀은 진정한 부흥의 본질을 담고 있었다.
손영섭 목사님은 평양신학교 출신이어선지 한국교회사,
특히 북한 지역의 교회에 대해 해박한 지식을 가지고 있었다.
많은 시간 동안 평양 대부흥, 한국교회의 배교背敎와 주기철 목사님의 순교,
그리고 6·25 전까지 북한 교회가 겪은 고난에 대해 말씀해주셨다.
특히 잘 알지 못했던 고난과 순교를 통해서 믿음을 지킨 선배들에 대해
긴 인터뷰를 할 때는 마음이 뜨겁기까지 했다.
"이런 뜨거운 신앙의 절개들을, 헌신들을 알지 못하고 살아왔구나."
다시금 죄송스러움과 자괴감이 엄습해왔다.
"그림은 어릴 적 취미였는데 정신없이 목회하느라 시간이 없었지요.
은퇴한 뒤에 북녘의 고향 교회들이 너무 그리워 그린 것이지요."
목사님은 그림책과 직접 쓰셨다는 구약 설교집을 선물로 주셨다.
그러면서 책의 서문에 쓰신 글을 읽어주셨다.
"이 글을 쓰는 동안 병중에서 가장 많이 기도하고 격려를 해준
나의 사랑하는 아내 김숙자 전도사의 영전에 이 책을 바칩니다."

순간 목사님의 눈가에 물기가 어렸다.
사모님이 돌아가신 줄은 몰랐다. 잠깐 일이 있어 나가신 줄로만 알았다.
그러고 보니 오래된 아파트에 왠지 쓸쓸한 기운이 묻어 있었다.
"정말 나에게는 하나님이 보내주신, 너무나 고맙고 그리운 사람이지요.
아내를 간병하는 틈틈이 이 책을 썼는데…. 발고發考한 후
10일 만에 하나님의 부르심을 받아 갔지요."
그때, 백발의 이 원로 목회자의 떨리는 목소리 너머 아내를 그리는
그 사무침 어디에선가 또 하나의 안타까운 풍경 하나가 아른거렸다.
뜻밖에도 그것은 토마스였다.

영국을 떠날 때…처음 쓰는 편지가 이런 것이 될 줄은 몰랐습니다.
사랑하는 아내 캐롤라인이 지난달 세상을 떠났습니다….
더 이상 글을 써 내려가지 못하겠습니다.

로버트 토마스 〈런던선교회에 보내는 보고서〉

선교지 상해에서 처음 보내는 선교보고서가 아내의 죽음이라니….
그 비통함, 그것을 적어 내려가는 26세의 젊은 선교사.
그 마음을 누가 이해하고 헤아릴 수 있겠는가?
마치 곁에서 지켜본 것처럼 그 풍경이 선연히 떠올랐다.
토마스가 다른 지역으로 선교여행을 다녀왔을 때
그의 아내는 혼자 유산을 한 채 피를 쏟고 쓰러져 죽어 있었다.
아내를 지켜주지 못했다는 자괴감, 어디에 마음을 두어야 할지 모른
토마스의 황막한 비통悲痛이 절절히 느껴진 것이다.
그 설명하기조차 힘든 슬픔과 상실감을 쏟아내기 위해,
차라리 무마하기 위해서 그는 예수를 믿으면 참수를 당한다는

위험과 고통의 땅 조선을 찾아 자신을 내던졌을 것이다.
손영섭 목사님도 사랑하고 의지하던 아내를 잃고 나서
견딜 수 없는 그리움을 달래기 위해 고향 교회를 그린 것이다.
처음엔 어떻게 2년이라는 시간 동안 67점이나 되는 많은 그림을 그렸을까
의문이 있었다. 그것은 그렸다기보다 쏟아낸 것이었다.
그토록 사랑한 아내가 떠나간 그 빈자리, 그 상처와 큰 그리움이
고향 교회를 그리게 하는 힘이 되었던 것이다.
아내도, 그 뜨겁던 신앙의 격동기에 오직 하늘만 바라보던
영적인 절개, 헌신, 추억…. 그것도 다 고향故鄕이다.
그 이면엔 우리의 본향本鄕 하나님나라의 그리움이 스며 있다.
이 세상 모든 상처와 그리움은 근원적으로 본향을 지향하게 한다.
통일과 부흥을 향한 열망도 그것이다.
우리가 땅에서 겪는 고통, 상실감, 상처, 그 모든 절망의 제스처들은
어쩌면 위로와 그리움의 원천인 그 나라를 지향하는 것일지도 모른다.

> 또 땅에서는 외국인과 나그네로라 증거하였으니 이같이 말하는 자들은
> 본향本鄕 찾는 것을 나타냄이라…저희가 이제는 더 나은 본향을 사모하니
> 곧 하늘에 있는 것이라 히브리서 11:13-16

토마스는 그렇게 순례길을 통해 아프게 도달한 영원하신 기업,
본향을 향한 그리움의 의미를 내 안에 심어주었다.

평양 대부흥의 씨앗

"형, 이상해요. 브레이크가 갑자기 걸리지 않아요!"
운전을 하던 후배 동석이가 갑자기 소리쳤다.
"아니, 브레이크가 안 걸리다니 그게 무슨 말이야?"
"이상한데요. 이런 적이 없었는데…."
웨일즈에 오기 전 토마스에 대한 취재를 위해
박용규 교수를 인터뷰하러 가는 길이었다.
《평양 대부흥운동》의 저자인 그는 그 분야에서 가장 탁월한 신학자다.
그런데 동작대교를 건너던 중에 갑자기 차가 문제를 일으킨 것이다.
처음 겪는 이 상황을 어떻게 해야 할지 판단이 서지 않았다.
그동안 촬영을 하면서 수많은 일들을 겪었지만 이런 일은 처음이었다.
나는 속으로 기도만 할 뿐이었다.
그러는 사이에 가야 할 길의 방향까지 잘못 들고 말았다.
마포 쪽으로 가야 하는데 정신이 없다보니
반대쪽 강변북로로 가게 된 것이다.
"주님, 도와주세요. 도와주세요."
이 기도 외엔 아무런 방도가 떠오르지 않았다.
무조건 달릴 수만은 없어 급히 잠수교로 방향을 돌렸다.
거대한 반포대교 아래, 옆으로 강물이 넘실대고 차들이 굉음을 내며 엄청난 속도로 달려온다. 그 가운데 멈출 수 없는 운명에 처한 우리.
마치 공포영화의 한 장면 속으로 들어와 있는 기분이었다.
"조금 있으면 고속터미널 근처인데 거기선 신호에 걸릴 가능성이 많다.
만일 브레이크가 여전히 문제가 된다면 큰일이다."
손잡이를 꼭 잡고 간절함을 쥐어 짜내듯 기도하기 시작했다.
"도와주세요. 이기게 해주세요."
어떤 영적 세력들이 이 작업을 방해한다는 느낌이 강하게 들었다.
"악한 세력들이 부흥의 본질을 깨닫는 것을 방해하는 것이다."
그렇지 않고는 설명이 되지 않는 상황이었다.
동석이는 긴장한 표정으로 신호가 다가오자 천천히 차를 몰았다.
그런 식으로 겨우겨우 신호들을 통과하며
다시 반포 쪽으로 돌아 원점인 동작대교를 건넜다.
"사탄이 우리의 작업을 무척 싫어하나 보다."
한숨 돌린 내가 놀란 동석이를 위로하려고 건넨 말이다.
주님의 도우심으로 약속 장소인 마포의 박용규 교수 댁에 도착했다.
그제야 신기하게 브레이크가 정상으로 돌아왔다.
"평양 대부흥에 대한 다큐멘터리를 만드신다고 해서 놀랐습니다.
오랫동안 그런 작업을 할 피디가 나오길 기도했거든요."
"정말이세요? 그 기도 때문에 제가 이런 작업을 하게 되었나봅니다."
그제야 악몽에서 풀려난 듯 마음에 여유가 생겼다.
박용규 교수는 1907년의 대부흥이 다시 일어날 것이라고 굳게 믿고 있었다.
집조차 그런 열망을 담아 양화진 근처로 이사를 왔다고 했다.
"전국의 신학대학 교수들과 학생들이 평양 대부흥 100주년인
2007년에 다시 부흥이 일어나길 기도하고 있습니다.
다시 그와 같은 영적인 부흥이 오지 않으면 소망이 없습니다."

박용규 교수의 얼굴에 비장감이 돌았다.
'다시 부흥이 오지 않으면 소망이 없다.'
나는 속으로 그 말을 되뇌었다.
부흥에 대해 연구하고 다큐멘터리를 만들라는 소명을 받았지만
그 당시만 해도 부흥에 대한 갈망이 그리 크진 않았다.
아직도 '부흥'이란 모호한 무엇이었던 것이다.
"무언가 있나 보다."
박 교수의 진지함과 열정은 내 안에도 그런 파문이 일렁이게 했다.
부흥에 대한 긴박감 넘치는 그의 인터뷰를
듣는 것만으로도 가슴이 뛰고 흥분이 느껴졌다.
"부흥이라는 것이 이렇게 드라마틱하고 대단한 것이구나."
사람들이 부흥에 열광하는 이유를 알 것 같았다.
하나님의 성령이 주체할 수 없는 강력함으로 임하시는 것이 부흥이다.
강렬한 성령의 역사를 경험하고 그 한가운데 서 있고 싶은 마음은
신앙인이라면 누구나 꿈꿀 만한 것이다. 그러나 내 안에는 토마스에 대한
생각만 가득했다. 호시탐탐 그에 대한 질문을 하려고 기회를 노렸다.
성령께서 부흥을 위해 나를 부르셨다면, 다큐멘터리를 만드는 것이다.
나는 단지 그 작은 일에 충실해야 한다. 그것이 나의 부르심이다.
"혹시 토마스의 죽음은 그런 부흥과 어떤 연관이 없을까요?"
먹이를 노리던 호랑이처럼 기회를 포착한 내가 물었다.
"물론 당연히 있지요.
토마스 선교사의 순교는 평양 대부흥의 가장 중요한 씨앗이지요."
예상 못한 답변에 놀란 건 나였다.
"토마스가 평양 대부흥의 씨앗이라고요?"
혹시나 해서 던진 질문인데 연관이 있다니 순간 나는 충격으로 아득해졌다.

널다리골교회(좌)
장대재교회(우)

박용규 교수는 강의를 하듯 그 근거를 설명하기 시작했다.
"1866년 토마스 선교사가 순교하면서 성경들을 전해주었는데
그 성경을 전해 받은 사람들 중 하나가 그를 죽였던 박춘권,
그리고 박춘권의 조카였던 이영태입니다.
이 이영태라는 사람이 그 성경을 읽고 예수를 믿어 숭실학교를 졸업하고
레이놀즈 선교사의 조사전도사가 되어
성경의 3분의 2를 번역할 때 큰 기여를 합니다.
토마스가 순교하기 전 최치량이라는 아이에게도
성경을 3권을 주었는데 금서禁書인 성경을 가지고 있던 최치량이 겁이 나니까
이것을 평양 감영 경비였던 박영식그는 성경을 수거하는 책임을 맡았다에게
건네준 겁니다. 이 박영식이 성경 3권을 가져가 자기 집에 도배를 합니다.
그러니 그 어디를 봐도 하나님 말씀이다보니
말씀과의 만남이 그 현장에서 이루어진 것이지요.
결국 박영식이 성경을 도배했던 그 집이 이후에
평양 최초의 교회인 널다리골교회가 됩니다.
그 널다리골교회가 장대재교회가 됐고 후에 장대현교회가 된 것이지요.
이 장대현교회에서 1907년 1월 14일 놀라운 성령의 역사가 일어난 겁니다.
그러니 토마스의 죽음과 평양 대부흥은 모종의 연관이 있는 것이지요."
마치 한편의 소설 같은 이야기였다.
"이런 놀라운 일이 있었다니!"

지난날 널다리골교회가 장대재교회로,
장대재교회가 장대현교회가 되었다

머리카락이 쭈뼛하고 몸이 후들거렸으나 내색하지 않고 참았다.
토마스가 순교하면서 전해준 성경이 평양 대부흥의 씨앗이 되다니,
상상조차 하지 않았던 이야기다.
"정말 근거가 있는 것인가요?"라고 묻고 싶었으나 평양 대부흥에 대해
가장 많은 연구를 한 학자에게 큰 실례가 될 것 같아서 묻지 않았다.
"과연 우리 하나님이시구나!
그렇게 죽어간 희생을 통해 결국 열매를 거두셨구나."
나는 하나님의 그 섭리와 사랑에 탄복하였다.
"이것을, 이런 하나님의 섭리를 깨닫지 못하게 하려고
악한 영들이 그렇게 방해를 했나 보다."

하나님이 상처입고 고통당하는 당신의 증인들을 통해 그의 위대한 사역을
진행시키는 것은 그분의 가장 큰 신비神秘 중 하나이다.

바돌로매 지에젠발

"부흥은 수많은 밀알들의 수고와 희생을 통해 열매 맺는다.
그 밀알들과 그들의 뜨겁고 고독한 여정에 동참하시는
우리 하나님의 이야기를, 그 신비를 더욱 알아보리라."
웨일즈에 가야겠다고 마음먹은 것도 바로 그 다짐으로부터다.
토마스의 흔적을 찾아가고 싶은 갈망도 바로 그때 내 손에 쥐어졌다.

———토마스의 흔적을 찾아 평양으로

이 글을 쓰기 직전에 갑자기 평양으로 촬영을 가게 되었다. 그동안 여러 차례
미루어진 '평양 과기대'를 위한 학사회의를 북한 측이 허락한 것이다.
처음 평양에 가게 되었는데도 마음은 오히려 담담했다.
"나도 가고 싶은데, 부러워 죽겠어요."
통일과 부흥을 꿈꾸는 이들이 너도 나도 평양 방문을 부러워했지만
이상하게 나 자신은 무덤덤하기만 했다.
떠나기 전날 작가인 최윤 교수가
나와 정진호 교수를 위해 기도해주고 싶다고 작업실을 찾아왔다.
최윤 교수도 통일과 부흥을 위해 기도하는 사람이다.
하나님은 이토록 그 나라를 위한 열망들을 많이 예비하셨다.
최윤 교수가 우리 두 사람을 위해 깊고 진지하게 기도하기 시작하자
성령의 임재가 느껴지며 담담하던 마음이 꿈틀대기 시작했다.
"성령님, 그곳에서 예비하신 것을 보여주세요."
그제야 내 안에 평양과 부흥, 통일에 대한 갈망들이 치솟기 시작했다.
정진호 교수가 내 책상에서 앤드류 머레이의 《겸손》을 뒤적였다.
그러더니 놀랍다는 표정으로 말했다.
"오늘 아침 기도 가운데 마음이 너무나 무거웠습니다.
모든 것이 영적으로 막힌 것 같고

사람들과 일에 대해서도 답답함만 있었는데…."
그러면서 《겸손》을 펼쳤다.
"새벽에 기도하는데 성령께서 이 말씀으로 저를 위로해주셨습니다.
그런데 우연히 이 책을 펼치는 순간, 그 첫 페이지에 동일한 말씀이
나온 겁니다. 이번 평양 가는 길에 주시는 말씀이라는 생각이 듭니다."
우리는 그 말씀을 같이 보았다.

> 또 새 영(靈)을 너희 속에 두고 새 마음을 너희에게 주되
> 너희 육신에서 굳은 마음을 제하고 부드러운 마음을 줄 것이며
> 또 내 신(神)을 너희 속에 두어 너희로 내 율례를 행하게 하리니 에스겔서 36:26,27

나는 속으로 놀랐다.
그것은 그동안 부흥의 본질로 깨달아 오던 말씀이었다.
결국 부흥이란 성령께서 오셔서 자기 체질과 우상으로 굳어진
돌같이 무딘 심령들과 틀을 녹이고 '새 마음'을 주시는 것이다.
그 마음을 가질 때 비로소 하나님의 사랑과 그분이 가시는 길이 느껴진다.
그 뜨거운 일하심이 만져진다.
"올해 제 삶의 지표를 '겸손'으로 잡았는데 또 이렇게 확증해주시는군요."
정진호 교수는 떨리는 소리로 말했다.
풀어져 가던 굳은 내 마음이 그 겸손한 고백에 더욱 녹아지고 있었다.
"주님, 이번 평양행을 통해 예비하시고
깨닫게 하시려는 것들을 만지게 하옵소서."
그때 품었던 기도를 나는 평양 땅에 가서도 단단히 붙들었다.
내 마음대로 움직일 수 없는 환경이라 일행 속에서 고요히 그 기도만 드렸다.
"저 곳이 유명한 만경대 소년 궁전입니다."

도착한 다음날 북한 안내원이 만경대를 다녀오다가
창 밖의 거대한 건물을 가리키며 말했다.
그때 갑자기 떠오르는 것이 있었다.
"1907년 평양 대부흥이 일어난 장대현교회 자리에
지금 평양 소년 궁전이 서 있습니다."
1907년 평양 대부흥에 대해 인터뷰를 했던
감신대 이덕주 교수가 했던 말이 불현듯 생각난 것이다.
2년 전 인터뷰인데도 그 말이 또렷이 울려왔다.
"저기를 좀 구경하면 안 될까요?"
나는 안내원에게 다급히 요청했다.
다행히 시간이 많이 남아서 안내원이 차를 세워 촬영을 하게 해주었다.
'성령께서 이 평양 대부흥의 진원지를 보여주고 싶으셨군요.'
나는 속으로 감사하며 소년 궁전을 급히 촬영했다.
정말이지 이곳을 찍게 되리라고는 상상도 못했다.
그런데 안내원에게 그곳의 지명을 묻자 '칠골'이라고 했다.
"칠골이라면 칠골교회가 있었을 텐데…."
약간 의아한 마음이 들었지만 장대현교회 터를 찍었다는 감격에
그냥 지나치고 말았다. 그런데 결국 문제가 터졌다.
평양 지도를 구한 K교수님이 만경대 소년 궁전을 가리키며
장대재장대현가 그곳이냐고 물은 것이다.

장대현교회 터 위에 세워진 평양 소년 학생 궁전

"장대재에 있는 소년 궁전은 그곳이 아니라
여기 있는 평양 소년 학생 궁전입니다."
안내원의 말에 나는 당황했다.
평양에는 소년 궁전이 두 군데나 되었던 것이다.
내가 찍은 곳은 장대현교회 터가 아니었다.
'주님, 도와주세요. 장대현교회 터를 반드시 찍게 해주세요.'
나는 급히 다시 기도하기 시작했다.
그리고 반드시 그것을 찍게 되리라는 확신을 가졌다.
오후에 평양 과기대 건설 현장을 찾았다.
"옛날 이곳이 낙랑시대 유적지가 있던 곳인가요?"
내가 조심스레 안내원에게 물었다.
손영섭 목사님이 증언하신 토마스 순교기념교회 근처에
낙랑시대 유적이 있었다는 걸 확인해야 했기 때문이다.
"물론이지요. 옛 낙랑시대 터입니다. 저기 보이는 파란 건물 안에는
지금도 낙랑 공주의 우물이 남아 있습니다."
"정말 공사 현장에서 종탑이 나왔나요?"
공사를 진행했던 분에게 은밀히 물었다. 그는 내 속내를 모르고 있었다.
"그렇습니다. 옛 낙랑의 무덤들, 유적들도 많이 나왔습니다."
지금은 황무한 공터처럼 보이는 이곳이 그 옛 낙랑의 땅이었음이 현장에서
입증되었다. 다른 교수들이 북한 측 대표들과 회의를 하는 동안

나는 혼자 평양 과기대 건물 위로 올라갔다.
"하나님, 제가 어떻게 이 땅에 와 있지요?
하나님의 역사란 그 섭리란 과연 어떤 것인가요?"
차가운 겨울바람이 스치고 지나가서였을까?
나도 모르게 굵은 눈물이 흘러내렸다.
멀리 평양 시내와 대동강이 아스라이 보였다.
저 근처 어디쯤 토마스의 무덤이 있을 것이다.
스물넷에 상해에서 아내를 잃고
견딜 수 없는 마음을 부둥켜안고 조선을 향해 죽고자 했던 청년.
그는 결국 이 근처 어디에선가 예수와 성경을 전하다가 숨졌다.
그런데 100여 년이 훌쩍 넘은 지금
하나님은 그 피 흘린 터 위에 무언가를 세우시고
나는 그의 흔적을 찾아 여기 이렇게 서 있다.
어떤 보이지 않는 연결고리와 인연因緣의 힘들이
나를 이곳까지 오게 했다는 생각이 들었다.
'회의가 너무 늦게 끝나면 날이 어두워질 텐데….
그러면 장대현교회를 못 찍을 수도 있다.'
그런 생각도 들었지만 내 안에는 성령께서 주시는 평안이 있었다.
결론부터 말하자면 그날 저녁 극적으로 장대현교회 터를 촬영했다.
북한측 대표들도 마음이 부드러워져서
회의는 일사천리로 진행되어 일찍 끝이 났고
시간이 남은 안내원이 시내에서 쇼핑을 하게 해주었다.
마침 버스가 평양 소년 학생 궁전 앞을 지나게 되어
차창 너머로 촬영을 한 것이다.
오히려 그 촬영이 더 극적이고 가슴 떨리는 무엇으로 담겼다.

1907년 평양 대부흥의 진원지인 장대현교회의 역사는
박용규 교수가 증언했듯 토마스 선교사의 순교에 그 기원이 있다.
널다리골교회가 있었던 대동문大東門을 멀리 지나치며
그 옛날 이 땅에서 일어난 하나님의 뜨거운 역사들을 잠잠히 생각했다.

_____ 측량 못할 섭리들

1890년 평양 시내에는 이상한 소문이 퍼지기 시작했다.
키가 크고 눈이 파란 양귀자洋鬼者, 즉 괴상한 서양인이 나타나서
서양교西洋敎를 전하는데 거기에 빠지면 혼이 뽑혀 미친다는 소문이었다.
평양에 전도하러 온 마펫S. Moffett 선교사를 가리키는 말이었다.
소문을 들은 평양 '널다리골'에 살고 있던 한 사람이 호기심이 동해
마펫 선교사를 찾아가 담론談論을 나누었다.
"몸은 죽여도 영혼은 죽이지 못하는 자를 두려워 말고 몸과 영혼을
지옥에서 멸하는 하나님을 두려워하십시오."
마펫은 그에게 단정적으로 말씀을 전하며,
"하나님의 아들 예수님을 구세주로 믿으면 영생을 얻습니다"라고 전도했다.
그는 일리가 있다고 생각하면서도 이해가 잘 안 되는 눈치로 돌아갔다.
그리고 친구 두 사람을 보내어 그가 전하는 진리를 더 알아보라고 했다.
그중에 김종섭이라는 친구는 그와 함께 산속에서 선도仙道를 공부하며
신선이 되기 위해 100일 기도를 하던 친구였다.
그런데 다시 돌아온 친구 김종섭이 변화되어
오히려 예수를 믿으라고 전도를 하는 것이었다.
참으로 어처구니가 없는 일이었다.
"서양 도道가 어떤 것인지 알아보라고 보냈는데

그렇게 경솔하게 선도를 버리고 서양교를 믿으면 어떻게 하겠느냐?"
그는 호되게 그를 질책했다. 그러면서 그의 배도背道에 큰 충격을 받았다.
김종섭은 그 후 거의 날마다 그에게 와서 전도 책자를 주며
예수를 믿으라고 전했다.
그가 준 여러 전도 책자를 받아 읽었지만 큰 감동을 받지 못했다.
그러나 어느 날 존 번연의 《천로역정天路歷程》을 받아 읽을 때에는
마음에 큰 감동이 일어나는 것을 느꼈다.
그 후 자기가 믿던 선도와 기독교에 대한 갈등과 번민이 더해져
극심한 소화불량까지 생겼다.
김종섭은 하나님께 기도해보라고 권했다.
"만약에 하나님이 진짜라면 그로 인해 생긴 병이니 고쳐주시지 않겠나?"
세상이 허무하여 신선이 되기 위해 수없이 100일 기도를 했던 그는
마음에 깊은 번민을 품고 이른 새벽에 기도하기 시작했다.
진정한 도道가 무엇인지 간절히 구하길 수삼 일째….
밤이 깊어 새벽 한 시쯤 되었을 때였다.
"정말 예수가 인류의 구세주인지 알려주옵소서"라는 말이 채 끝나기도 전에
갑자기 청아한 피리 소리가 들리더니 탕탕 하는 요란한 총소리가 들려왔다.
깜짝 놀라는 순간 하늘에서 그의 이름을 세 번이나 부르는
천둥 같은 소리가 들렸다. 그는 두려움에 떨며
"아버지여, 저의 죄를 용서하여주시고 저를 살려주옵소서!"
회개하며 울부짖었을 때 그의 몸은 불덩어리가 된 듯이 뜨거웠다.
성령께서 임하신 것이다.
그는 너무 기뻐서 감사의 눈물을 흘렸고
놀랍게도 성령을 체험하고 다시 태어났다.
아침에 찾아온 김종섭은 이 사실에 뛸 듯이 기뻐했다.

길선주(1869~1935)
게일이 번역한 《천로역정》을 읽고 회심하여 후에 평양 대부흥의 주역이 된다

살아 계신 하나님이 입증된 것이다.
두 사람은 그 길로 선교사 마펫이 세운 동네의 '널다리골교회'로 가서
예배를 드리며 감사기도를 드렸다.
이것은 한국교회사상 가장 극적인 순간이었다.
이런 놀랍고도 독특한 체험으로 예수를 믿은 사람이 바로
1907년 '평양 대부흥'의 주역이요,
한국교회의 영적 거성트토 길선주吉善宙 목사였다.

그런데 더욱 놀라운 것은 길선주가
후에 장로가 된 이 널다리골교회의 역사다.
길선주가 그 교회에서 예수를 믿은 것은 앞으로 일어날
부흥을 향한 하나님의 측량 못할 섭리요, 예비였다.
그 교회가 후에 1907년 평양 대부흥의 본산지 장대현교회가 된다.
그리고 그 시작은 토마스의 순교였다.
1866년 미국 상선 제너럴 셔먼 호가 평양 대동강가에 올라왔다.
외세를 배격하던 군인들에 의해 셔먼 호는 불타고
동승했던 토마스는 성경을 전하다가 순교한다.
목이 잘리기 전 가지고 온 성경을 던지며 전도했다는 것만이 알려진
외견상 너무나 보잘것없었던 토마스의 선교 활동….
아직도 순교냐 아니냐로 논쟁이 있는 그 죽음은

길선주(중)와 마펫(좌)과 그래함 리(우) 선교사

실패한 선교사의 전형적 모습으로 여겨졌다.
토마스가 처참하게 대동강가에서 죽어간 지 27년이 되던 1893년.
마펫S. A. Moffett, 그래함 리G. Lee, 스왈른W. L. Swallen 등
세 사람이 함께 평양에 복음을 전하기 위해 찾아왔다.
그들은 최치량이라는 사람의 주막에 머무르면서 전도를 시작했다.
놀랍게도 최치량은 토마스가 목 베임을 당할 때
그 장면을 지켜보았던 사람이었다.
최치량의 나이 12세 때, 그는 숙부와 함께 당시 평양을 떠들썩하게 만든
제너럴 서먼 호를 구경하러 갔다가
어떤 서양인이 강둑으로 기어올라 많은 책을 뿌리는 것을 보았다.

용감하게도 홀로 '耶蘇'예수라고 고함을 치며 무수한 성경을 船頭선두에서 뿌려주었스니
이 壯絶快絶장절쾌절한 극적 광경은 당시 근 이십의 청년으로
外城외성에 거주하면서 江岸城上강안성상에서 이 광경을 친히 목격하고
후에 평양 부근 장로교회 초대신자가 되야 팔십 고령인 금일에도
충실하게 대동군 대동강 조왕리교회에 출석하는 黃命大 氏황명대 씨가 증명하고 잇다…'
당시 觀景人관경인 중 생존자의 言言언이…
船선 燒火時소화시에 何許 一洋人하허 일양인이 서적을 擲外척외하면서
'예수'라 말하는 것을 聽聞청문이라 하오며….

오문환 《도마쓰 목사전》

나는 토마스에 대한 이 자료를 읽고 놀랐다.
토마스가 죽기 전에 "예수!"라고 외치며 성경을 전한 사실을 목격한
황명대라는 사람이 후에 '조왕리교회'를 다니고 있다는 증언 때문이다.
"토마스 순교기념교회는 조왕리교회라고도 합니다."
손영섭 목사님이 전해준 이야기가 생각났다.
토마스의 죽음을 목격한 사람이 후에 예수를 믿고
순교한 지역 근처에 세워진 조왕리교회를 다니고 있다는 것이다.
그 교회가 후에 토마스 순교기념교회로 불린 것이다.
"토마스가 성경을 전한 사역은
우리가 알지 못한 많은 열매를 맺었을 수도 있다."
문득 그런 생각이 들었다.
그 당시 토마스는 성경책을 많이 뿌렸으며 그것을 가져간 사람은
최치량 등 몇 사람 외에는 파악할 수 없기 때문이다.
알려지지 않았을 뿐 성령께서 역사하셔서 변화시킨 사람이
더 있을 수 있다는 생각이 든 것이다.
"성령님은 우리가 알지 못하는 수많은 상황 가운데서
탄식하며 중보하시고 당신의 역사들을 이루고 계신다."
그것을 입증하는 놀라운 근거가 있다.

그때 근처에 있던 여러 아이들도 그가 뿌린 성경책을 주워 갔다.
최치량도 남몰래 세 권을 주워 집으로 가져왔다.
아버지는 그것은 위험한 천주교도들의 책이니 갖다 버리라고 하였다.
하도 많이 뿌렸기 때문에 관청에서는 그것을 한 곳에 모으라고 했다.
그 책임자는 평양성城 대동문을 지키던 관리 박영식이었다.
겁을 먹은 최치량은 그 책을 박영식에게 가져다주었다.

그는 나중에 자기 집을 지을 때에 수거했던 성경을 찢어 벽지로 발랐다.
세월이 흐른 후 최치량은 박영식의 집을 구입해 주막으로 사용한다.
1893년 평양에 선교를 하러 온 사무엘 마펫과 조사 한석진이
우연히 이 주막에 머물렀는데 벽지를 읽어보니
놀랍게도 한문성경이었다.
너무나 놀란 그들이 주인 최치량을 불러 자세한 이야기를 물으니
토마스가 목 베임을 당할 때 던져준 그 성경책임이 드러났다.
그때까지도 토마스의 순교는 그리 알려지거나 평가되지 못했다.
"이 소설 같은 이야기는 결코 우연이 아니다.
토마스의 죽음을 복되게 들어 쓰신 하나님의 측량 못할 연출이다."
나는 이 자료들을 읽고 감격으로 어쩌지 못했다.
복음을 온전히 전하지도 못하고 성경을 뿌리다가 목이 잘려 죽은
그 허무한 청년의 죽음을 하나님은 결코 모른 체하지 않으셨다.
하나님은 후에 이 깨달음을 《애통하는 자는 복이 있나니》라는
팔복의 모티프로 이끌어주셨다.
영문도 모르고 그 집에 살던 최치량은 그 서양인이 토마스임을 알게 되고
두 사람을 통해 복음을 듣게 되었다.
성령의 감동으로 최치량은 믿음을 갖게 되고
1894년 1월, 드디어 마펫에게 세례를 받았다.
그는 평양 선교에 큰 도움을 주었고 한석진 등과 함께 복음을 전하다가
체포되는 고통을 겪었으며 나중에 장대현교회 설립의 공헌자가 되었다.
결국 토마스가 뿌린 씨앗이 열매로 나타난 것이다.

그들은 최치량이 경영하는 주막을 중심으로 선교터를 마련하고
본격적으로 교회를 세우기 위해 집 한 채를 구입한다.

널다리골교회에서 최치량(좌)과 한석진(우)

그러나 집주인이 외국인에게
집을 판 혐의로 체포되자 선교사들은 집을 물리고 평양을 떠나야 했다.
토마스 때처럼 여전히 외국인들을 배척하는 시절이었다.
이때 관官에서 동원한 평양 군중들이 마펫 일행에게 돌을 던지며 시위했는데
한 열혈 청년이 돌을 던져
마펫 선교사의 턱뼈를 부러뜨리는 사건이 일어났다.
놀라운 것은 그가 바로 평양 대부흥의 시기인 1908년 한국인 최초로
제주 선교사가 된 능력의 전도자 이기풍李基豊이다.
이기풍의 회심에서도 길선주처럼 하나님이 직접 그 이름을 불러주셨다.
"기풍아, 기풍아, 너는 왜 나를 핍박하느냐?
너는 앞으로 내 증인이 될 사람이다."
마펫을 괴롭히고 깊은 번민에 빠져 있다가 잠에 든
이기풍을 예수님이 부르신 것이다. 꿈을 꾸고 난
이기풍은 회개의 눈물을 흘리고 누구의 전도도 없이 홀로 예수를 믿었다.
한국교회 초기에 하나님께서 이런 놀라운 역사를 시작하셨다.
마펫이 평양을 떠났지만
한석진은 선교사 없이 뜨거운 열정으로 고군분투했다.
교인이 점차 늘자 최치량의 도움으로 대동문 안의
널다리골에 있는 홍종대라는 사람의 기와집을 샀는데
이 집 또한 박영식의 집이었다는 설說이 있다.

박영식 또한 놀라운 역사의 주인공이다.
토마스가 뿌린 성경을 수거하는 역할을 한 그는 성경을 찢어 도배를 하고
매일 그것을 읽다가 감동이 되어 예수를 믿게 되었다고 한다.
진리의 성령께서 그렇게 역사하신 것이다.
미처 확인하지 못했을 뿐 이런 성령님의 역사는 무수히 많았을 것이다.
결국 그의 집이 예배 처소로 쓰이게 되었는데
그것이 평양 최초의 교회인 '널다리골교회' 다.

순교자의 피가 교회의 초석礎石이다.

터툴리안

결국 토마스가 전했던 성경을 가졌던 최치량, 박영식을 통해서
하나님은 놀랍게도 그가 그토록 이루고 싶어 했던
평양 선교, 그 땅의 회복을 다시 시작하셨다.

말할 수 없는 탄식으로

나는 또 다른 놀라운 하나님의 역사를 알게 되었다.
어느 날 널다리골교회 근처에 살던 한 노인이 교회를 찾았다.
그는 마펫 선교사에게 울며 죄를 자백하고 용서를 구했는데
자초지종을 들어보니 놀랍게도 그가 30여 년 전 토마스를 죽인 박춘권이었다.
그는 제너럴 셔먼 호 사건 당시 제대한 군졸이었는데 옛 상관이었던
이현익이 제너럴 셔먼 호에 인질로 잡혀 있다는 소식을 듣고,
한밤중에 몰래 셔먼 호 안으로 들어가 이현익을 구출해내었다.
셔먼 호와의 전투 때 화공전법火攻戰法으로
셔먼호에 불을 붙인 이가 바로 박춘권이다.
그때 불붙은 배에서 도망쳐 뭍으로 올라 온 토마스를 그가 붙잡았고
결국 대동강가에서 직접 목을 베었다.
당시 임금조차 칭찬한 큰 공을 세웠지만 박춘권은 늘 근심이 가득하고
그 서양인이 죽기 전에 자신에게
성경을 전해주던 장면이 자꾸만 떠올랐다고 한다.
그런데 30년이 흘러 집 근처에 서양인 선교사들이 교회를 세운 것이다.
그것이 널다리골교회다.
주일마다 울리는 종소리에 박춘권은 자신이 죽인 서양인이 떠올라
견딜 수 없는 고통을 안고 스스로 교회를 찾게 된 것이다. 그 널다리골교회가

토마스를 죽인 박춘권의 집 근처에 세워질 줄이야 누가 알았겠는가?
하나님의 섭리는 이토록 독특하며 놀랍다.
그의 참회를 들은 마펫이 1899년에
이 놀라운 사실을 선교사 모임 때에 발표하였다.
그는 예수를 믿고 안주교회의 영수領袖가 되어 평양 땅의 부흥에 헌신하였다.
"진정 놀라우신 하나님 사랑의 역사다.
토마스를 죽인 자까지 사랑하여 그 은혜 안에 품으신 것이다."

> 너희 원수를 사랑하며 너희를 핍박하는 자를 위하여 기도하라
> 이같이 한즉 하늘에 계신 너희 아버지의 아들이 되리니 마태복음 5:44,45

이것이 천국의 회복이며 부흥의 본질이다.
부흥은 하늘의 마음을 회복하는 것이다.
우리에게 능력과 감동을 주심은
그리스도의 충만하심, 그리스도의 사랑으로 역사하는
'믿음'을 갖게 하심이다.
서편으로 넘어가는 황혼녘에 나는 평양의 한 모퉁이에서 백 여 년 전 일어난
이 사랑의 역사를 생각하며 잠잠히 감격에 젖었다.
"저 어딘가에 널다리골교회 터가 있겠지."
안내원에게 널다리골이라는 지명을 슬쩍 묻기도 했지만,
이미 그 지명은 없어진 지 오래였다. 길선주와 최치량, 박춘권만이 아니라
수많은 이들을 키워낸 널다리골교회는 몇 년 안 되어 근처 높은 고개 위에
교회를 지어 이전했는데 그것이 '장대재교회'다.
장대재는 지금도 평양에서 가장 높은 고개로 소년 궁전이 세워져 있다.
그리고 얼마 후 그 터 위에 더욱 큰 교회를 지었는데

그곳이 1907년 성령의 강력한 역사가 일어나
한반도를 불태운 '장대현교회'다.
결국 평양 대부흥은 토마스의 순교가 밀알이 되어 자라난 것이다.

> 작은 일의 날이라고 멸시하는 자가 누구냐 스가랴서 4:10

1859년 그 강력했던 영국의 부흥도 한 소녀의 죽음이 기원이 되었듯이
역시 가장 놀라운 부흥으로 평가되는 '평양 대부흥'도
한 무명 선교사의 희생을 통해 열매로 나타났다.

"혹시 이영태 선생에 대해서 아십니까?"
나는 북한의 안내원에게 그것을 무척 묻고 싶었다.
그러나 모든 것이 조심스러워 쉽게 그런 분위기가 만들어지지 않았다.
많은 이들이 잘 모르는 사실이지만 북한에도 성경이 존재한다.
얼마 전 그 사실을 처음 알았을 때 나는 무척 놀랐다.
북한에는 성경이 없을 것이라 믿었기 때문이다. 현재 북한의 성경은
독자적인 번역이 아니라 한국 공동번역 성서의 〈평양 교정본〉이다.
"북한 성경은 공동번역 성서의 번역을 그대로 수용하면서
북한의 어휘와 문법에 맞춰 바꾸었다."
북한의 성경을 연구한 학자들은 그렇게 밝힌다.
공동번역을 고쳐 번역했다는 것이 특기할 만하다는 것이다.
"북한 땅에서 누가 공동번역을 수정 번역할 수 있었을까?"
나는 그것이 무척 의문이었다. 그런데 놀라운 사실이 밝혀졌다.
강영섭 '조그련' 조선 그리스도교 연맹 위원장은
2002년 7월 남북 교회지도자 모임에서

북한판 성경의 작업 실무자를 공개했다.
"그는 레이놀즈 선교사의 조수였던 이영태 선생입니다."
레이놀즈는 1938년까지 우리말 성경번역에 큰 공헌을 한 사람이다.
그를 도운 조수라면 충분히 성경을 번역하고 수정할 수 있을 것이다.
그런데 놀랍게도 이영태는 토마스를 처형한 박춘권의 조카였다.

그 박춘권는 토마스가 떨어뜨린 성경을 주워 집으로 가져왔다.
토마스를 죽인 그 사람은 작년에 평양신학교를 졸업한 이영태의 삼촌이었다.
이영태는 지금 레이놀즈 박사의 서기로 있으며,
성서번역위원회 회원으로 성서번역에 힘쓰고 있다.

해밀턴 〈The Korea Mission Field 1927. 9.〉

이영태는 토마스가 뿌린 성경을 훗날 삼촌 박춘권에게 건네받아 읽은 후
성령의 감동으로 예수를 믿게 되었다. 그리고 평양 숭실대학교에서 공부하고
나중엔 레이놀즈 선교사의 조수로 성경번역을 도왔던 것이다.
그가 살아남아 현재 북한에서 쓰이는 성경을 번역한 것이다.
얼마 전 홍정길 목사님과 이 얘기를 나눈 적이 있다.
"이영태 선생에 대한 것은 아는 이가 드문데 어떻게 알았습니까?"
목사님은 조금 놀라시며 말했다.
"성령께서 알려주셨지요."
나는 농담처럼 그렇게 답했다.
그러나 그 말끝에 와 닿는 무엇이 있었다.
"분명 성령께서 우리가 알지 못하는 역사들을 이루셨을 것이다."
홍정길 목사님은 이영태 선생의 번역이
북한의 언어로 번역된 매우 가치 있는 작업이라고 하셨다.

"성령께서 통일시대를 대비해 그 땅의 언어로 성경을 번역해놓으신 것이다."
지금은 명확히 손에 잡히지 않지만 나는 성령께서 그 흑암의 땅에서
많은 일들을 하고 계신다고 믿는다.

오직 성령이 말할 수 없는 탄식으로 우리를 위하여 친히 간구하시느니라
마음을 감찰하시는 이가 성령의 생각을 아시나니
이는 성령이 하나님의 뜻대로 성도를 위하여 간구하심이니라 로마서 8:26,27

우리는 그곳을 절망과 암흑으로만 여기지만 성령께서는 그 땅을
버려두지 않으시고 측량 못할 섭리와 열심으로
열매를 거두고 계셨으리라는 믿음이 생겼다.
"아무도 모르는 그 역사들을 알게 해주세요."
나는 그 성령님의 일하심을, 말할 수 없는 탄식으로 고통받는
당신의 백성들과 함께하신 하늘의 일하심을 만지고 싶었다.
진정 알고 싶어 간절히 구했다.
그 후 내가 알지 못하던 많은 정보들을 보여주셨다.
미국 시민권을 가진 어느 선교사의 증언은 가슴을 뒤흔들었다.

하나님의 허락하심으로 믿음을 지키는 북한 성도들을 만날 기회를 얻었습니다.
몇몇 분의 소개를 거쳐 그들을 접촉할 수 있었습니다.
그들의 신앙은 감히 부끄러워서 말할 수 없을 정도로 독실하였습니다.
죽으면 죽으리라는 순교의 각오로 믿음을 지키고 있었습니다.
천국의 광채를 지닌 그들의 얼굴은 이 땅 사람의 얼굴이 아니었습니다.
그들은 양식이 없어도 산에 올라가거나 들에 나가 기도한다고 합니다.
아침에 출근하기 전에 기도하고, 낮에 12시가 되면 각자 일터에서

그리고 학습장에서 눈을 감고 기도하는 것이 아니라 그냥 하늘을 보며
마음속으로 기도하고, 퇴근하고 식사 후에도 기도한다고 했습니다.
그들의 2세가 이제 청장년이 되었습니다. 그들도 찬송가를 300곡은
족히 알고 있으며, 3,4절까지 외우는 것도 많다고 했습니다.
자녀들을 양육하면서 하나하나 가르친 것이었습니다.
찬송가를 구할 수가 없기에 외우지 않으면 안 되었다고 했습니다.
성경도 물론 귀해서 종이에 베껴서 많은 사람이 돌려봐야 했으며
그나마 부모님이 순교를 각오하고 숨겨두셨던 옛 성경책은
너무 오래 전 것이라서 옛말이 많이 섞여 있어 볼 수가 없다고 했습니다.
식구들이 돌아가면서 성경을 읽을 때
다른 식구들은 교대로 밖에서 보초를 서야 한다고 합니다.
한 가정이 어려움에 처해 숙청을 당하게 되면,
오륙 십 리 먼 길을 걸어 다른 사람과 기도제목을 나누어
합심하여 기도하면 하나님께서 응답하여주신다고 했습니다.

이런 증언들을 접하며 얼마나 울었는지 모른다.
여전히 안일하고 피상적이며 자기 유익만 구하는 부끄러움….
부흥의 흔적을 찾아 만주와 간도 땅을 갔을 때도 북한 지하교회 성도들의
편지와 증언들을 많이 보게 되었다.

하나님의 살아 계심을 다시 체험하게 되어 감사드립니다.
하나님, 늘 보호하시고 지켜주심을 감사드리고 찬양합니다.
오직 하나님만을 사랑하며 영광 돌리옵니다.

북한 성도의 편지

성령님은 그 흑암 속에서도 그들과 함께하셨고
뜨거운 체험과 역사들이 이어져 온 것이다.
"정말 성령께서 그 흑암 가운데서도 그들과 함께하셨구나.
그들을 보존하시고 사랑하시고 돌보셨구나."
나는 뜨거운 감격으로 눈물을 흘리며 감사드렸다.
우리보다 더 큰 고통을 안타까워하시고 구원을 위하여 애쓰시는
하나님이심을 나는 알게 되었다. 그리고 그 순교적인 삶들은
언젠가 하나님의 때kairos에 놀라운 부흥으로 열매 맺을 것이다.
북한 땅에는 토마스만이 아니라 수많은 순교의 피가 뿌려졌다.
우리는 그들을 알지 못하지만 하나님은 다 아신다.
다 기억하시고 결코 하나도 잃어버리지 않으신다.
세상 죄를 지고 가는 어린 양 예수 그리스도를 닮은 그들의 희생들을
그 헌신과 충성을 통해 반드시 열매 맺으신다.

> 진실로 진실로 너희에게 이르노니 한 알의 밀이 땅에 떨어져 죽지 아니하면
> 한 알 그대로 있고 죽으면 많은 열매를 맺느니라 요한복음 12:24

주님은 십자가에 죽으심으로 성전의 휘장을 찢으시고 죄로 막혀 있던
하늘 문을 열어놓으셨다. 하나님의 영靈을 만민에게 부어주신 것이다.
그것이 부흥이다. 그것이 토마스의 죽음을 통해 보여주신 회복의 비밀이다.
부흥의 근원들을 추적하다보면
그리스도를 닮아 드린 '희생'이 깃들어 있다는 것을 알게 된다.
그 뜨겁고 놀라운 대부흥의 역사가 있었던 평양의 한 모퉁이에서
나는 두렵고 떨리는 심장으로 하나님의 그 역사를 생각하였다.

또 다른 부흥의 뿌리

평양에 다녀온 후 중국 심양의 동관교회를 찾아갔다. 그곳은 최초로
한글성경을 번역한 존 로스J. Ross 선교사의 흔적이 남아 있는 곳이다.
"로스, 맥킨타이어 같은 스코틀랜드 출신 선교사들의 헌신이
평양 대부흥에 중요한 밑거름과 뿌리가 되었습니다."
《평양 대부흥운동》의 저자인 박용규 교수와의 인터뷰에서
들었던 그 말이 늘 가슴에 남아 있었다.
"토마스뿐만 아니라 로스 선교사도 평양 대부흥의 뿌리였구나."
그때 이후 로스의 흔적을 무척이나 찾고 싶었다.
하지만 다른 촬영이며 집회 일정들이 겹쳐서 가지 못했다.
어느 날 고려문高麗門의 흔적이 발견됐다는 신문 기사를 보았다.
고려문은 만주와 평북 의주義州의 국경지대로 조선 선교를 꿈꾸던
윌리암슨과 번즈, 로스 같은 이들이 복음을 전했던 곳이었다.
이 외진 변방에서 시작된 베들레헴 같은 작은 역사들이
후에 북한 지역의 복음화에 큰 기여를 했고
결국 평양 대부흥의 중요한 밑거름이 된 것이다.
"주님, 이제 로스의 흔적을 찾아가야 할 때가 되었나봅니다."
기사를 스크랩하며 그렇게 기도했다. 2006년이 시작되면서
나는 다른 집회와 촬영 일정을 잡지 않고 심양에 가려고 마음먹었다.

현지에서 사역하는 선교사를 통해 로스가 한글 번역과
목회를 했던 동관교회와 고려문에 가기로 했는데
나는 그만 독감에 걸리고 말았다.
결국 일정을 미루고 머뭇거리다가 예상 못한
'1859년의 부흥' 속으로 여행을 떠난 것이다.
다시 회복되었지만 이젠 가이드를 해줄 사람이 없었다.
"주님, 이제는 더 이상 미룰 수 없습니다."
이 부흥의 여정에도 로스에 대한 글을 남겨놓고 있었다.
그에 대해 연구했지만 현장에 다녀오지 않고 쓴다는 것이 왠지 마음에 걸렸다.
그때 갑자기 연변 과기대에서 교직원 수련회 강사로 와달라는 요청이 왔다.
"연변에 가면서 심양에 들렀다 가면 된다." 문득 그 생각이 스쳤다.
과기대 직원에게 하루 전날 심양을 촬영하고 가겠다고 했더니
"그 날 심양에 가는 교수님이 계십니다.
그 분에게 가이드를 부탁하면 좋을 것 같은데요" 하는 것이다.
촬영을 결심했지만 가장 고민이 된 부분이 가이드였다.
그 넓은 심양 땅에서 로스의 흔적을 찾기란 어렵다. 게다가 중국말도 모르고.
그런데 갑자기 그 문제가 해결되었다. 하늘의 인도하심이라 느껴졌다.
얼마 후 같이 하나님나라를 고민하며 기도하는 K집사에게서 전화가 왔다.
"감독님, 제가 지금 누구랑 같이 있는지 아세요?"
"네? 모르지요."
정말 뜬금없는 전화였다.
"심양에 촬영 가시지요?"
"아니, 그걸 어떻게 아세요?"
"제가 지금 감독님을 가이드할 분과 같이 있어요."
"정말이요? 아니 어떻게?"

"제가 코스타KOSTA 해외 유학생 수련회에서 알게 된
연변 과기대의 K교수님하고 만나서 감독님 얘기를 한창 하고 있었거든요.
그런데 갑자기 교수님께 연락이 온 거예요.
감독님을 가이드해줄 수 있느냐고. 너무 놀랍지 않아요?
하나님의 섭리가…."
정말이지 생각지도 못한 일이 벌어졌다.
나는 주께서 로스에 대한 작업을 기뻐하신다고 생각했다.
그렇게 하여 심양 땅에 로스를 찾아 온 것이다. 공항에 도착하자 뜻밖에도
좋은 승용차와 조선족 안내인까지 나와서 나를 맞아주었다.
"원래 심양 시청에 근무하는 과기대 제자에게 부탁하려 했는데,
위치도 잘 모르지만 이 일 때문에 휴가를 내게 하기가 미안했습니다.
그런데 저희 교회 장로님과 우연히 감독님에 대한 얘기를 했는데
그런 일이라면 적극적으로 도와주겠다고 하신 겁니다."
그 장로님은 심양에서 사업을 하는 분이었다.
"하나님, 감사합니다. 더욱 열심히 하겠습니다."
나는 아이처럼 그런 감사와 다짐을 했다.

교회에 간다고 해도 촬영을 한다는 보장은 없었다. 인터넷을 통해
이곳을 찾았던 이들이 문이 잠겨 외부만 보고 돌아왔다는 글을 많이 남겼다.
그러나 나는 아무런 근심이 없었다.
"이 일을 시작하신 분이 다 이루실 것이다."
그토록 보고 싶었던 동관교회 앞에 이르자 감격이 솟구쳤다.
"이곳 교회들은 문이 대부분 작고 낮습니다."
내가 촬영을 하다가 문설주에 머리를 부딪히자 동행한 K교수가 말했다.
"교회가 핍박을 받을 때 예배당인 줄 모르게 하기 위해서 일부러

조선 의주와 만주의 국경지대였던 고려문

작고 낮은 문을 만들었다고 합니다."
나에게는 마치 부흥의 진정한 뿌리, 하나님의 역사를 찾으려면
더 겸손하고 낮아져야 한다는 의미로 들렸다.

> 좁은 문으로 들어가라 멸망으로 인도하는 문은 크고 그 길이 넓어
> 그리로 들어가는 자가 많고 생명으로 인도하는 문은 좁고 길이 협착하여
> 찾는 이가 적음이라 마태복음 7:13,14

주님의 이 경고와 초대에 나도 다시 진지하게 영靈으로 반응했다.
그 처절한 낮아짐이 아니고는 결코 진정성을 볼 수가 없다.
좁은 문으로 들어가 예배당으로 가자 의외로 문이 열려 있었다.
"마침 잘됐네. 청소를 하는 모양이네요."
교회에서 일하는 성도들이 엄청나게 큰 예배당 청소를 하느라
문을 열어놓은 모양이었다. 그래서 쉽게 예배당 안을 촬영하게 되었다.
로스 선교사가 조선의 선교를 꿈꾸며 만주 땅에 세운 교회,
너무나 와 보고 싶었던 예배당을 나는 조심스레 촬영했다.
"교회 사무실에 연락해보셨어요?"
청소하던 성도 한 명이 의아해 하며 묻는다.
교회 촬영을 하려면 사무실에 미리 연락을 취해야 한다는 것이다.
우리는 그가 가리킨 안쪽의 교육관으로 갔다.

존 로스(1842~1915)
스코틀랜드 출신의 중국 선교사로서
만주에서 활동하면서 성경을 한글로 번역하는 일에 힘썼다

사무실 안에는 한 노인이 무언가를 쓰고 있었는데
그가 우禹 장로님이다. 그는 진정 하나님의 예비자였다.
"로스 목사님이 세우신 동관교회에 찾아오신 것을 진심으로 환영합니다."
장로님은 따스한 환영과 로스에 대한 성실한 인터뷰를 해주었다.
낯선 순례자는 금방 마음이 열리고 쉼을 얻었다.
"로스 목사님은 서른 살 즈음에 스코틀랜드에서
조선 선교를 위하여 이곳 만주 땅에 오셨습니다."
"네에? 중국이 아니고 조선 선교를 위해서 왔다고요?"
뜻밖의 말이었다. 그동안 나는 로스가 중국에 선교를 왔다가
조선에 관심을 가졌다고 생각했었다.
그런데 조선 선교를 위해서 중국에 왔다니 약속은 안했지만
자연스레 통역이 된 조선족 안내인에게 내 의문을 전하게 했다.
"조선 선교를 위해 온 것이 맞습니다.
그러나 그때는 영국과 조선이 외교 관계가 없었기 때문에 만주에서 선교하며
하나님의 때를 기다린 것이지요."
이곳에서 5대째 신앙을 이어온다는
우 장로님의 확신에 더 이상 할 말은 없었다.
"혹시 로스와 연관이 있는 번즈 선교사에 대해서 아시는 게 있는지요?"
내가 가장 궁금했던 것 중 하나다.
"번즈는 처음 들어보는 이름인데…."

혼적을 찾아서 233

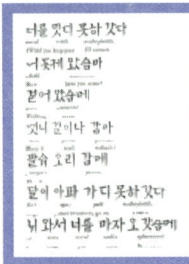
로스가 공부한 한글

역시 번즈의 사역은 한국만 아니라 중국에도 알려지지 않았다.

로스가 이곳에 오기 전 스코틀랜드 성서협회의 산동지역 대표인 윌리암슨은 토마스가 순교하던 1866년 이후에 동료인 번즈 선교사와 함께 조선과의 국경지대인 고려문Korean Gate에서 전도했다고 한다.
몇몇 조선인들을 접촉해 성경을 전했으나 결실은 없었다.
"이 번즈라는 선교사는 누구일까?"
나는 단지 이름밖에 알려지지 않은 그에게 호기심이 생겼다.
그러나 그에 대한 자료는 찾을 수가 없었다.
많은 정보를 가지고 있는 규장의 편집국장인 김웅국 목사님에게 번즈에 대해 아느냐고 물었다.
"번즈요? 스코틀랜드의 윌리암 번즈William C. Burns 말입니까?"
"그에 대해서 아세요?"
말을 마치기도 전에 김 목사님은 특유의 떨리는 음성으로 말했다.
"감독님, 그 번즈는 스코틀랜드 부흥의 위대한 주역입니다."
"네에? 부흥의 주역이요?
그런 사람이 왜 조선의 국경에서 전도를 하고 있었지요?"
나는 뜻밖의 이야기에 놀라 물었다.
"그것이 진정한 부흥의 역사지요.
번즈는 성령의 뜨거운 역사를 나타낸 사람입니다.

윌리엄 번즈(1815~1868)
스코틀랜드 부흥의 주역이지만 그 명성을 버리고
중국 선교사로 가서 조선의 선교를 위해서도 힘썼다

그러나 그 화려한 부흥의 결실과 명성을 뒤로하고
그 당시 가장 어둡고 오지라 여겨지던 중국 땅으로 간 것이지요."
'진정한 부흥의 역사', 번즈는 정말 생각지 않은 감동의 코드였다.
성령께서 그를 통해 부흥의 또 다른 본질을
깨닫게 하시려는 것이라 여겨졌다.
번즈에 대한 자료가 거의 없다고 하자 김 목사님은
즉시 영문 자료들을 찾아 번역까지 해서 메일로 보내주셨다.
"하나님께서 이렇게 격려해주시는구나.
당신의 부흥, 그 뿌리를 찾는 작업을 기뻐하시는구나."
그렇게 하여 생각지도 않게 번즈에 대한 탐구를 하게 된 것이다.
"내 간절한 소망은 나의 영광스러운 구원자 그리스도에 대해
한 번도 들어본 적이 없는 사람들에게 그분을 알리는 것이다."
1839년부터 강력하게 일어난 스코틀랜드의 부흥을 이끌면서
번즈는 오히려 인도에 선교사로 가기를 꿈꾸었다.
"누구나 존경하고 바라보는 그 화려한 자리에서
이런 낮아진 마음을 가진다는 것은 쉽지 않을 터이다."
문득 저 인도 땅의 라마바이가 생각났다.
그녀 또한 자신의 공동체에 강력한 성령이 임하셨는데도
성령의 역사가 제한받을까봐 조심하고 더욱 힘겨운 오지를 향해 나아갔다.
이런 마음이 진정으로 성령님을 만난 이들의 자세다.

번즈 또한 그런 겸비한 영혼이었다. 그 중심을 아신 성령께서
그를 중국에 보내어 많은 영혼들을 구원하게 하셨다.
중국 선교의 아버지 허드슨 테일러는 이렇게 썼다.

나는 번즈 목사님 같은 영적인 아버지를 가져본 적이 없다.
허드슨 테일러의 일기

그런데 번즈가 그의 생애 마지막 날들을 저 조선 땅 근처,
고려문에서 윌리암슨과 전도하다가 주님 품으로 간 것이다.
"이 알려지지 않은 헌신이 한국의 부흥에 어떤 연관이 있을까?"
근거나 자료는 전혀 없지만 나는 번즈의 헌신이
평양 대부흥의 또 다른 뿌리일지도 모른다는 생각을 품었다.
"성령께서 이런 생각을 주시는 것일까?"
조금은 무모하지만 그것은 확신처럼 나를 두르고 있었다.

____ 전하신 하나님이 이루실 것이다

R. A. 토레이처럼 이번엔 번즈를 붙들고 씨름하기 시작했다.
이제 이런 씨름도 이력이 났다.
그러나 번즈에 대한 자료는 쉽게 찾을 수 없었다.
게다가 평양 대부흥과의 연결점은 더욱 찾기 어려웠다.
"혹시 또다시 토레이처럼 예상 못한 곳으로 빠져 한참을 떠도는 것은 아닐까?"
약간은 그런 불안감이 있었다.
나는 이 〈부흥의 여정〉에 너무 오래 매달려 있었던 것이다.
"이제는 마무리를 해야 할 때가 되었다.
다른 것에 다시 빠지면 지칠지도 모른다."
그러나 어쩔 수 없이 번즈라는 늪으로 점점 빠져가는 나를 보았다.
"일단은 성령님이 인도하시는 대로 순종하자.
이 작업은 이미 나의 것이 아니다."
늦은 밤 몹시 지쳤지만 지혜를 구하며 자료를 찾기 시작했다.
그러다가 언젠가 부흥에 대한 인터뷰를 한 적이 있는
옥성득 교수UCLA 대학의 연구논문에서 번즈에 대한
내용을 극적으로 찾아냈다.

번즈W. C. Burns, 만주 선교의 개척자

번즈는 로스에게 많은 영향을 준 인물이지만, 그동안 알려진 바가 적다.
웨슬리나 휘필드에 못지않은 강력한 그의 대중 설교는
수많은 영혼들을 죄로부터 그리스도에게 굴복시키고
성령으로 거듭나게 하는 능력을 체험케 했다.
1839년 대부흥을 일으킨 번즈는 이어서 스코틀랜드와 잉글랜드, 아일랜드 각지를 돌면서
7년간 부흥회를 인도했다. 그는 사람이 모이는 곳이면 어디서나
성령의 인도를 따라 전도한 거리 전도에 능한 첫 사람이었다.

옥성득 《19세기 토착교회론의 한국 수용과 발전》

번즈가 만주 땅을 처음 개척한 선교사이고 로스에게 큰 영향을 주었다는
사실을 나는 이 논문을 통해 처음 알았다.
"그렇다면, 그의 사역은 한국의 부흥과 밀접한 연관이 있다."
그가 개척한 만주 선교의 토대 위에서
하나님은 로스를 통해 조선의 회복을 준비하셨기 때문이다.
성령께서 번즈를 통해 무언가를 깨닫게 하신다는 생각이 들었다.

1866년부터 스코틀랜드의 후배 선교사인 윌리암슨A. Williamson과 함께
북부 지역 순회 전도에 나선 그는, 1867년 10월 만주로 들어갔다.
그러나 이 첫 만주 선교는 6개월 만에 마감되었다.
겨울 추위 속에 건강이 악화된 그는
1868년 4월 4일 만주 선교의 미래를 확신하면서 53세의 나이로 소천하였다.
"하나님께서 선한 일을 계속하실 것이니 아, 아무 걱정 없도다."
그의 유언이었다.
1866년은 토마스가 평양 대동강에서 죽은 그 해다.

놀랍게도 그 후에 번즈와 고려문에서 함께 전도한 윌리암슨이
토마스에게 성경을 주어 그를 조선에 보낸 사람이었다.
토마스가 죽자 하나님은 윌리암슨과 번즈를 만주로 보내어
교회를 개척하게 하시고 조선에 전도하게 하셨다.
나는 이것이 한국의 부흥을 위한 하나님의 시도라고 생각했다.
위대한 부흥사였지만 생의 마지막 6개월을 저 황량한 만주 땅에서
조선의 선교와 부흥을 꿈꾸다 죽은 번즈 선교사.
그를 기억하는 이는 거의 없다.
그러나 "하나님께서 선한 일을 계속하실 것이니 아, 아무 걱정 없도다"라는
그의 유언을 하나님은 잊지 않으셨다고 믿는다.
당시 중국 선교에서 만주처럼 외진 북방지역은 그다지 관심이 없었다.
번즈는 남들이 가지 않는 땅만 찾아가 개척하는 사역자였다.
그리고 그 조직이나 열매는 다른 이에게 주었다.
"이것이 진정한 부흥의 여정이 아닌가!
이렇게 겸비하고 진실한 충성을 주님이 모른 체하실 리 없다."
그렇게 번즈가 닦은 터 위에 로스가 본격적인 사역을 시작했다.
그리고 한국 선교와 부흥에 매우 중요한 열매를 맺는다.
이것이 번즈의 유언에 대한 응답이었다.

만주 지역 책임자인 윌리암슨은 로스가 오자 조선 선교를 상의한다.
"그는 토마스가 죽은 후에도 결코 조선을 잊지 않았구나."
나는 이 열심에 감동하였다.
로스 역시 그 마음에 감동해 사역지를 조선에서 가까운 영구로 옮긴다.
그러나 그 과정에서 아내를 잃고 만다. 영하 25도가 넘는 혹한의 날씨 속에서
로스 부인은 임신 마지막 달의 긴 여행으로 심신이 지친 나머지

아들을 낳고 세상을 떠난 것이다.
그리고 자기 조국의 위대한 부흥사요, 선교사였던 번즈 곁에 묻힌다.
아내를 잃은 로스는 큰 슬픔의 고통에 잠겼다고 한다.
'로스도 토마스처럼 사랑하는 아내를 선교지에서 잃었구나.'
갑자기 그 생각이 마음을 후두둑 아프게 했다.
아내를 잃은 로스는 큰 상처를 안고
토마스처럼 조선 땅으로 더욱 향하게 되었다고 한다.
그 간절한 헌신으로 로스는 한국어로 된 최초의 성경을 번역하고
백홍준을 통해 의주 등 많은 지역에 복음을 전했다.
그리고 서상륜, 서경조 형제를 통해
최초의 한국교회인 소래교회를 세우는 데 결정적인 공헌을 한다.
이것은 한국 선교의 첫 페이지를 여는 위대한 결실이었다.
선교사들이 들어오기 전에 자국민이 성경을 번역하는 데 기여하고
이미 교회를 세우는 일은 역사상 처음 일어난 것이다.

씨를 뿌리러 왔는데…이미 거두게 되었습니다.

언더우드 〈선교보고서〉

1885년 4월 5일 조선 땅에 도착한 언더우드에게
서상륜 형제와 수십 명이 찾아와 세례를 베풀어달라고 하였다.
언더우드는 큰 충격을 받았다.
아직 복음을 전하기도 전에 예수를 믿은 이들이 있으며
그들 스스로 교회까지 세웠다는 것이다.
자초지종을 물으니 그들은 로스로부터 신앙을 받아들였다.
그 놀라운 역사가 이곳 동관교회에서 이루어진 것이다.

우 장로님은 다른 일을 제쳐두고 로스와 백홍준 등이
한글성경을 편찬했던 곳으로 안내했다.
"그곳을 보게 될 줄은 생각지 못했는데 그냥 왔더라면 가보지 못할 곳이다."
하나님의 인도하심이 가슴 저리게 감사했다. 열쇠로 문을 열어야 들어가는
교회 옆 작은 건물이 로스가 최초로 한글성경을 찍어내던 곳이다.
벽면에 로스의 사역을 기념하는 비석에서 뜬 탁본이 붙어 있었다.
한자로만 되어 있어서 그 내용을 전부 파악하지는 못했지만
'조선朝鮮'이란 말이 눈에 들어왔다.
조선에 복음을 전하기 위하여 깊은 헌신과 고민을 했다는 내용이다.
하나님께서는 그렇게 이 만주 땅에서 한국의 부흥을 준비하고 계셨다.
그것은 아무도 눈치채지 못한 하나님의 전략이었다.
그 이면에는 번즈와 윌리암슨의 헌신이 있었다.
위대한 부흥의 주역이었지만 모두가 추구하는 큰 도시보다
남들이 지향하지 않던 조선을 향해 전도하다가 생을 마감한 그들….
예수의 복음을 알지 못하는 조선을 향해 토마스를 보내고
그가 순교했다는 소식을 들었을 때,
윌리암슨의 심정이 어땠을지 나는 헤아릴 수가 없었다.
번즈도 토마스의 소식을 안타까워했을 것이다.
이 두 선교사가 국경 근처에서 조선인에게 전도하는 장면을 상상했다.
예수를 믿는 것은 곧 죽음을 의미했으므로 아무도 듣지 않았다.
그 허허롭고 쓸쓸한 풍경이 서글프게 만져졌다.
"1950년대 이후 중국 교회가 엄청난 핍박을 받을 그때,
우리는 모두 곳곳에 숨어서 주께 기도만 했습니다. 1970년대 후반
오랜 기도의 응답으로 문이 열렸을 때 얼마나 감격했는지 모릅니다.
지금 이 교회는 주일에만 3만 명이 예배를 드리고 있습니다."

우 장로님이 기쁘고 감화어린 표정으로 말했다.
"3만 명씩이나요? 정말 놀라운 일이네요."
벌어진 입이 다물어지지 않았다. 이 교회는 동북삼성東北三城은 물론
중국에서도 가장 큰 교회 중 하나였다.
이 부흥 이야기는 전율처럼 내 영혼을 휘감아왔다.
만주 땅에 부흥이라는 선하신 일을 시작하신
하나님이 반드시 그 일을 이루실 것이라 믿으며
고려문에서 씨를 뿌렸던 번즈의 헌신으로
결국 4명의 중국인이 예수를 믿는다.
바로 그들이 이 심양 땅에서 세례를 받은 이들이다.
그리고 그 열매가 자라나서 만주의 부흥으로 나아간 것이다.

로스의 흔적들을 촬영하며 여러 상념想念들이 떠올랐다.
그가 조선을 향하기 위해 사역지를 이곳 만주 땅으로 옮기다가
아내를 잃었다는 것을 처음 알았던 그때,
아주 독특한 연결고리가 이어지는 것을 느꼈다.
"토마스도 아내를 잃은 상실감으로 조선 선교를 결심했다.
그렇다면 로스도 아내의 죽음이 조선을 향하게 하는 동기가 되었을까?"
그런 의문이 사건을 통고받은 탐정처럼 나를 긴장하게 만들었다.
그 상실감과 애통이 부흥을 위한
하나님의 준비와 연관이 있다는 생각이 든 것이다.
"혹시 로스도 자기처럼 아내를 잃고 조선 땅에 성경을 전하다 순교한
선배 토마스에 대해 듣지 않았을까?"
토마스는 아내만 잃은 것이 아니었다.
그 자신까지 순교의 제물로 드려진 것이다.

로스는 토마스와의 정서적 동질감 속에서 그가 못다 이룬 뜻을
이루고 싶었는지도 모른다는 생각이 든 것이다.

윌리암슨은 1866년 토마스를 조선으로 파송하였다가 그가 대동강에서 순교하자
순교의 아픔 속에서도 결코 조선을 포기하지 않고 있었다.
그러던 중 1872년 윌리암슨을 돕기 위해 로스가 왔다.
그는 로스에게 토마스의 조선 사랑과 순교의 소식을 전해주었다.
로스는 토마스가 조선을 위해 순교했다는 소식을 듣고 남다른 감정으로
조선 민족을 바라보게 되었다.

세계선교 공동체World Mission Community

내 생각을 입증하는 기록을 찾아냈다.
"내 생각이 맞았구나. 로스가 토마스의 죽음과 상처를 마음에 품었구나."
아내를 잃은 로스 역시 같은 처지로 조선을 향하다가
순교한 토마스를 깊이 생각했을 터이다.
이런 내 생각은 그저 상상이 아니라 역사적인 근거가 있는 것이었다.

로스와 맥킨타이어가 만주를 찾은 가장 큰 이유는 한국 전도를 하다가
순교한 같은 영국인 토마스 목사의 뜻을 계승하기 위함이다.
한국 땅에서 가장 가까운 지역을 선택한 것이었다.

김광수 《한국 기독교인물사》

내가 이런 코드에 집착하게 된 것은 팔복의 두 번째 작품,
《애통하는 자는 복이 있나니》의 영향 때문이다.
그 과정에서 주님은 하나님나라를 꿈꾸다가

어이없이 죽어가야 했던 많은 '토마스의 후예들'을 소개해주셨다.
그중 카자흐스탄에서 사역하다가 아내를 잃은 한재성 선교사는
내내 마음을 아프게 했다. 나는 그를 전혀 알지 못했다.
그러나 성령께서 그를 소개해주셨고
선교지에서 아내를 잃은 자의 깊은 서글픔과 상처를 생각하게 해주셨다.
"이대로 죽어버리고 싶습니다. 그때 같이 따라 죽었어야 했는데…."
남들은 헌신한 선교사로서 너무 나약한 말이라고 할지 모르지만
나에게 한 선교사의 그 고백은 너무나 절절한 애통으로 들려왔다.
토마스의 심정이 그것이었으리라.
그 정처 없고 견딜 수 없는 서글픔과 고통….
그런데 영혼과 육신이 으깨지는 그 아픔이 그를 조선으로 향하게 했다.
주님은 토마스의 슬픔과 고통을 버려두지 않으셨다.
동일한 상처로 아파한 로스에게 전이轉移된 것이다.

_____ 상한 심령

토마스와 로스, 한재성 선교사를 생각하며
하나님의 역사는 '상한 심령'과 연관이 있다는 생각을 하다가
너무 지친 나머지 쓰러져 잠이 들었다.
그런데 비몽사몽 간에 주께서 그 상한 심령에 대해 말씀해주셨다.
너무나 명확하고 생생하게 그 깨달음이 전해졌다.
몹시 피곤했으나 나는 그것을 써야 한다고 생각해 다시 일어났다.
주님이 주신 깨달음은 이것이다.

하나님은 만주와 한국 땅을 회복하고 부흥을 주시기로 하셨다.
그러나 당시 중국에 온 선교사들은 대부분
북경이나 상해 같은 안정된 환경에서만 선교하려 했다.
심지어 토마스가 속한 런던선교회는
안전한 내륙에서만 전도하는 것을 강령으로 삼고 있었다.
토마스는 아내가 죽은 후 조선에서 예수를 믿는 것만으로도
참수를 당한다는 소식을 들었을 때, 그곳에 가야겠다고 생각했다.
그의 상하고 애통에 사무친 영혼이 자기보다 더 처절한
미말微末을 향해 가고 싶어 했기 때문이다.
"토마스는 조선에 가기 위해 런던선교회를 탈퇴해야만 했습니다.

그 때문에 영국에서 그의 순교가 알려지지 않은 것입니다."
웨일즈에서 에번스 박사가 한 말이 생각났다.
하나님은 저 막히고 황무한 조선에 복음의 씨를 뿌리기 위해서는
안정되고 편안한 틀을 벗어나
땅 끝을 지향하는 영혼이 필요하다는 것을 아셨다.
아내를 잃고 상한 심령이 된 토마스가 적임자였다.
그리고 스코틀랜드 부흥의 주역이 된 번즈 또한 그런 인물이었다.
그는 조국에서 뜨거운 성령역사를 일으키면서도
인도에 선교사로 가고 싶어 안달했다.

> 오직 성령이 너희에게 임하시면 너희가 권능을 받고…땅 끝까지 이르러
> 내 증인이 되리라 사도행전 1:8

이것은 단순한 선교적 언약이 아니다.
진정으로 성령을 체험한 영혼이 지향하는 하늘의 길이다.
그러나 하나님은 번즈에게 인도 대신 더 험난한 중국 땅에 가게 하셨다.
이미 성령을 통해 자신을 비운 번즈는 기꺼이 중국으로 갔다.
옥성득 교수의 논문에 따르면 번즈는 중국에서도 결실을 맺으면
그것을 다른 선교사들에게 이양移讓하고 남들이 가지 않으려는
험난한 변방지역만 찾아가 전도하려 했다고 한다.

번즈는 북경처럼 선교사들이 늘어나기 시작한 곳에 만족하지 못했다.
그는 늘 선구자요, 개척자였다. 그는 하문에서처럼 씨만 뿌리고
세례와 교회 조직의 열매는 다른 사람에게 주는 사람이었다.
그가 중국에 남긴 것은 거대한 기관이 아니라 거룩한 삶이었다.

고려문高麗門까지 가서 한국인을 만난 윌리암슨은
번즈가 씨 뿌려 놓은 결실인 4명에게 세례를 주었다.

옥성득 《19세기 토착교회론의 한국 수용과 발전》

이렇게 자신을 비우고 오직 하나님나라만을 구하는 번즈였기에
하나님께서 그를 쓰신 것이다.
"그가 남긴 것은 거대한 기관이 아니라 거룩한 삶이었다."
이 한 문장을 읽으며 나는 울고 말았다.
그것이 진정 부흥의 길이었던 것이다.

진리의 성령이 오실 때에 그가 나를 증거하실 것이요 요한복음 15:26

그가 내 영광을 나타내리니 내 것을 가지고 너희에게 알리겠음이라 요한복음 16:14

성령님이 오시면 그리스도를 온전히 알게 하신다.
그리스도의 마음과 정신과 길을 가르치신다.
어떤 은사나 영적 체험, 능력의 나타남은
주님을 깨닫게 하시는 과정이요, 도구일 뿐이다.
성령의 기름부음을 받으면 주님을 닮아 처절히 자신을 비워 종이 되고
영혼들을 진실함으로 섬기며 소외되고 버려진 풍경을 지향한다.

그날은 다윗이 왕의 서열이 아니라, 바로 깨어짐의 학교에 입학한 날이 된 것입니다.

진 에드워드 《세 왕 이야기》

왕으로 기름부음을 받은 다윗.
탁월한 영적 감수성을 가진 에드워드는
능력을 부어주심의 진정한 의미가 무엇인지 잘 보여준다.
기름부음 받은 그때, 왕으로 다스리고 군림하는 것이 아니라
비로소 하나님의 성품을 닮기 위해 깨어지는 학교에 들어가는
'입학 허가서'를 받았다는 것이다.
이것은 두려운 통찰이다.
하나님이 우리에게 성령으로 기름부어주시는 이유는 그것을 통해
우리를 깨트리고 그리스도의 성품을 닮으라는 것이다.
성령님은 주님을 증거하시고 주님의 본질을 가르쳐주시는 분이다.
그리스도는 하나님의 형상이요, 천국의 풍경이기 때문이다.
그 주님을 진정으로 닮아갈 때 하늘의 열매가 나타난다.
사울도 기름부음 받은 자이다.
그는 대단한 예언의 능能과 하늘이 주신 힘을 가진 왕이었다.
그러나 그의 결국은 비참한 멸망이었다. 그는 그 기름부음으로
자신을 깨트려 섬기기보다 다스리고 자기를 유지하는 데 힘썼다.
부흥의 주역인 번즈를 집요하게 보여주시는 이유를 알 것 같았다.
그는 진정한 성령의 임재,
그리스도의 마음을 닮는 부흥의 본질을 추구한 영혼이었던 것이다.
그것은 조지 뮬러, 라마바이, 토레이 같은 부흥의 도구들이
동일하게 소유한 마음이었다.
아주 오래 전에 출판된 조지 뮬러의 전기를 며칠 전 읽었다.
그동안 나는 이 믿음의 사람이 고아들과 하나님나라를 위하여
기도하기만 하면 응답을 받았다는 것만 알았다.
그러나 그의 전기에는 뮬러가

얼마나 힘겹고 아프고 상한 심령을 구하고 애썼는지 담겨 있었다.

"추운 겨울의 진창을 질척이며 방황하며 정처 없이 걸었다."

이런 표현이 무척 많았다.

그는 처절한 밑바닥에서 휘청거리며 하나님의 일을 추구했던 것이다.

그렇게 하여 깨어지고 비워진 영혼으로 오직 하나님만 바라보게 된 것이다.

"그 깨트림이 상한 심령이다."

갑자기 내 안에 그런 깨달음이 큰 울림처럼 들려왔다.

"상한 심령broken heart이란 오직 하나님나라와 그 의義를 향해 애통하며

처절히 자신을 깨트린 가난한 마음이다."

나는 그 울림에 분연함으로 답했다.

"그렇다면 토마스나 로스, 그들의 애통과 상처는

그들을 깨트려 하나님만 향하게 하는 축복이었군요!"

> 하나님의 구하시는 제사는 상한 심령이라 시편 51:17

이 고백은 다윗이 '깨어짐의 학교'를 통해 체득한 진리다.

하나님을 가장 가까이 뜨겁게 추구한

다윗의 노래에는 대부분 눈물과 상한 심령의 토로가 있다.

그는 기름부음 받았지만 광야의 맨 밑바닥에 내동댕이쳐졌다.

그러나 그는 거기서 해산의 수고를 하고 있었다.

진정한 낮아짐, 자기 비움, 겸손이 그 안에서 태어나고 있었던 것이다.

세상의 기준으로 볼 때, 그는 완전히 실패한 사람이었습니다.

그러나 하늘의 눈으로 볼 때, 그는 깨어진 사람이 된 것입니다.

진 에드워드 《세 왕 이야기》

《애통하는 자는 복이 있나니》의 한재성 선교사를 만나고 나서
주께서 또 다른 애통 코드를 보여주셨다.
1866년 아내를 잃고 그 비통함으로 조선에 복음을 전하려다 죽은
토마스보다 30년 전에 이미 이 땅에 전도하러 왔던
선교사가 있었다.
독일 출신 선교사 귀츨라프K. Gutzlaff였다.
그는 충남 서산의 고대도에 도착해 성경을 전하고자 했으나
외세를 강하게 배척하는 조선의 반대에 부딪쳐 돌아가야 했다.

이 작고 보잘것없는 시작일지라도,
하나님께서 축복하실 수 있다는 사실을 성경은 우리에게 가르치고 있다.
더 좋은 날이 이 조선 땅 위에 곧 다가오기를 소망하자.

귀츨라프K. Gutzlaf

그런데 놀라운 것은 귀츨라프 역시 아내를 잃고 중국에서 선교하다가
위험하다고 꺼리는 조선 땅에 복음을 전하게 되었다는 사실이다.
"도대체 조선을 향하는 그들에게
왜 이렇게 동일한 애통의 코드가 있는 것일까?"
나는 고민하였다.
조선이 무엇이기에 너무나 보잘것없고 알려지지 않은 작은 나라였을 뿐인데….
그러나 나는 그 우연의 일치 같은 '아내 상실의 코드'가
1907년의 평양 대부흥에 어떤 연관이 있을 것이라고 생각했다.
귀츨라프가 애통하며 뿌린 그 소망의 씨앗이,
역시 상한 심령으로 조선을 향해 나아간 토마스에 의해 발아發芽되었다.
그리고 토마스가 죽어가며 뿌린 그 피의 제사가 번즈와 윌리암슨,

그리고 로스에 의해 확장된 것이다.
1907년 평양 대부흥은
그 모든 눈물의 씨 뿌림을 신원伸寃하고 결실하는 '여호와의 날'이었다.

귀츨라프, 토마스, 로스….
그들은 그토록 사랑하는 아내를 잃음으로
조선을 그렇게 사랑하시는 하늘 아버지의 마음을 만진 것이다.
하나님 아버지가 그렇게 자기 아들을 상실함으로
죽을 수밖에 없었던 우리를 구원하신 것이다.
그들은 애통으로 그것을 체휼體恤하고
상한 심령의 제사를 충성과 헌신으로 올려 드렸다.
그 상한 심령의 제사가 조선을 여는 '화목제'였던 것이다.
그만큼 조선의 회복은 중요하고 심각한 것이었다.
이 깨달음이 엄습했을 때
하늘 아버지의 사랑과 마음이 느껴져서 가슴이 벅차오르고
글을 쓰기조차 힘겨워 잠시 망연한 채 우두커니 앉아 있었다.
"이것이, 이 사랑의 애통哀痛이 부흥의 길이다."
나는 그 성찰을 꽉 움켜쥐고 있었다.

_____ 어린 양의 코드

심양에서 로스의 흔적을 촬영하고 연변으로 갔다.
연변 과기대 교직원 수련회에서 강의하며
부흥을 꿈꾸는 교수들과 졸업생들, 가정교회 리더들을 만났다.
"하나님, 우리가 알아야 할 가장 중요한 말씀을 허락해주세요."
그렇게 구할 때 뚜렷이 주시는 말씀이 있었다.

> 아벨은 자기도 양의 첫 새끼와 그 기름으로 드렸더니
> 여호와께서 아벨과 그 제물은 열납하셨으나 창세기 4:4

하나님이 기뻐하시는 첫 제사,
아벨이 드린 의로운 제사는 '어린 양'과 '기름'이었다.
연변에 이어 북경의 조선족 청년들이 '회복'에 대한 말씀을 나누어달라고
요청했을 때에도 하나님은 이 말씀을 또 주셨다.

> 네가 선善을 행하면 어찌 낯을 들지 못하겠느냐
> 선을 행치 아니하면 죄罪가 문에 엎드리느니라 창세기 4:7

하나님이 동생 아벨이 드린 어린 양의 제사를 기뻐하시고
자신이 땀 흘려 가꾼 곡식의 제사를 받지 않으시자
가인은 마음에 분노와 미움이 가득하였다.
결국 그것이 살인을 불러일으켰다.
"하나님은 외모로 사람을 취하지 않으신다.
분명히 다른 이유로 가인의 제사를 받지 않으셨을 것이다."
가인이 열심히 농사지어서 드린 제사의 형식을 탓하신 것이 아니라는
생각이 들었다. 율법에도 곡식으로 드리는 제사가 있기 때문이다.
"그렇다면 무엇인가? 하나님께서 진정 기뻐하시는 제사는?"
나는 진리의 성령께 지혜를 구했다. 곧 신실하신 응답이 나를 감쌌다.
"아벨은 하나님이 주신 언약을 잊지 않았다.
하나님이 그 믿음을 기뻐하신 것이다."

> 믿음으로 아벨은 가인보다 더 나은 제사를 하나님께 드림으로
> 의로운 자라 하시는 증거를 얻었으니
> 하나님이 그 예물에 대하여 증거하심이라 히브리서 11:4

아벨의 예물은 그 형식을 넘어 하나님의 언약을 존중하는 것이었다.
그 언약 안에 서는 것을 의롭다 여기신 것이다.
"오직 믿음으로 말미암아 구원을 받는다"라는
이신칭의以信稱義 진리의 징표를 이미 이때 주신 것이다.
"하나님이 기뻐하시는 진정한 선善은 '어린 양'의 언약이다."
그런 깨달음이 영혼의 혈관 속에 선연하게 번졌다.
하나님은 당신이 세우신 언약을 통해 역사하신다.
우리는 이 어린 양의 언약,

즉 보혈과 십자가의 약속을 나누며 뜨겁게 찬양했다.

보혈을 지나 하나님 품으로 보혈을 지나 아버지 품으로 한 걸음씩 나가네
존귀한 주 보혈이 내 영을 새롭게 하시네…

우리는 하나님의 언약 안에 있는 축복의 통로…

언약의 의미를 깨닫자 이런 찬양이 살아서 우리 영靈을 회복시켰다.
진정한 뜨거운 회개가 일어나고 강력한 성령의 역사가 나타났다.
나의 영혼과 육신은 성령의 뜨거운 기운으로
펄쩍펄쩍 뛰며 하나님을 경배했다.
"하나님은 당신의 언약을 결코 잊지 않으시고
반드시 그것을 통해 이 땅을 구원하시고 회복하셨습니다.
그 언약의 하나님, 약속의 하나님이
오늘 우리 시대에도 그것을 통해 부흥과 회복을 이루실 것입니다."
아벨이 드린 어린 양의 피와 기름의 제사.
'어린 양'은 십자가와 보혈이요, '기름'은 성령의 부으심이다.
이것은 하나님의 역사 전체에서 도도히 흐르는
가장 중요한 회복과 구원의 예표였다.
우리는 그 두 가지 제사를 통하여 하나님의 품으로 온전히 나아간다.

> 제사장은 속건제 어린 양과 기름 한 록을 취하여
> 여호와 앞에 흔들어 요제를 삼고 레위기 14:24

'어린 양'의 희생과 '기름'은 항상 같이 연결되어 있다.
기름은 성령의 기름부으심, 즉 부흥이 이 땅에 이루어지기 위해서
반드시 어린 양으로 드리는 희생제물이 먼저 있어야 함을 의미한다.
그것이 회복의 진정성이다.
하나님께서 당신의 사랑을 이 세상에 나타내시려 할 때도
그 첫 모습은 어린 양이었다.

> 보라 세상 죄를 지고 가는 하나님의 어린 양이로다 요한복음 1:29

어린 양으로 나타나시자 성령이 비둘기같이 임하셨다.
이것이 부흥의 비밀이다.
"진정으로 어린 양을 닮으려는 헌신과 깨어짐에
비둘기 같은 성령님이 임하신다."
그리스도는 십자가를 지심으로 그 어린 양의 언약을 성취하셨다.
그리고 역시 그 '어린 양의 기름',
아버지의 약속하신 바 성령을 부어주시겠다고 하셨다.
그것이 오순절에 성취된 것이다.
그러므로 오순절 성령강림은 언약의 성취다.
하나님은 흑암 가득한 조선 땅에도 성령을 부어주시려고 계획하셨다.
그것은 갑자기 온 것이 아니라 하나님이 오래 전에 계획하신 것이다.
죄와 우상, 사탄의 역사로 막힌 문이 열리기 위해서는
그리스도를 닮은 피의 흔적, 희생의 제사가 먼저 있어야 했다.
"선교사들이 아내를 잃고 애통하며 조선을 향해 나아간
희생과 헌신이 어린 양 예수를 닮은 피의 흔적이다."
깨달음과 통찰력을 구했을 때

강력한 체험과 함께 성령께서 그렇게 깨우쳐주셨다.
그들만이 아니라 한국을 위해 헌신한
수많은 선교사들의 부인들과 자녀들이
1907년을 전후해 주님 품으로 갔다.
그들은 오직 복음만을 전하다가 과로와 좋지 못한 환경과 고난으로
그렇게 짧은 생을 마감했다. 선교사들의 무덤인 양화진은 물론 전국
주요 도시 선교부 근처에는 그들의 무덤이 남아 있다.
"한국 땅은 전국이 성지聖地입니다. 그 희생의 터 위에
지금 한국교회가 서 있음을 잊지 말아야 합니다."
그 안타까운 죽음들을 연구한 장신대 김인수 교수는 이렇게 말했다.
"이 민족에 임하신 성령의 역사, 그 부흥의 역사는 이렇게 그리스도를 닮은
피흘림과 고통, 애통哀痛을 부둥켜안고 이루어진 것이다."
이것이 피할 수 없는 부흥의 진정성이다.
이것이 하나님이 기뻐하시는 상한 심령의 제사다.
하나님이 그토록 사랑하시는 신부新婦인 조선이
아버지 품으로 나아오기 위해서
어린 양의 '피흘림'과 '상한 심령', '애통'이 있어야 했던 것이다.

> 여호와께서 그로 상傷함을 받게 하시기를 원하사 질고를 당케 하셨은즉
> 그 영혼을 속건제물로 드리기에 이르면 그가 그 씨를 보게 되며
> 그 날은 길 것이요 또 그의 손으로 여호와의 뜻을 성취하리로다 이사야서 53:10

하나님의 뜻, 그 회복과 부흥의 씨앗은 '상함'으로 뿌려졌다.
오늘 우리 시대에도 그 '어린 양의 피'를 닮아 자신을 깨트리고
상한 심령으로 간절히 드리는 충성을 통하여 부흥은 올 것이다.

_____피의 흔적을 찾아서

성령께서 어린 양의 코드를 입증하는 증거를 보여주셨다.
"몽골은 지금 오랫동안 영적으로 막혔던 문이 열리고
놀라운 부흥의 역사가 이루어지고 있습니다."
지난 여름 일본 코스타에서 만난 이용규 선교사가 그렇게 말했다.
"몽골에서 부흥이 일어난다는 것은 처음 듣는데요?"
그때만 해도 몽골에 부흥이 일어난다는 것은 상상조차 하지 않았다.
"2000년경에 몽골에 와서 선교하던 한국의 젊은이들이 안타깝게 죽는 일이
있었습니다. 그 희생과 이 부흥이 깊은 연관이 있다고 생각합니다."
이용규 선교사의 그 말은 내 영혼에 강한 자극을 주었다.
'토마스나 로스를 통한 그 깨달음이 틀린 것이 아니구나.'
나는 그 부흥의 원인과 흔적을 찾아야겠다고 마음먹었다.
그러자 갑자기 알지 못하던 많은 이들이
봇물 터지듯 몽골에 대한 정보를 알려오기 시작했다.
"내가 몽골에 간다는 것을 어떻게 알고 이런 정보들을 보내는 것일까?"
그런데 놀라운 것은 서로 알지 못하는 다양한 이들이 보내온
그 정보들이 모두 2000년에 죽은 그 '희생들'에 관한 것이었다.
그들은 《애통하는 자는 복이 있나니》를 읽고 놀라운 위로를 얻었으며
영혼 깊이 새겨진 상처와 절망의 흔적이던 그 죽음에 대한

김성호 선교사(1977~2000)
몽골의 '어린양교회'를 섬기다가 순교하였다

하늘의 뜻을 알게 되었다고 했다.
당시 책임자로 있던 한 형제는 몇 년간의 깊은 방황 끝에
위로와 부르심을 다시 얻게 되었다며 찾아와 눈물을 글썽였다.
나는 다시 전율을 느꼈다.
'아, 성령께서 정말 그 죽음을 통한 부흥의 본질을 나누기 원하시는구나.'
강한 하늘의 마음을 느낄 수가 있었다. 울란바토르 외곽 빈민촌에
그 당시 순교한 김성호 선교사를 기념하는 교회가 있었다.
놀랍게도 그 교회 이름도 '어린 양'이었다.
"2000년 여름, 몽골을 영적으로 지배하는 라마교의 본산지 아르항가에
큰 태풍이 일어나 교회 지붕이 날아갔습니다.
김성호 선교사는 그것을 수리하다가 그만 전기에 감전되어 순교했습니다."
교회 안에 있는 성경학교 교장인 K선교사님이 말했다.
"주일에는 이 예배당이 가득 차서 자리가 모자랄 지경입니다.
이곳에서는 도무지 있을 수 없는 일이지요."
어린양교회 예배당은 규모가 적지 않았다.
그런데 전기와 식수조차 제대로 들어오지 않는 이 빈민촌 교회에
그런 부흥이 일어나고 있는 것이다.
"이 신학교에서 공부하는 학생들은
대부분 2000년 이후에 예수를 믿은 청년들입니다."
한국말을 유창하게 하는 한 자매의 말에 영혼이 흔들렸다.

전선에 감전된 김성호 선교사

김성호 선교사의 사진들을 보았다. 너무나 순수한 20대 청년이 웃고 있었다.
"성호 할아버지는 30년간 결핵환자를 위해 헌신했습니다.
저는 목회에 헌신하고요. 그리고 3대째 선교사가 되어
하나님나라에 헌신하기를 바랐는데…"
후에 만난 김성호 선교사의 아버지 K목사님은 그렇게 말했다.
"하나밖에 없는 너무나 기대가 큰 아들이었는데, 역시
하나님의 방법은 측량할 수 없나봅니다.
그 아이가 살아서 한 것 이상의 큰 결실을 거두고 있지요."
그 해 같은 시기에 몽골 국경지대를 향하여
예수전도단의 '킹스키즈Kings Kids'가 전도를 떠났다.
그런데 이 어린아이들을 인솔해 강을 건너던 20대 청년 둘이
역시 급류에 휩쓸려 죽고 말았다.
아무도 찾아가지 않던 혼혈 부족을 찾아 선교를 가던 길이다.
그 두 청년도 순수하게 하나님을 위해 드려진 헌신자였다.
이용규 선교사와 그가 사역하는 이레교회의 몽골 청년들과
그 흔적을 찾아 여행을 떠났다.
다르한이라는 외지고 험한 땅을 찾아가는 것도 만만치 않았다.
그런데 아이들이 주님을 전하기 위해 이곳을 찾아온 것이다.
그리고 찾아온 죽음,
후에 부흥에 대한 작업 차 이곳을 찾아와 알게 되었지만

그 사건은 너무나 많은 이들에게 큰 충격과 상처를 남겼다.
"파송예배에서 순교가 일어날 징조들이 나타났습니다."
《애통하는 자는 복이 있나니》를 읽고 찾아온
당시 책임자였던 형제가 말했다.
"어떤 징조인가요?"
그는 그 당시 파송예배의 영상을 보여주었다.
"하나님나라를 위해 드려진 순교야말로 가장 귀한 일이라고 믿습니다."
선교를 떠나기 전 아이들을 위한 파송설교였는데 설교는 온통
주님을 닮는 십자가와 순교에 관한 것이었다.
'어린 양'을 닮는 그 희생은 예고되었던 것이다.
우리는 그 순의 현장에서 몽골의 부흥을 위해 기도드렸다.
그 후 예수를 믿은 헌신된 몽골의 청년들과 함께
"주님의 십자가, 그 피의 흔적을 본받아 드린 이 희생들이
몽골의 다른 이들에게 전이되어 그것이 능력을 나타내어
이 땅에 부흥을 일으킨다고 믿습니다."
이용규 선교사는 그렇게 눈물로 기도했다.
그 청년들의 희생 이후에 몽골의 그 꽉 막혔던 영적인 문이 열리기 시작했다.
이것이 부흥의 본질이다.
'어린 양'을 본받아 드린 그 희생은 언약 안에서 축복의 통로가 된 것이다.
하나님은 그것을 결코 잃어버리지 않으셨다.

> 아무든지 나를 따라오려거든 자기를 부인하고 자기 십자가를 지고
> 나를 좇을 것이니라 누구든지 제 목숨을 구원코자 하면 잃을 것이요
> 누구든지 나를 위하여 제 목숨을 잃으면 찾으리라 마태복음 16:24,25

그리스도께서 보여주신 그 십자가,
그 피 흘리심의 희생의 흔적을 갖고자 하는 열정을 통해 부흥이 온다.
이것은 거부할 수 없는 진실이다. 진정한 하나님의 부흥은
전부 십자가와 보혈을 회복하고자 하는 열심 속에서 나타났다.
모두가 순교의 제물이 될 수는 없다.
그러나 어린 양 예수 그리스도를 진정으로 닮고자
자기를 부인하고 철저히 종이 되어 섬기고자 하는 이들에게
성령님은 찾아오셨다.
그렇게 드려진 산 제사 위에 성령의 기름부으심이 임할 때
막혔던 하늘 문이 열리며 강력한 하나님의 영이 임하시는 것이다.
그것을 일컬어 '부흥'이라고 하는 것이다.

우리는 감사함으로 성막 바깥뜰을 지나 성소에 다다른다시 100:3,4.
그러나 성소에서 지성소로 나아가기 위해서는 감사보다 더한 것이 요구된다.
지성소는 희생을 요구한다. 그 희생은 우리가 땀흘려 드리는 열심이 아니다.
어떤 희생의 제사가 우리를 지성소에 이르게 하는가?
그것은 우리의 깨어진 마음, 상한 심령이라는 희생이다.

마크 듀퐁 《열린 하늘을 통해 하나님을 경험하라》

다윗은 하나님이 우리의 제사를 기뻐하지 않으신다고 한다.
그분은 부족함이 없으신 분이기 때문이다.
그러나 하나님이 기뻐하시는 단 하나의 제사가 있다.
그것은 '상한 심령'으로 '통회痛悔하는 영혼'이라고 한다시 51:16,17.
이것이 우리가 언약 안에서 드리는 순교와 희생의 제사다.

> 그는 육체로 계실 때에 자기를 죽음에서 능히 구원하실 이에게 심한 통곡과 눈물로 간구와 소원을 올렸고 그의 경외하심을 인하여 들으심을 얻었느니라 히브리서 5:7

주님도 그렇게 상한 심령으로 제사를 드렸다.
그것이 하늘 문을 열게 한 것이다.
주님을 닮아 우리가 삶에서 자신을 깨트리며 하나님나라를 구하는 열망을 드릴 수 있다면 그것 자체가 부흥이 되리라.
1907년 평양 대부흥도 그런 제사를 통하여 이루어졌다.

불 속으로 들어가다

평양 대부흥의 도화선 / 성령의 통로 / 천지를 진동하는 회개

_____ 평양 대부흥의 도화선

성령이 내게 찾아오셨을 때 그분의 첫 요구는 선교사 생활의 대부분을
함께 보냈던 선교사들 앞에서 나의 실패와 그 실패의 원인을 시인하게 하시는 것이었다.
그것은 고통스럽고 굴욕적인 경험이었다.

1903년 8월 24일부터 원산에서 열린 기도회 동안
성령께서는 하디에게 공개적으로
자신의 교만과 심령의 강퍅함, 믿음의 부족 등을 낱낱이 회개하게 하셨다.
같이 동역하는 선교사들 앞에서만 아니라 주일 오전 예배 때
한국인 성도들 앞에서도 감춘 죄를 털어놓으며
눈물로 참회하고 회개하게 하신 것이다.
"이것은 그 당시 선교사로선 상상할 수 없는 일이지요.
한국 사람들에게 선교사들은 너무나 높은 존재였습니다.
그런데 그 선교사 자신이 능력이 없고, 사랑이 없다고
한국 성도들 앞에서 눈물을 흘리고 회개하는 겁니다.
그 참회가 한국 성도들에게는 충격이었고, 부흥운동의 시작이 된 것이지요."
1907년 평양 대부흥의 시작점에 대해 감신대 이덕주 교수가 대답했다.
"한 선교사의 깨어지는 회개가 그 놀라운 부흥의 출발지라니…."
그것은 이덕주 교수의 개인적인 견해가 아니었다.

평양 대부흥을 연구한 대부분의 학자들이 그 점에 동의하고 있었다.

1903년 원산에서 놀라운 부흥운동이 시작되었다. 나는 이것이 그로부터 4년 후 한국 전 교회에 퍼부어진 놀라운 부흥의 시초였다고 믿고 있다.
언더우드의 아내 릴리아스

그 원산 부흥운동이 하디의 회개에서 시작된 것이다.
이 글을 쓰기 직전 성령께서 어떤 체험을 하게 해주셨다.
서울 화곡동의 어느 교회 청년부에서 말씀을 전하게 되었다.
목회자는 신실했고 청년들은 무척 순수해 보였다.
〈부흥의 씨앗〉이란 영상을 보여주고 말씀을 나누기 시작했다.
그러나 무언가 답답하고 영적인 교감이 느껴지지 않았다.
예배 후 청년부 담당 목회자가 교제를 나누고자 했다.
"솔직히 너무나 순수하고 열심이 있으나 영적으로 막힌 기분이고,
성령의 흐름을 느끼지 못했습니다."
나는 진정으로 형제요, 지체라는 생각으로 그렇게 말했다. 그때였다.
"다 저의 문제입니다." 청년부 목회자가 말했다.
그 순간 그렇게 답답하고 막혔던 영적인 느낌이 풀리며 자유가 느껴졌다.
"제가 지식의 말씀에 집착해 깊이만 추구하여 전하려 했습니다.
금요기도, 새벽기도에 늘 참석하지만 사역자로서 형식적이었고
하나님을 만나는 영적인 감각을 누리지 못한 지 오래된 것 같습니다."
그러면서 울먹이기 시작하는 것이다.
"성령께서 제게 집사님을 통해서 권고하시는 것이라 믿습니다."
나는 놀라면서도 감격했다.
그저 평신도 집사인 내게 말씀의 깊이에 천착하는

진지한 목회자가 자신을 내려놓는다는 것은 쉬운 일이 아니다.
그러나 나는 성령께서 역사하고 계시다는 걸 알 수 있었다.
그는 복받치는 울음을 참아내며 기도하기 시작했다.
그의 막힌 영혼을 성령께서 만지신 것이다.
문득 그날 나누라고 주셨던 말씀이 생각났다.

> 대저 내가 갈(渴)한 자에게 물을 주며 마른 땅에 시내가 흐르게 하며
> 나의 신(神)을 네 자손에게, 나의 복을 네 후손에게 내리리니
> 그들이 풀 가운데서 솟아나기를 시냇가의 버들같이 할 것이라
> 혹은 이르기를 나는 여호와께 속하였다 할 것이며 이사야서 44:3-5

"진정으로 자신의 황폐하고 메마른 영혼을 하나님 앞에 내놓고
갈급해 하는 영혼에게 하나님께서 '나의 신', 성령을 주신다고 하십니다.
솔직히 이것은 목사님에게 주시는 말씀이었음을 깨닫습니다."
나는 담대히 말했다.
이 사역자가 변화되면 그의 청년들도 변화될 것이다.
"나의 힘이나 지식이 아니라 성령의 능력을 구하겠습니다.
저를 위해 기도해주십시오."
한 사람의 진정한 회개는 하나님의 영을 움직이게 하고
새로운 역사를 가능케 한다는 것을 절실히 깨달았다.

하디의 회개도 그것이었다.
그의 진실한 회개가 평양 대부흥이라는 엄청난 하늘 역사를 잉태한 것이다.
이것이 상한 심령으로 드리는 제사의 비밀이다.
우리의 열심과 노력만으로 하늘 문을 열 수 없다.

하디의 회개 또한 누군가 드린 상한 심령의 제사를 통해 이루어졌다.
1900년도에 중국에서는 '의화단의 난'이 터졌다.
외세를 배격하는 이 엄청난 소용돌이 속에서
산동 지역의 선교사들과 성도들이 수없이 순교를 당하고 교회가 파괴되었다.
그 피흘림 역시 '어린 양'을 닮아 드리는 희생이었다.
그 환난을 피해 만주 지역의 선교사들이 한국에 오게 된다.
그들 중에 미국의 화이트M. C. White가
원산에서 사역하던 캐나다의 매컬리L. H. McCully와 함께
초가집에서 기도하기 시작했다.
이 두 여선교사의 기도는 베들레헴 코드였다.
"이 땅에 회복을 주시고 우리와 함께 사역하는 선교사들에게
성령의 능력이 풍성히 임하게 하옵소서."
극심한 고난을 피해 온 화이트는
하나님만 의뢰하는 상하고 간절한 마음을 가지고 있었다.
매컬리 역시 고향 출신의 매켄지 선교사가
조선에서 죽었다는 소식을 듣고 헌신하여 이 땅에 왔다.
매켄지는 로스를 통해 예수를 믿은 서상륜 등이 세운
황해도 소래교회에서 1년도 채 안 되는 사역을 하다가
영양실조와 일사병으로 20대에 죽었다.
그의 죽음이 캐나다에 알려지자 많은 이들이 조선을 향해 헌신했다.
매컬리가 사역하던 함경도 지역은 그 당시 러일전쟁의 피해가 심각했다.
그리고 겨울에는 영하 30도에 달하는 춥고 황량한 산악지대였다.
그녀의 헌신에는 이미 어린 양의 코드와
상하고 절박한 간절함이 스며 있었던 것이다.
그 여선교사들의 간구를 성령께서 응답하시기 시작했다.

무엇보다 성령의 역사와 성경공부의 필요를 절감한
다른 여성 선교사들이 합세해
1903년 8월 24일부터 원산에서 성경공부 겸 기도회를 가진 것이다.
이것은 성령께서 이끄신 일이었다.
이 집회를 인도한 사람도, 가장 강력한 성령역사를 체험한 이도 하디였다.

초기 자료들과 증언들은 이 기도회가 원산 대부흥 운동의 모체가 되었고,
다시 원산 부흥운동이 평양 대부흥으로 이어져 한국교회 대부흥운동의
중요한 동인動因이 되었다고 동의하고 있다.

쇼어 〈Within the Gate〉

하나님께서 그전까지 사역이 드러나지도 않던, 환난을 피해 온
무명의 여선교사들의 기도모임을 축복하신 것이다.
1890년 한국에 온 하디는
같은 토론토 출신인 펜윅의 원산 집에서 진료 사역을 시작한다.
그리고 1901년부터는 강원도 지방에서 개척 선교사로 사역했다.
그러나 결실은 거의 없었다. 그것은 그 자신이 고백했듯이
하디에게 말할 수 없는 충격과 절망을 안겨주었다.
처음에 하디는 그 실패의 원인을 파악하지 못했다.
그런데 여선교사들에게서 성경공부를 인도해달라는 요청을 받고
준비하는 동안 성령께서 깨닫게 하신 것이다.

> 이는 힘으로 되지 아니하며 능能으로 되지 아니하고
> 오직 나의 신神으로 되느니라 스가랴서 4:6

이 말씀을 통해 성령을 의지하지 않고 자기가 가진 지위나 능력으로
사역한 것이 실패의 원인임을 절실히 깨닫게 된 것이다.
그것을 깨닫자 그는 처절한 회개로 나아갔다.
그러자 성령이 그에게 임하셨다.
성령께서는 선교사들과 한국인 성도들 앞에서
그의 연약함을 고백하게 하셨다.
그런 일은 어느 선교사도 해본 적이 없었다.
그 당시 기록을 보면 하디는 부끄럽고 당황한 벌건 얼굴로
자신의 교만과 강퍅한 마음을 회개했다고 한다.
진정 깨어진 심령이 아니고는 쉽지 않은 일이다.
대단한 선배 사역자요, 우러러보았던 서구의 선교사가
자신의 무능과 부끄러움을 내놓자 무감각하던 영혼들이 흔들리기 시작했다.
그 당시 한국에 파송된 선교사들 가운데 흔히 보았던 인종적 우월감,
한국인들을 미개인처럼 여기고 자신의 능력을 과신했던 자만심을 토로하자
놀라운 변화가 시작된 것이다.
그때 갑자기 중국의 스칸디나비아선교회 책임자인 프란손이
아시아를 순방하는 중에 원산에서 전도집회를 하고 싶다는
편지를 하디에게 보내왔다.
스웨덴 출신의 프란손은 무디와 함께 동역한 성령충만한 전도자였다.
이 프란손 또한 하늘의 예비임을 나는 느꼈다.
성령께서 부흥을 위해 치밀히 준비해가셨던 것이다.
하디는 프란손을 기다리는 동안 교인들과 성경공부와 기도회를 가졌다.
그런데 갑자기 최종손이란 소년이
"며칠 동안 너무나 괴로워서 견딜 수 없었습니다"라며
자기의 죄목을 적은 종이를 펼쳐 읽는 것이었다.

이 일은 다른 성도들에게 큰 충격과 도전을 주었고 이를 계기로
많은 이들이 회개와 성령 체험을 시작했다. 하디의 회개로 시작된 이 역사는
도미노처럼 다른 이들을 성령 앞에 굴복시켜 갔다.
죄에 대해 전혀 무감각하고 회개가 무엇인지도 모르던
한국의 성도들이 통곡하며 회개의 영靈에 사로잡혔다.

그곳에 모인 교인들에게 단지 형식적인 신앙을 회개하고
진정으로 하나님께 돌아설 것을 간청하였다.
그때 비로소 성령께서 우리의 심령 안에서 역사하고 계심을 깨달았다.

하디의 이 고백은 동시대에 인도에서 라마바이가
고아, 과부들과 드리던 그 기도와 동일한 내용이었다.
"형식적인 그리스도인들이 성령의 능력으로 진정한 변화를 하게 해주세요."
인도의 신앙인들도 복음을 받았지만
성령의 능력과 하나님의 역사를 알지 못했던 것이다.
그런 영적 분위기가 형성된 가운데 갑자기 프란손이 왔다.
그가 예상보다 일찍 원산에 도착한 것이다.
그가 도착하던 날 주일예배 때 원산의 이름난 양반 가문의 아들이며
로스 선교사의 한글 선생이던 진천수라는 사람이 갑자기 일어서더니
자신의 감춰둔 죄를 회개하기 시작했다.
"제가 무지해서 아내를 죽였습니다. 아내가 병으로 고통받는 동안
저는 내내 술을 마시며 방탕했습니다."
그는 견딜 수 없는 심정으로 울며 회개했다. 그가 19살이 되던 해,
그의 아내는 몇 개월 동안 병을 앓다가 세상을 떠났다.
그 방탕하던 젊은 영혼에게 그 일이 갑자기 큰 죄악으로 느껴진 것이다.

그 지역의 이름난 가문의 아들이 그런 죄를
공개적으로 고백한다는 것은 쉬운 일이 아니었다.
그 역시 하디처럼 자신의 우월감, 지위와 신분을 내려놓고
성령 앞에 굴복한 것이다.
"우리를 굴복시켜주옵소서. 교회를 굴복시켜주옵소서.
그래서 세상을 변화시켜주옵소서…."
바로 동시대에 웨일즈에서 이반 로버츠를 통해 성령께서 구하게 하신
그 동일한 간구와 회개의 역사가 아무런 연관도 없는
반대편 한반도에서 일어나고 있었던 것이다.
"그것이 부흥의 가장 중요한 코드다.
하나님 앞에 자신을 굴복시키고 성령으로 채움받는 것이다."
웨일즈에서 깨달은 것을 평양 부흥에서 다시 만지게 되었다.
그들은 이런 풍경 속에서
신앙에 대한 살아서 꿈틀대는 경험과
자신의 백성을 죄에서 구원하시는 하나님의 놀라운 능력을 보게 되었다.
하디는 이 경험을 '성령세례'라고 했다.
20세기 부흥을 위한 예비자 R. A. 토레이가 주장한 바로 그것이었다.

바로 그날 저녁 갑자기 프란손이 도착했다.
성령께서 급하게 움직이신 것이다.
프란손은 부흥집회를 인도하며 은혜를 끼쳤다.
성령께서는 프란손을 통해 하디에게 부흥회 인도하는 법을 가르치게 하셨다.
어쩌면 그 일을 위해 프란손을 급히 보내셨는지도 모른다.
하늘이 계획하신 대부흥의 역사가 본격적으로 점화되고 있었기 때문이다.
"하늘의 작전은 치밀하고 신속하구나."

당시 기록들을 면밀히 검토하면 그 하늘의 마음을 만질 수가 있다.
후에 나는 하디의 기록에서 이 깨달음이 맞았음을 확인했다.

그프란손은 기도의 사람이며 노련한 전도자임을 입증했고, 어떻게 사역할 것인가를
우리에게 가르치기 위해 주께서 그를 보내셨음이 확실하다.

하디 〈God Touch in the Great Revival〉

하디는 이 점을 몇 번이나 고백했다고 한다.
진정 상한 마음으로 회개하고 성령의 능력을 갈망하면
하나님께서 당신의 도구들을 보내어 우리를 가르치고 이끌어가실 것이다.
그것이 성령세례를 통해 나타나는 역사이며 부흥의 과정이다.
프란손은 무디, 토레이 등과 더불어 동역하던 세계적인 부흥사였다.
하디는 그로부터 성령의 능력과 나타내심을 통해 사역하는 법을 배운 것이다.
하나님의 작전은 매우 흥미롭고 예측불허다.
프란손이 떠난 후 하디는 곧바로 자기 교회에서 부흥집회를 시작하였다.
놀라운 영적 각성과 회개, 능력들이 나타나기 시작했다.
이때 시작된 성령의 역사가 결국 1907년 '평양 대부흥'을 이끌어내게 된다.

_____ 성령의 통로

하디의 흔적을 촬영하려고 캐나다 토론토에 갔다.
이곳에서 공부하는 이들을 만나려고 와 있던
연변 과기대 정진호 교수와 친구가 공항에 마중을 나왔다.
"감독님, 내일 새벽에 게일의 생가生家를 먼저 가보면 어떨까요?"
"게일을 먼저? 내일 새벽이요?"
나는 게일의 생가보다는 매켄지의 고향이나
하디의 흔적을 먼저 찾아보고 싶었다.
내 마음속엔 온통 그들이었고 게일은 그다지 생각하지 않았다.
"솔직히 말씀드리면 놀랄 일이 있습니다."
정진호 교수가 상기된 표정으로 은근히 말했다.
"무슨 일인데요?"
"토론토 서머나교회에 최선수라는 장로님이 계신데,
예순이 넘어 선교사로 헌신해 중국에서 사역하신 분입니다.
최근 주께서 그 분에게 한국에서 헌신한
캐나다 출신 선교사들의 기념관을 세우라는 마음을 강하게 주셨습니다.
그래서 이미 건물을 세우고 선교사들에 관한 자료를 모으고 있는데
감독님이 그런 주제로 촬영을 온다니까 너무 놀라고
흥분을 하게 된 것입니다."

문득 성령님이 이 일을 진행하고 계신다는 생각이 들었다.
"주님, 이 작업은 이미 저의 것이 아닙니다.
성령께서 예비하신 부흥의 흔적을 보기 원합니다."
비행기 안에서 이 기도만 반복해 드렸었다.
하디는 물론 캐나다 출신으로 한국에 온 선교사들을 연구한
Y교수를 만나 인터뷰하려고 했으나
웬일인지 그는 촬영을 꺼렸다.
미리 와 있던 정진호 교수도 그와 여러 번 연락을 취했지만 실패한 모양이었다.
그러나 이미 성령께 맡겼으므로 마음이 평안했다.
"그래서 게일을 먼저 보자고 한 것이군요?"
나는 숙소로 이동하며 생각에 잠겼다.
캐나다 최초의 여성 선교사였던 엘리자베스 매컬리는
매켄지라는 선교사의 생애를 기록한 전기를 펴냈다.
매켄지는 1895년 6월 23일 소래에서 34살의 나이로 세상을 떠났다.
몇 년 후면 그 땅에 불어올 성령의 바람도 보지 못한 채.
그가 소래에서 보낸 313일을 포함,
조선에서 보낸 선교 기간은 겨우 559일에 지나지 않았다.
그러나 하나님은 그 안타까운 희생을 버려두지 않으셨다.
뜨거운 예수 사랑에 사로잡힌 매켄지는 조선에 오기 전에도
6년 동안 가장 춥고 가장 힘든 지역만을 택하여 복음을 전했다.
그것은 '조선 선교'를 위한 훈련 기간이었다.
그런 그였기에 그 시대 세상에서 가장 황무하고 예수를 모르던 민족인
조선을 기꺼이 찾아올 수 있었던 것이다.
게일을 통해 로스가 뿌린 헌신의 결실이기도 한 소래 땅에 온 매켄지는
조선 역사상 가장 암울했던 청일전쟁을 그리고 동학란을 겪었다.

그는 비참한 소래 사람들과 같은 옷을 입고 같은 음식을 먹었으며
같은 곳에 기거하였는데 그가 살던 낡고 작은 초가집은
같은 캐나다 출신 게일과 펜윅이 살았던 곳이었다.

>하나님의 능력을 좇아 복음과 함께 고난을 받으라 디모데후서 1:8

'어린 양'의 피와 '십자가'를 담고 있는 복음,
그것을 전하기 위하여 그는 기꺼이 고난을 감내하였다.
철저히 낮아지고 섬기는 마음으로 영혼들을 사랑하였다.
그러나 거구의 청년이 제대로 먹지도 자지도 못한 채
헌신하다가 일사병과 영양실조로 세상을 떠나고 말았다.

>너희는 가만히 있어 내가 하나님 됨을 알지어다 시편 46:10

주님의 사랑을 전하기 위해 이 험한 땅에 왔으나 너무나 일찍 가야 하는
안타까움으로 탄식하는 매켄지에게 하나님은 이 말씀을 주셨으리라.
그리스도를 닮아 드린 그 헌신, 그 희생의 씨 뿌림을
결코 모른 체하지 않으실 것임을….
"결국 부흥을 주심으로 그것을 입증하셨구나."
나는 그의 생애를 읽으며 다시 부흥의 씨앗과 뿌리를 보았다.
그 안타까운 죽음과 뜨거운 사랑을 소래 교인들이 캐나다에 알렸다.
성령께서는 캐나다의 많은 젊은이들을 감동시켜 조선을 향하게 하셨다.
그들은 매켄지처럼 가장 험난한 조선의 북부 지역으로 가서 헌신했다.
그중《매켄지의 생애》를 쓴 엘리자베스와 루시아 자매가 있었다.
동생 루시아 매컬리가 '의화단의 난'을 피해 온 화이트 선교사와

양화진에 있는 하디 선교사의 묘지

원산 지역에서 성령의 임재를 구했던 바로 그녀다.
그 간절한 기도의 응답으로 하디가 회개하고 그 상한 마음을 통로로
조선에 성령의 문이 열렸던 것이다.
"그렇다면 평양 대부흥의 뿌리 중에는 매켄지가 있는 것이다."
나는 그 뿌리들을 만지고 싶어 캐나다에 온 것이다.
하지만 아무런 근거도 없고 막막함뿐이었다.
"예상치 않았지만 게일 생가부터 가지요."
이미 모든 걸 주께 맡기고 온 것이다.
그렇게 하여 토론토에서 한참 떨어진 시골 마을의 게일 생가를 찾아갔다.
그런데 그것이 주님의 인도였음을 곧 알게 되었다. 이동하는 길에
나는 최선수 장로님이 가져온 게일에 대한 책에서 뜻밖의 정보를 발견했다.
하디가 당시에 거의 알려지지 않은 조선에 관심을 갖게 된 것은
1888년 같은 학교 YMCA대표로 한국에 파송된 게일 때문이었다.
"하디가 학교 선배인 게일의 영향으로 한국에 왔네요."
나는 새로운 사실에 놀랐다.
하디만이 아니라 펜윅과 매켄지도 그 통로로 조선에 왔다.
"게일이 아니었다면 하디를 통한 부흥도 어려웠을 터이다."
부흥의 뿌리를 찾고자 하는 내가
갑자기 게일 생가에 가게 된 까닭을 알 수 있었다.
역시 성령님이 연출하고 계시는 것이다.

길선주 목사와 게일 선교사 가족
길선주 목사가 게일 선교사의 아들에게 유아세례를 베푼 후 찍은 사진

나는 직감적으로 그것을 느낄 수 있었다.
게일의 생가와 교회도 미리 약속을 하지 않으면 볼 수 없다고 했다.
"이미 성령께서 연출하기 시작하셨습니다. 걱정하지 마세요."
나는 이미 이 작업을 주께서 이끌어 가신다는 확신이 있었다.
"Amazing! Amazing!"
얼마 후부터 같이 동행한 이들이 성령의 역사에 감탄사를 연발했다.
문이 잠긴 게일의 교회를,
근처에 사는 교인들이 제 발로 찾아와 문을 열어주고
여러 자료들을 가져와서 친절히 설명까지 해주었다.
"게일은 한국에서 영어사전을 편찬하고
영문 고전을 번역하는 사역을 했습니다."
캐나다 할머니 교인들이 신이 나서 설명해주었다.
"어떤 고전이지요?"
"번연의 《천로역정天路歷程》을 번역했지요."
최선수 장로님이 답했다.
"아, 길선주 장로가 읽고 예수를 믿게 되었다는 그 《천로역정》을 ….'"
그것은 참으로 놀랍고 감동적인 것이었다.
평양 대부흥의 도화선이 된 하디가 게일의 영향으로 한국 땅에 왔다.
그런데 하디에 의해 번져온 성령의 불길을 폭발시킨 대부흥의 주역,
길선주 또한 그가 번역한 책의 영향으로 신앙을 갖게 된 것이다.

게일이 평양 대부흥의 중요한 도구로 사용되었다는 것,
성령께서 그것을 알게 하시기 위해 이곳으로 인도하신 것이다.

길선주는 단연 1907년 대부흥의 주역이었다.
그는 젊은 시절 진리를 찾기 위해 40주야를 명상과 기도로 보냈다.
잠을 자지 않고 거의 고행苦行에 가까운 수도修道를 하였고,
심지어 얼음물을 눈에 수없이 붙다가 각막이 파괴되어
한 쪽 눈의 시력까지 잃었다.
그토록 종교적 열정이 뜨거운 그에게
성령께서는 게일이 번역한 《천로역정》을 읽게 하셨다.
다른 무엇보다 진리와 구원을 얻기 위한
영혼의 순례기巡禮記가 그에게 큰 도전이 되었다.
아내가 읽어주는 천로역정을 들으며
깊은 고뇌에 빠진 길선주는
주님이 직접 부르시는 성령체험을 한 후 예수를 믿게 된다.
길선주는 진정 이 땅의 부흥을 위해 예비된 종이었다.
1903년 하디의 자신을 처절히 내려놓는 회개에서 시작된
부흥의 불꽃은 서서히 한반도 전역을 태워 갔다.
그리고 1907년에 이르자 그 영적 열망은 최고조에 달했다.

평양 사경회는 성령의 임재를 간절히 사모하는 기도와 간구 속에 시작되었다.

헌트 〈Impressions of an Eye Witness〉

1907년 1월 6일, 전국에서 몰려든 약 1천 명의 성도들이
평양 장대현교회를 가득 채웠다.

그들은 성령의 임재를 맛보기 위해 숙박비는 물론
자신들이 먹을 쌀을 등에 지고 온 열정파들이었다.
뜨거운 통성기도 후에 길선주 장로가 함께 찬송을 부를 것을 요청했다.
"이 기쁜 소식을 온 세상 전하세 큰 환난 고통을 당하는 자에게
주 믿는 성도들 다 전할 소식은 성령이 오셨네. 성령이 오셨네…."
이 찬양을 반복해서 부르자 놀라운 성령의 불길이 그곳에 임했다.
헌트 선교사는 "그날 이후 그곳에는 개인적으로나 집단적으로
성령의 임재가 나타나지 않은 날이 하루도 없었다"라고 기록했다.
1907년은 사실 우리 민족 최대 위기였다.
동학란과 청일전쟁, 러일전쟁이 이 땅에서 벌어졌고, 특히 북부 지역은
전란의 후유증으로 선교사들과 성도들이 흩어질 위기에 처했다.
얼마 후면 민족의 위기를 세계에 알리기 위해 떠난
상동교회 이준 열사가 자결하며
고종 황제가 간악한 일제에 의해 폐위되고
수많은 고통의 그림자가 온 나라를 드리울 때였다.
이제 우리 민족과 교회는
앞으로 수십 년간 상상 못할 고난을 겪어야 하는 것이다.
그 환난과 고통의 암흑기에, 그 고난의 출발점에 성령님이 찾아오신 것이다.
"하나님은 이미 그것을 간파하시고 당신의 영을 보내어
이 나라의 교회와 민족을 위로하신 것이다."
부흥의 역사를 살피면 이토록 하나님의 섭리와 사랑을 살 깊게 만지게 된다.

1904년과 1905년, 러일전쟁이 맹위를 떨치고 있을 때에
원산의 부흥운동은 절정에 달했다.

하디 〈Within the Gate〉

이것이 하나님의 전략이었다.
이 환난과 고통의 위기 상황은 성도들과
선교사들의 심령을 가난하게 만들었고 오직 하나님만 의뢰하게 했던 것이다.
"성령님은 그 상하고 가난한 마음으로 애통하는 자들에게 찾아오셔서
위로의 역사를 나타내신다." 그 상황들을 지켜본 게일은 이렇게 말했다.
"그 환난으로 이미 그들은 준비가 되어 있었다."
그것은 중국의 교회도 마찬가지였다.
1900년 의화단의 난으로 중국의 교회는
엄청난 순교의 고통과 상처를 입었다.
그 위기를 피해 한국으로 건너온 두 명의 여성 선교사들이
골방에서 드린 간구에 의해 이 땅에 성령의 불꽃은 피어올랐다.
이 점을 주목해야 한다.
그들에게는 누구보다 간절하고 애통하는 심령이 있었던 것이다.

> 무릇 마음이 가난하고 심령에 통회痛悔하며 나의 말을 인하여 떠는 자
> 그 사람은 내가 권고眷顧하려니와 이사야서 66:2

부흥은 이 비워지고 가난하며 아프도록
자신을 회개하는 상한 심령을 통하여 온다.
그것이 하나님의 언약이다. 이 약속을 붙들고
오직 하나님만 갈망하는 영혼들에게 성령께서 친히 찾아오시는 것이다.

천지를 진동하는 회개

> 그들이 그리로 가서 그 가운데의 모든 미운 물건과 모든 가증한 것을 제거하여 버릴지라 내가 그들에게 한 마음을 주고 그 속에 새 영靈을 주며 그 몸에서 돌 같은 마음을 제거하고 살처럼 부드러운 마음을 주어…그들은 내 백성이 되고 나는 그들의 하나님이 되리라 에스겔서 11:18-20 (개역개정)

이것이 부흥의 본질이다.
성령께서 내 안에 끊임없이 이것을 각인刻印시켜주셨다.
우리 안의 우상을 제거하는 것이 부흥이다.
그 미운 물건, 우상을 버릴 때에 부흥의 영靈이 임한다.
1907년 평양 대부흥 때도 그러했다. 죄를 자복하고 통회하며
자신의 우상을 파괴하는 강력한 회개가 있었기에
그 놀라운 성령역사가 가능했던 것이다.
1907년 1월 12일 토요일 저녁 집회에서
방위량W. Blair 선교사는 "너희는 그리스도의 몸이요,
지체의 각 부분이라"라는 바울의 말씀으로 설교했다.
"한 지체가 고통을 받으면 모든 지체가 고통을 받습니다"라고 말하며
당시 선교사들과 성도들의 가장 심각한 문제인
형제를 사랑하는 것과 지체로서 하나 되지 못하는 교회의 우상을 경고했다.

그러자 모두들 자신의 죄와 우상이 느껴져 아파하며 회개하기 시작했고
성령께서 그 회개하는 심령들 위에 강력히 임하시어
진정한 대부흥의 문이 열린 것이다.
이것이 한반도를 불태운 1907년 대부흥이다.
이 글을 쓰면서 내 안의 '우상들'을 보게 해달라고 간절히 기도했다.
신실하신 성령께서는 내가 알지 못하는 음험한 우상들,
교묘히 숨어 있는 죄악들을 깨닫게 하셨고
그것들을 내려놓자 상상 못한 역사로 임하셨다.
그동안 나와는 다른 체질로 인해 불편해 하던 지체들이
사랑으로 느껴지기 시작하고 그들을 위해 중보하게 되었다.
누구보다 '그리스도의 풍경'과 그 진실을 소유하고 싶었으나
내 안에 그분을 닮은 비움과 사랑이 부족함을 보게 되었다.
"스스로 우상과 모순의 실체조차 정확히 알기 어렵구나.
그것조차 성령께 구하여 깨달아야 한다.
할 수 없는 죄인임을 고백하고 회개의 영靈을 달라고 간구해야 한다."
그런 통찰력이 생겼다. 하나님의 은혜로 내 안의 우상이 조금씩 제거되자
그분의 약속대로 돌같이 굳은 마음이 풀리며
하나님의 사랑과 길이 느껴지기 시작했다.
이 세상의 황무함과 고통을 향하여 말할 수 없는 탄식으로
중보하고 일하시는 성령님의 역사가 만져지기 시작했다.

장대현교회의 사경회 광경

그러자 그 나라를 향한 열망과 기도와 섬김이 더욱 타올랐다.
나의 것, 내가 속한 무엇을 넘어 오직 하나님나라만 충만해진 것이다.
내게도 부흥이 시작된 것이다.
우상을 버리고 통렬하게 회개함으로 성령의 역사를 체험한
조선의 성도들과 선교사들은 다음날도 모두 모였다.
누가 시킨 것도 아니었다. 더욱 많은 이들이 더욱 간절한 사모의 영靈으로
장대현교회에 모여 은혜를 갈망했다.
그러나 이상하게 그들의 기대와는 달리 아무런 역사가 나타나지 않았다.
오히려 평소보다 더 냉랭하고 차가운 기운이 예배당을 휘감았다.
길선주 장로가 능력 있는 설교를 한 후, 안타까운 나머지
"다들 죽었느냐?"라고 물었다. 그러나 변화는 없었다.

그것에는 집회를 방해하는, 마치 무엇인가 보이지 않는
어떤 세력이 존재하고 있는 것처럼 보였다.
스왈른 선교사의 편지 1907년 1월 18일

그 주일 저녁에는 대단히 기대했으나 놀라운 축복을 받는 대신 상당히
특이한 경험Peculiar experience을 했다.
그 집회는 죽은 시체와 같았고 하나님의 성령은 우리를 떠난 것 같았다.
그래함 리 〈성령은 평양에 어떻게 오셨나〉

불 속으로 들어가다 283

엄청난 성령의 역사를 기대했던 성도들은
무거운 절망을 품고 집으로 돌아가야 했다.
"왜 이런 일이 벌어진 것일까?
그들은 간절히 회개했고 은혜를 사모했는데…."
나는 의문에 사로잡혔다. 그때 성령께서 깨닫게 하시는 말씀이 있었다.

> 우리의 씨름은 혈과 육에 대한 것이 아니요 정사와 권세와 이 어두움의 세상 주관자들과 하늘에 있는 악의 영들에 대함이라 에베소서 6:12

하나님의 성령이 임하여 회복을 이루시려 할 때에,
그것을 반대하는 악의 세력들도 강력히 저항한다는 것이다.
"부흥의 때에는 이 악의 실체가 더욱 역사하는 시기다.
그것을 알아야 진정한 부흥의 길을 볼 수 있다."
성령님은 내 안에 그런 강한 생각을 주셨다.
부흥을 갈망하는 우리가 흔히 놓치는 부분이 이것이다.
모두가 성령의 능력과 현상에 주목한다.
또한 영적 전쟁에 대하여 말하지만 진정 그것을 이기는 법은 모른다.
성령께서 이것을 확증해주시는 일을 나타내셨다.

"웨일즈에서 사역하는 게일 딕슨G. Dixon이라는 자매가 한국에 왔습니다.
같이 부흥에 대해 대화를 나누면 좋을 것 같은데…."
〈부흥〉팀의 고형원 전도사가 갑자기 연락을 했다.
성령께서 그 자매를 통해 무언가 깨닫게 하실 것이란 생각이 들어
흔쾌히 가겠노라 말했다.
게일 딕슨 자매는 웨일즈 부흥의 주역인 이반 로버츠와 동역한

그 순수한 소녀들의 모습 그대로였다.
"20세기 초에 하나님은 오순절 이후에 가장 강력한 성령을 전 세계에
부어주셨다고 했습니다. 그러나 악한 영들이 극렬하게 막음으로
그것이 온전히 부어지지 않았다고 하셨습니다."
나는 그녀의 말에 깊이 공감할 수 있었다.
1907년 1월 13일의 장대현교회 집회가 그것을 입증하는 것이었다.
악한 영들이 그것을 막았던 것이다.
"이것을 깨달으라고 하시는 것이다. 성령님에 대하여 아는 만큼
악한 세력들의 공격에 대한 깊은 인식과 깨어 있음이 절실하다."
이 글을 쓰기 시작하자 갑자기 팔목과 온몸 구석구석이 아파왔다.
그리고 보면 내가 악의 세력들에 대해
무언가를 깨달으려 할 때는 항상 어떤 문제와 아픔을 주셨다.
성령의 역사가 실재이듯 그것을 방해하고 막는 악의 역사도 실재다.
"예수 그리스도의 보혈과 십자가를 의지해 구하니 악한 영들아 물러가라."
나는 그리스도의 보혈을 의지해 선포했다.
그러자 사로잡고 있던 영들이 스르르 물러가버렸다.
"주님, 이 영적 전쟁에 대한 지혜와 계시의 영을 주세요."
나는 더욱 하나님의 지혜를 구했다.
다음날 서점에서 전에 보지 못했던 책 한 권을 발견했다.
《성도들의 영적 전쟁》이란 책이 눈앞에 불쑥 나타난 것이다.
저자를 보고 나는 놀랐다.
"아니, 이반 로버츠와 제시 펜 루이스가 이런 책을 썼다니!"
이반 로버츠가 이런 책을 쓴 것에 대해 그동안 전혀 알지 못했다.
1904년 웨일즈 부흥은 역사상 가장 엄청난 부흥이었다.
그러나 그 부흥의 인도자인 이반 로버츠가

얼마 후 8년 동안이나 잠적했었다고 한다.
사람들은 그에게 그동안 어디에서 무엇을 했느냐고 물었다.
"예수 그리스도의 왕국을 위해 기도했습니다."
이것이 그의 대답이었다.
악한 영들의 공격으로 그는 건강이 손상되어 병원에 있어야 했다.
이반 로버츠는 병상에서 사탄과 싸우며
성령의 역사를 훼방하는 악한 영과의 전쟁에 대하여
한 자매에게 구술해주었다.
이것을 받아적은 사람이 바로 웨일즈 부흥에 크게 쓰임받은 성령의 도구이며
깊은 영적 통찰력을 소유한 제시 펜 루이스 여사이다.
그녀는 이반 로버츠가 구술한 내용에다 자신의 체험을 섞어서
이 책을 기록하였다.
책을 펼쳐 읽으며 나는 놀라고 있었다.

사탄의 초자연적인 세력들은 진실로 부흥에 큰 장애물이 된다.
오순절에 일어난 부흥의 모든 특징을 지녔던
웨일즈 부흥의 때에 쏟아 부어진 하나님의 능력은
주님이 이 땅에 계실 때 접하시고 사도들과 초대교회가 직면했던 것과 동일한
악한 영들의 유입에 의해 계속 방해받고 저지되어 최고의 목표에 다다를 수 없었다.

이반 로버츠, 제시 펜 루이스 《성도들의 영적 전쟁》

"이것은 게일 딕슨 자매에게 주셨던 말씀과 동일하다.
웨일즈 부흥이 사탄의 방해로 온전한 역사를 이루지 못했구나."
이 영적 전쟁의 실재가 더욱 인식되기 시작했다.
문득 생각나는 것이 있었다.

이제 진리에 바탕을 두어 믿음의 뿌리를 내리지 못하고
감정에만 의존했던 이들은 마귀가 노릴 것이다. 이미 그 영적 전투는 시작되었다.

리즈 하월즈

1904년 웨일즈 부흥을 지켜본 리즈 하월즈가 한 말이다.
이미 그는 대부흥의 과정에서 사탄의 강한 공격을 보고 있었다.
역시 그것을 인식했던 이반 로버츠와 루이스 여사도,
"20세기의 그리스도인들은 사도들과 초대교회들과 달리 거의 예외 없이
흑암의 권세가 침입해오는 것에 대한 이해가 없다.
그리고 그것을 물리칠 줄 모른다"라고 안타까워했다.
주님이 말씀하신 '속이는 자'인 마귀의 궤계詭計에,
성령을 가장하여 '광명한 천사'로 나타나는 그 악령들의 역사에
교회와 성도들이 속고 자신들도 모르게 변질되고 있다는 것이다.

> 만일 우리 복음이 가리웠으면 망하는 자들에게 가리운 것이라 그중에 이 세상 신이
> 믿지 아니하는 자들의 마음을 혼미케 하여 그리스도의 영광의
> 복음의 광채가 비취지 못하게 함이니 그리스도는 하나님의 형상이니라 고린도후서 4:3,4

이 '망하는 자들', '이 세상 신神'은 하나님의 부흥과 성령역사의 본질인
그리스도의 영광스러운 형상을 가리고 깨닫지 못하게 한다.
주님이 보여주신 그 형상은 종이 되어 섬기는 것이었다.
믿는 우리에게도 그것을 혼미昏迷케 하여
그 하나님의 형상을 닮고 증거하는 삶보다 '영적 체험'과 '은사주의'에만
매몰되게 하는 것이다. 그것이 그동안 부흥의 때에 강하게 드러났다.
이 분별력이 없으면 악의 세력들의 공격에 패하고 마는 것이다.

1907년 장대현교회에서 악한 영들의 방해로
절망하고 돌아간 성도들과 선교사들은
다음날, 1월 14일 월요일 정오 기도회에 다시 모였다.
전날 악한 영들의 공격에 낙담하여 무너지지 않았다.
물론 실망하고 주저앉은 이들도 있었을 터이다.
그것이야말로 그 세력들이 노리는 목표였다.
그러나 상당수의 성도들과 선교사들은 성령의 임재를 사모하였다.
전날 밤의 그 공허함이 그들을 더욱 낮아지게 하였고
상한 심령이 되어 울부짖게 만들었다.
그들은 통회 자복하며 다시 하나님께 성령강림의 역사가 임하도록 간구했다.
그것은 하나의 장관壯觀이었다고 한다.
1천5백 여 명의 성도들이 하얀 바지저고리를 입고 마룻바닥에 무릎을 꿇고
얍복강 나루를 건넌 야곱의 씨름처럼 죽음을 각오하고
하늘의 축복을 구했던 것이다.
하나님의 역사는 피상적인 추구에서 나타나지 않는다.
하나님을 가장 가까이 만났고 진정한 중보의 삶으로
그리스도의 예표가 되었던 모세….

> 모세는 하나님의 계신 암흑으로 가까이 가니라 출애굽기 20:21

혼돈과 공허, 흑암의 깊음 속에서 간절히 하나님을 구하는 몸부림,
그것이 진정 하나님이 기뻐하시는 '상한 심령'의 제사요,
그분의 임재 가운데 들어가는 통로다.
진리와 지식을 추구한다는 미명의 알량한 추구로는 도무지
하나님의 깊이에 도달할 수가 없다.

주님이 겟세마네에서 나타내셨던 그 어린 양의 풍경….
심한 통곡과 눈물로 올린 간구와 소원히 5:7으로
순종하여 드리는 제사를 '하나님의 깊은 것을 통달通達하시는 성령'께서
그 경지에 다다르게 하시는 것이다고전 3:10,11.
그날 장대현교회의 풍경이 겟세마네의 그것이었다.
그날 밤 성령께서 그들 가운데 임하셨다.

한 사람 한 사람씩 일어나 자기 죄를 고백하고 고꾸라져 울었다.
그리고 자기가 죄인이라는 완전한 고통에 주먹으로 바닥을 쳤다.
나의 요리사는 회개하려고 애쓰면서
"목사님, 나에게도 희망이 있는지요, 용서받을 수 있는지요."
그리고 나서 바닥에 엎드려 울고 또 울며 거의 고통 중에 부르짖었다.

그래함 리 〈성령이 평양에 어떻게 오셨나〉

이것이 부흥의 참모습이다.
웨일즈, 아일랜드, 인도 등에서 나타났던 풍경도 이것이었다.
1859년 아일랜드에서는 성령의 임재 앞에 건강한 장정들이 견디지 못하고
수없이 고꾸라져 자신의 죄를 회개하는 역사가 일어났다.
1904년 웨일즈의 성도들도 성령의 불 앞에서 어쩌지 못하고 쓰러지거나
가슴을 치고 짐승처럼 울부짖는 회개가 일어났다.
1905년 인도 라마바이의 고아 소녀들과 과부들도 자신들이
죄의 법 아래 있음을 깨닫고 처절히 회개했다.
1907년 1월 14일, 평양 장대현교회,
그들도 망하는 자신의 모습,
죄와 사망의 법 아래 있는 자신의 처참한 영혼을 목도目睹했다.

그 전에 느끼지 못했던 자신의 우상과 불의와 죄악들이
성령이 오시자 적나라하게 만져지고 강권적인 회개의 역사가 일어난 것이다.

이 집회에서 사람들은 죄의 무서운 결과, 죄 없으신 그리스도께서 받으신 고난과
자신들을 위하여 죽으신 그 사랑을 처절히 깨달았다. 그들은 몸부림치며 번민하였다.
일부는 거의 죽음에까지 이르렀다. 그들은 완전한 용서를 깨닫고 평안을 얻었다.

찰스 클락

선교사들과 성도들은 피차 죄를 고백했고 일본인을 미워하는 생각뿐 아니라
하나님을 거역하는 모든 죄를 자복했다.

블레어

그것은 마지막 심판을 보는 것처럼, 너무나도 무시무시했다.
그날 밤의 장면을 설명하기에는 그 어떤 단어도 적합하지 않다.
그러나 한 가지 특기할 만한 것은, 그리스도 안에 있는 자기 형제를 미워하는 죄가
무엇보다 큰 고통을 가져다주는 요인인 듯했다.

스왈른의 편지

선교사와 성도들이, 목회자와 장로가, 형제와 형제들이 서로 부둥켜안고
강단 앞으로 나와 심장이 터질듯 울부짖으며
용서를 구하는 모습은 실로 천국의 풍경이었다.
그동안 이기적이고 강퍅한 독선으로 무시하고 미워하던 이들이
서로 무릎을 꿇고 화해하는 모습, 성령이 임하신 진정한 모습은
어떤 영적 현상이나 은사이기 전에 이렇듯 처절한 회개다.
관계의 회복이다. 이것이 부흥의 진정한 모습이다.

그리스도의 사랑과 은혜를 깨닫고 원수까지도 품는 것이다.
주님처럼 그들의 종이 되어 섬기는 것이다.
그 삶을 살게 하시기 위해 성령을 주시는 것이다.
악의 세력들은 어찌하든지 이 삶의 경지에 다다르지 못하게 한다.
그래서 그 본질보다는 부분과 현상에 치우치게 하는 것이다.

나는 이런 기록들을 읽으며 울었다. 그리고 더욱 회개했다.
"내 안에 형제를 미워하고 함부로 판단하며 주님 사랑으로 섬기지 못한
불의를 발견하게 하시고 용서해주세요.
더욱 주님을 닮아 깊은 진실과 섬김의 삶을 살게 해주세요."
죄 없으신 하나님의 어린 양, 그 거룩하신 분이
우리의 허물과 죄를 위하여 희생하신 것이다.

"보라 세상 죄를 지고 가는 하나님의 어린 양이로다" 요 1:29.
세례 요한이 그 어린 양을 보자
"내가 보매 성령이 비둘기같이 하늘로서 내려와서…" 요 1:32
비로소 성령이 임하셨다.
"진리의 성령이 오실 때에 그가 나를 증거하실 것이요" 요 15:26
보혜사 성령님은 오셔서 그리스도의 십자가와 보혈….
우리의 죄를 대신 지고 죽으신 그 사랑과
하나님이시면서도 종의 형체를 가지시고 섬기신
그 낮아짐과 겸손을 증거하시고 깨닫게 하신다.
예수를 처음 믿을 때만이 아니라
진정으로 하나님나라를 위하여 뜨겁게 살게 하기 위하여
어리석고 무지하며 자신만의 울타리에 갇힌 제자가 아니라

하나님과 동역하는 천국의 도구, 그리스도의 증인이
되게 하시기 위해 성령을 통해 능력을 부어주시는 것이다.
이것이 부흥의 진정한 모습이며 성령세례다.

> 그런즉 너희는 하나님께 순복할지어다 마귀를 대적하라 그리하면 너희를 피하리라
>
> 하나님을 가까이 하라 그리하면 너희를 가까이 하시리라
>
> 죄인들아 손을 깨끗이 하라 두 마음을 품은 자들아 마음을 성결케 하라
>
> 슬퍼하며 애통하며 울지어다 너희 웃음을 애통으로,
>
> 너희 즐거움을 근심으로 바꿀지어다
>
> 주 앞에서 낮추라 그리하면 주께서 너희를 높이시리라 야고보서 4:7-10

맺|음|말

여정을 마치며

성령님에 대한 무지, 그 자괴감에서 출발한
이 지난한 여정을 이제 마치려 합니다.
이 일을 시작하신 분도 마치신 분도 성령님이십니다.
이 여정은 남루하고 누추한 제 영혼을 깨트리는 과정이었습니다.
그 깨어진 영혼으로 하나님의 마음을 조금 만지는 축복이었습니다.

우리를 위하여 일하시는 하나님의 열심과 뜨거운 사랑을
그렇게 느꼈습니다. '그리스도의 풍경'과 '진실',
그것이 알고 싶어 남들이 가지 않는 길들을 쏘다녔습니다.

혼돈과 공허 가운데 메마른 풀처럼 이리저리 방황하였습니다.
그러나 성령님을 만나고서야 비로소 그 진정성을 만지게 되었습니다.
그 서럽고 발 시리던 시절들이 모두 '본향本鄕',
아버지의 나라를 향한 그리움이었음을 이제야 깨닫습니다.

이 부흥을 향한 순례로 세상이 알지 못하는
하나님나라의 그 감격적인 길들을 조금 엿보게 되었습니다.
"아빠, 아버지!" 롬 8:15,

돌처럼 굳었던 영혼이 아이처럼 순수한
영혼의 경배와 희열의 자유를 노래하게 되었습니다.

아직 너무나 부끄럽고 부족하지만 하나님의 '어린 양'이신 주님처럼
오직 하나님의 깊은 사랑을 목말라 하며
그 나라가 이 땅에 임하는 것이 제 삶의 모든 것이 되었습니다.
저는 그것이 제게 이루어진 '부흥'이라고 생각합니다.
이 작은 자를 통하여 그것을 나누어주시기 위하여
이 여행을 계획하셨다고 믿습니다.

상한 마음, 깨어짐과 낮아짐의 순종으로
하늘의 뜻을 이루신 그리스도를 닮아 살게 하시기 위하여
성령님이 우리를 부르고 계십니다.
그 어떤 존재일지라도 말할 수 없는 탄식으로 중보하시며,
우리와 더불어 그 나라를 꿈꾸고 열매 맺기 원하시는 성령 하나님.
그 사랑 앞에 내 모습 그대로 겸허히 비우고 순종하는 것이 부흥입니다.

그 하늘의 초대장이 이 여정입니다.
이 작고 소박한 부흥의 탐구가
성령님의 임재로 하나님의 사랑을 결실하는 데
작은 섬김이 되기를 소망합니다.
진정으로 간절히 기대합니다.

김우현

참고도서

노만 그러브, 《탁월한 중보기도의 사람 리즈 하월즈》 도서출판 두란노
마이클 호튼, 《미국제 복음주의를 경계하라》 나침반출판사
마크 듀풍, 《열린 하늘을 통해 하나님을 경험하라》 은혜출판사
마틴 로이드 존스, 《부흥》 생명의말씀사
_____, 《성령 하나님》 기독교문서선교회
민경배, 《한국기독교회사》 연세대학교 출판부
박명수, 《한국교회 부흥운동 연구》 한국기독교역사연구소
박용구, 《평양 대부흥운동》 생명의말씀사
베니 힌, 《성령님의 기름부으심》 열린책들
브로우드벤트, 《순례하는 교회》 전도출판사
앤드류 머레이, 《예수님의 보혈의 능력》 생명의말씀사
_____, 《겸손》 크리스챤다이제스트
에이비온 에번스, 《1904 웨일즈 대부흥》 부흥과 개혁사
엘리자베스 엘리엇, 《에이미 카마이클》 복있는 사람
웨슬리 듀웰, 《세계를 뒤바꾼 부흥의 불길》 생명의말씀사
이반 로버츠·제시 펜 루이스, 《성도들의 영적 전쟁》 벧엘서원
잽 브래드포드 롱·더글라스 맥머리, 《성령의 능력으로 사역하라》 홍성사
조지 뮬러, 《기도가 전부 응답된 사람》 규장
존 무어만, 《잉글랜드교회사》 성공회대학교 신학연구소
진 에드워드, 《세 왕 이야기》 예수전도단
토레이, 《성령론》 대한기독교서회
폴 틸리히, 《그리스도교사상사》 대한기독교서회
프리드릭 브루너, 《성령신학》 나눔사
하비 콕스, 《영성 음악 여성》 동연
헨리 존슨, 《부흥운동 이야기》 솔로몬

Brynmor Pierce Jones, 《An Instrument of Revival》 Bridge-Logos
David Matthews, 《I saw the Welsh Revival》 Christian Life Books
Frank Bartleman, 《Azusa Street》 Bridge-Logos
Larry Martin, 《The Life and Ministry of William J. Seymour》 Christian Life Books
_____, 《The True Believers》 Christian Life Books
S. B. Shaw, 《The Great Revival in Wales》 Christian Life Books

부흥의 여정

초판 1쇄 발행	2006년 4월 17일
초판 7쇄 발행	2006년 8월 21일
지은이	김우현
펴낸이	여진구
편집국장	김응국
편집장	김아진
기획·홍보	이한민
책임편집	안수경	오은미, 박혜련, 이소현, 최지설
책임디자인	전보영	이혜영, 양효은, 성수희, 서은진
해외저작권	최영오
마케팅	김상순, 강성민, 허병용, 박은숙
마케팅지원	최경식, 윤세원, 김선규
제작	조영석, 정도봉
경영지원	김혜경, 김경희
이슬비전도학교	전진배, 엄취선, 전우순, 최영배
이슬비암송학교	박정숙, 이지혜
이슬비장학회장	여윤학
펴낸곳	규장

주소 137-893 서울시 서초구 양재2동 205 규장선교센터
전화 578-0003 팩스 578-7332 이메일 kyujang@kyujang.com
등록일 1978.8.14. 제1-22

ⓒ 김우현, 2006
이 출판물은 저작권법에 의해 보호를 받는 저작물이므로 무단 전재와 무단 복제를 할 수 없습니다.

책값 뒤표지에 있습니다.
ISBN 89-7046-380-1 08230

규 | 장 | 수 | 칙

1. 기도로 기획하고 기도로 제작한다.
2. 오직 그리스도의 성품을 사모하는 독자가 원하고 필요로 하는 책만을 출판한다.
3. 한 활자 한 문장에 온 정성을 쏟는다.
4. 성실과 정확을 생명으로 삼고 일한다.
5. 긍정적이며 적극적인 신앙과 신행일치에의 안내자의 사명을 다한다.
6. 충고와 조언을 항상 감사로 경청한다.
7. 지상목표는 문서선교에 있다.

하나님을 사랑하는 자 곧 그 뜻대로 부르심을 입은 자들에게는 모든 것이 合力하여 善을 이루느니라(롬 8:28)

규장은 문서를 통해 복음전파와 신앙교육에 주력하는 국제적 출판사들의
협의체인 복음주의출판협회(E.C.P.A:Evangelical Christian Publishers
Association)의 출판정신에 동참하는 회원(Associate Member)입니다.